汉学研究大系　列国汉学史丛书
Series of Chinese Studies

阎纯德　总主编

新汉学计划出版项目资助

阳明学之欧美
传播与研究

[美] 伊来瑞（George L. Israel）　著
吴文南　译

学苑出版社

绍兴文理学院重大项目
(招标编号：SXF J2018-DY-007)

汉学研究大系 编辑委员会

总顾问：袁行霈
顾　问：王晓平　　乐黛云　　宇文所安（Stephen Owen）
　　　　李明滨　　吴志良　　严绍璗　　张西平　　宋绍香
　　　　何培忠　　郁　白（Nicolas Chapuis）　　孟　白
　　　　倪海东　　钱林森　　崔希亮　　柴剑虹　　阎国栋
　　　　熊文华
主　任：刘　利　李宇明
总主编：阎纯德
助　理：陈　晶

列国汉学史丛书 编辑委员会

主　任：刘　利
副主任：韩经太
主　编：阎纯德　　吴志良
编　委：安平秋　　许光华　　李海绩　　李雪涛　　陈开科
　　　　陈戎女　　陈　晶　　杨玉英　　张国刚　　周　阅
　　　　侯且岸　　钱婉约　　徐志啸　　唐　磊

总　序　一

　　经过近 30 年多位学者的辛劳努力,现在我们可以说,国际汉学研究确实已经成长为一门具有特色的学科了。

　　"汉学"一词本义是对中国语言、历史、文化等的研究,而在国内习惯上专指外国人的这种研究,所以特称"国际汉学",也有时作"世界汉学""国际中国学",以区别于中国人自己的研究。至于"国际汉学研究",则是对"国际汉学"的研究。中外都有学者从事国际汉学研究,我们在这里讲的,是中国学术界的国际汉学研究。

　　自从改革开放以来,国际汉学研究改变了禁区的地位,逐渐开拓和发展。其进程我想不妨划分为三个阶段:一开始仅限于对国际汉学界状况的了解和介绍,中心工作是编纂有关的工具书,这是第一个阶段。到了 20 世纪 90 年代,出现国际汉学研究的专门机构,大量翻译和评述汉学论著,应作为第二个阶段。在这两个阶段里,学者们为深入研究国际汉学打好了基础,准备了条件。新世纪到来之后,进入全面系统地研究国际汉学的可能性应该说业已具备。

　　今后国际汉学研究应当如何发展,有待大家磋商讨论。以我个人的浅见,历史的研究与现实的考察应当并重。国际汉学研究不是和现实脱离的,认识国际汉学的现状,与外国汉学家交流沟通,对于我国学术文化的发展以至于多方面的工作都是必要的。我曾经提议,编写一部中等规模的《当代国际汉学手册》,使我们的学者便于使用;如果有条件的话,还要组织出版《国际汉学年鉴》。这样,大家在接触外国汉学界时,不会感到隔膜,阅读外国汉学作品,也就更容易体味了。必须指出的是,国际汉学有着长久的历史,因此现实和历史是分不开的,不了解各国汉学的历史传统,终究无法认识汉学的现状。

　　我们已经有了不少国际汉学史的著作及论文。实际上,公推为中国最早的汉学史专书,是 1949 年出版的莫东寅《汉学发达史》,尽管是通史体裁，也包含了分国的篇章。这本书最近已有经过校勘的新版，大家容易看到，尽管只是概述性的，却使读者能够看到各国汉学互相间的关系。由此可见，有组织、有系统地考察各国汉学的演进和成果，将之放在国际汉学整体的背景中来考察，实在是更为理想的。

这正是我在这里向大家推荐阎纯德教授、吴志良博士主编的这套"列国汉学史书系"（即"汉学研究大系"）的原因。

阎纯德教授在北京语言大学主持汉学研究所工作多年，是我在这方面的同行和老友，曾给我以许多帮助。他为推进国际汉学研究，可谓不遗余力，所做出的重要贡献是学术界周知的。在他的引导之下，《中国文化研究》季刊成为这一学科的园地，随之又主编了《汉学研究》，列入《中国文化研究汉学书系》，有非常广泛的影响。其锲而不舍的精神，我一直十分敬服。特别要说的是，阎纯德教授这几年为了编著这套"列国汉学史书系"所投入的心血精力，可称出人意想。

在《汉学研究》第八集的《卷前絮语》中，阎纯德教授慨叹："《汉学研究》很像同人刊物，究其原因，是从事这个领域研究的学者太少，尤其是专门的研究者更是少之又少，所以每一集多是读者相熟的面孔。"现在看"列国汉学史书系"，作者已形成不小的专业队伍，这是学科进步的表现，更不必说这套书涉及的范围比以前大为扩充了。希望"列国汉学史书系"的问世成为国际汉学研究这个学科在新世纪蓬勃发展的一个界标。让我们在此对阎纯德教授、这套书的各位作者，还有出版社各位所做出的劳绩表示感谢。

李学勤
2007年4月8日
于清华大学国际汉学研究所

总　序　二

汉学历史和学术形态历史是既抽象又具体的存在,是浩瀚无边的过去、现在和未来。历史会让我们兴奋,也会使我们悲哀,有时还会觉得它仿佛是一个梦。但是,当我们梦醒而理智的时候,便会发现——太阳、地球、人类社会,一切的一切,不管是曾经存在过的恐龙,还是至今还在生生不息的蚂蚁社群,天上的,地下的,看得见的,看不见的,一切都有自己的历史。一切都有过发生,一切都还在发展,可能还会灭亡。

任何事物的发生都有一个有形或无形的孕育过程,"汉学"(Sinology)也是这样,其孕育和成长,就是中国文化与异质文化相互交媾浸淫的历史。这个历史,始于公元1世纪前后汉代所开通的丝绸之路,接下来是七八世纪的大唐帝国、十四五世纪的明代、清末的鸦片战争和五四新文化运动,这种文化的碰撞和交流之潮时起时伏直到今天,还会发展到永远。这是历史,是汉学的昨天、今天和未来,是其孕育、发生和成长的过程显现出的文化精神。但是,昨天有远有近,我们可以寻着蛛丝马迹探讨找回其真;而今天,只是一个过渡,一俟走过,便成为昨天的陈迹。

写作汉学史是一件艰难的劳作,尤其对象是遥远的昨天,尤其是"遗失"在异国他乡的昨天,更非一件易事。时至今日,朦胧面纱下的汉学还不完全为一些学人所认识,因此有必要取下面纱,让人们看个究竟。

中华人民共和国成立最初的30年,对于"汉学"讳莫如深,因为"它"被认为是个有害于中国的"坏东西";从20世纪70年代中期之后,尤其90年代以降,"汉学"便逐渐成为学术界耳熟能详的学术名词。中国大陆重提"汉学"至今,汉学就像隐藏在深山里的小溪,经过30年的艰辛跋涉,才终于形成一条奔腾的水流,并成为中国文化水系不可或缺的组成部分;尤其是到了21世纪10年代之后,国家领导人也提出倡导研究汉学(中国学)。这是天翻地覆的文化壮举。这个变化是时代和历史变迁带来的结果,也是文化自己发展的规律。

那么,究竟什么是汉学呢? 首先,这里的汉学非指汉代研究经学注重名物、训诂——后世称"研究经、史、名物、训诂考据之学"的"汉学",而是指外国人研究中国历史、语言、哲学、文学、艺术、宗教、考古及社会、经济、法律、科技等人文和社会科学领域的学问,这起码是近 300 来年世界上的习惯学术称谓。李学勤(1933—2019)教授多次说:"'汉学',英语是 Sino-logy,意思是对中国历史文化和语言文学等方面的研究。在国内学术界,'汉学'一词主要是指外国人对中国历史文化等的研究。有的学者主张把它改译为'中国学',不过'汉学'沿用已久,在国外普遍流行,谈外国人这方面的研究,用'汉学'比较方便。"①Sinology 一词来自外国,它不是汉代的"汉",也不是汉族的"汉",不指一代一族,其词根 Sino 源于秦朝的"秦"(Sin),所指是中国。为了弄清 Sinology 的真正含义和译义,我曾向西方多位汉学家征求其看法。他们几乎毫无疑义地认为:Sinology 的词根"Sino",意思是"秦",所指是中国,源自拉丁词语"Sina"(China,中国),"logia"为希腊词语,其意为"科学",或含有考古学或哲学的部分意思;前者所示是"中国",后者所示是"科学"或"研究",两者相加,Sinology 就是"中国的科学研究"。Sinology 一词的诞生,最早应是始于后利玛窦时代,出自某个传教士的智慧——借用汉代和清代的"汉学"。从那时起,西方传教士就将对中国的文化研究称为 Sinology(汉学),研究者称为 Sinologist(汉学家)。

如果我们将 Sinology 在学术上称为"汉学"和"中国学",名字虽异,但实质上它们是"异名共体",所表述的内涵完全一样。高利克在回信中说:"我认为 Sinology(汉学)或 Sinologist(汉学家)是用以指称我们所从事的事业之恰当的词语。"

在历史长河里,汉学由胚胎逐渐发育成长。当汉学走过少年时代,在西学东渐和中学西传互示友情之后,中学开始影响西方而成为人类文明史上的伟大事件。中世纪以来,欧洲视中国为"修明政治之邦",对中国充满了好奇与好感,18 世纪"中国热"蜂起欧洲,19 世纪初期法国便成为西方汉学的中心,巴黎成为"汉学之都"。戴密微(Paul Demiéville,1894—1979)

---

① 李学勤《国际汉学漫步·序》,河北教育出版社,1997 年。

曾说汉学的先驱是葡萄牙、西班牙和意大利。但是,汉学作为学术研究和一种文化形态,举大旗的则是法国人。1814年12月11日,雷慕沙(Jean Pierre Abel Rémusat,1788—1832)在法兰西学院首开"汉语和鞑靼—满语语言与文学讲座",开启了西方真正的汉学时代。但指代汉学的"Sinologie"(英文"Sinology")一词则出现在17世纪末,应该早过雷慕沙主持第一个汉学讲座100年的时间。从此之后,"Sinology"便成为主导汉学世界的图腾、约定俗成的学术"域名"。在世界文化史和汉学史上,外国人把研究中国的学问称为"汉学",研究中国学问的造诣深厚的学者称为"汉学家"。因此,我认为,我们不必要标新立异,根据西方绝大部分汉学家的习惯看法,"Sinology"发展到如今,这一学术概念有着最广阔的内涵,绝不是汉代和清代独有的"汉学",更不是什么"汉族文化之学",它涵盖中国的一切学问,既有以儒释道为核心的传统文化,也包含"敦煌学""西夏学""突厥学""满学"以及"藏学"和"蒙古学"等领域。由于汉学的发展、演进,以法国为首的"传统汉学"(Sinology)和以美国为首的"现代汉学"("中国学",Chinese Studies),到了20世纪中叶之后,研究内容、理念和方法,已经出现兼容并包状态,就是说Sinology可以准确地包含Chinese Studies的内容和理念;从历史上看,尽管Sinology和Chinese Studies所负载的传统和内容有所不同,但现在却可以互为表达、"雌雄同体"于同一个学术概念了。话再说回来,对于这样一个负载着深刻而丰富历史内涵的学术"域名",我以为还是叫它"汉学"(Sinology)为好,因为Sinology不仅承继了汉学的传统,而且也容纳了Chinese Studies较为广阔而现代的内容。另外,中国人对中国文化的研究应该称为国学,而外国学者研究中国文化的那种学问则称为汉学。汉学是国学有血有肉有灵魂的"影子",而汉学不是国学,是介于中学与西学两者之间、本质上更接近西学的一种文化形态。说它与国学同根而生,说它们是"一条藤上的两个瓜"(许嘉璐语),都不为过,然而瓜的形象与味道却不相同,一个是"东瓜",一个是"西瓜"。我认为这样认识汉学,既符合中国文化的学术规范,又符合世界上的历史认同与学术发展实际。

汉学的历史是中国文化与异质文化交流的历史,是外国学者阅读、认识、理解、研究、阐释中国文明的结晶。汉学是中国文化和外国文化撞击后派生出来的学问,实际上也是中国文化另一种形式的自然延伸。但是,汉学不是纯粹的中国文化,它与中国文化有着密不可分的血缘关系,它既是中外文化的"混血儿",又是可以照见"中国文化"的镜子,是可以攻玉的"他山之石";"'Sinology'是一门在国际文化中涉及双边或多边文化关系的近代边缘性的学术,它以'中国文化'作为研究的'客体',以研究者各自的'本土文化语境'作为观察'客体'的基点,在'跨文化'的层面上各自表述其研究的结果,它具有'泛比较文化研究'的性质。"①以上两种表述虽有不同,但学理一致,基本可以厘清我们对于 Sinology 的学术定位。

法国汉学家马伯乐(Henri Maspero,1883—1945)说过:"中国是欧洲以外仅有的这样的一个国家:自远古起,其古老的本土文化传统一直流传至今。"法国哲学家弗朗索瓦·于连(François Jullien)也说:"中国文明是在与欧洲没有实际的借鉴或影响关系之下独自发展的、时间最长的文明……中国是从外部审视我们的思想——由此使之脱离传统成见——的理想形象。"②他在《为什么我们西方人研究哲学不能绕过中国》中提出:"我们选择出发,也就是选择离开,以创造远景思维的空间。人们这样穿越中国,也是为了更好地阅读希腊。"为了获得一个"外在的视点",他才从遥远的视点出发,并借此视点去"解放"自己。这便是一个未曾断流、在世界上仅存的几种古老文化之一的中国文明的意义。中国文明是一道奔流不息的活水,活水流出去,以自己生命的光辉影响世界;流出的"活水"吸纳异国文化的智慧之后,形成既有中国文化的因子,又有外国文化思维的一种文化,这就是"汉学"。也就是说,汉学是以中国文化为原料,经过另一种文化精神的智慧加工而形成的一种文化。从某种意义上说,汉学既是外国化了的中国文化,又是中国化了的外国文化;抑或说是一种亦中亦西、不中不西,有着独立个性的文化。汉学作为一门独立的具有跨文化性质的学科,是外国文化对中国文化借鉴的结果。汉学对外国人来说是他们的"中学",对中国人来说又是西学,它的思想和理论体系仍属"西学"。

我们的汉学研究,是指对外国汉学家及其对中国文化研究成果的再研究,是中国学者对外国学者研究中国文化的反馈,也是对外国文化借鉴的一个方面。凡是对历史或异质文化进行研究,都有一个价值判断和公正褒

---

① 严绍璗《我对 Sinology 的理解和思考》,载《世界汉学》2006 年第 4 期。
② [法]弗朗索瓦·于连(François Jullien)《迂回与进入》,香港三联书店,1998 年。

贬的问题。因此,对于汉学家对中国文化的研究,必得有我们自己的判断,然后做出公正的褒贬。我们说汉学是可以攻玉的"他山之石",但是这句箴言并非只适用于中国人,对外国人也是一样。汉学也像外国的本体文化一样,对我们来说有借鉴作用,对西方来说有启迪作用——西方学者以汉学为媒介来了解中国,汲取中国文化的精华,完善自己的文明。人类由于文化背景差异和文化语境的不同,思维方向和方式也会不同,因而就会得出不同的结论,讲出不同的道理。"西方学者接受近现代科学方法的训练,又由于他们置身局外,在庐山以外看庐山,有些问题国内学者司空见惯,习而不察,外国学者往往探骊得珠。如语言学、民俗学、考古学、人类学、社会学诸多领域,时时迸发出耀眼的火花。"①汉学的学术价值往往不被国人重视,并利用汉学家对于中国文化的一些误读而贬低汉学的价值。其实,这并不公平,有些汉学家对于中国文化确实有其独到的见解,能发中国人未发之音。法国汉学家马伯乐对中国上古文化和上古宗教的研究就有独到的贡献,中国学者称赞他对中国宗教研究有开"先河"之功。他研究中国宗教的宗教社会学之方法,促进和推动了中国学者采用宗教社会学来研究中国宗教,被称为"中国宗教社会学研究的真正创始人"。

踏着地理学家和探险家斯文·赫定(Sven Hedin,1865—1952)的足迹来到中国的瑞典地质学家、考古学家安特生(John Gunnar Andersson,1874—1960),他对中国的贡献足以说明他也是一位汉学家。1914 年,他被中国北洋政府农商部聘任为矿政顾问,他先是从事地质调查,写出《中国的铁矿和铁矿工业》和《华北马兰台地》的调查报告,然后致力于古生物化石的收集和研究。1921 年 10 月,在河南渑池发现仰韶文化,因此被誉为"仰韶文化之父"。他的研究揭开了中国田野考古工作的序幕,改变了中国近代考古的面貌。他有《甘肃考古记》、《中国远古之文化》(*An Early Chinese Culture*,1923)、《黄土的女儿:中国史前史研究》(*Children of the Yellow Earth:Studies in Prehistoric China*)等著作。

瑞典汉学家高本汉(Bernhard Karlgren,1889—1978)的最高成就是根据研究古代韵书、韵图和现代汉语方言、日朝越诸语言中汉语借词译音构拟汉语中古音,以及根据中古音和《诗经》用韵、谐声字构拟古音,写出著

---

① 季羡林《汉学研究·序》第七集,中华书局,2003 年。

名的学术专著《中国音韵学研究》《汉语中古音与古音概要》《古汉语字典重订本》《中日汉字形声论》《论汉语》《诗经注释》《尚书注释》和《汉朝以前文献中的假借字》等。他对汉语音韵训诂的研究是不少中国学者所不及的,并深刻影响了对于中国音韵训诂的研究。20世纪日本学者津田左右吉(Tsuda Soukichi,1873—1961)关于中国文化的研究著述甚丰,他认为中国文化是一种"人事本位文化",其核心是"帝王文化",其他认识上尽管有偏颇,但也有其独异性和深刻之处。这就是"他山之石"的意义和价值。

当然,不可否认,汉学家对于中国文化的误读或歪曲也是常见的。美国现代汉学(中国学)的奠基人费正清对中国历史尤其近代史的研究独具风采,为美国人民认识中国搭建了一座桥梁;但他在研究上的所谓"冲击—回应"模式,却近乎荒谬,认为是西方给中国带来了文明,是西方的侵略拯救了中国。

综上所述,对于汉学成果的研究,只有冷静、公正、客观、全面,才能在沙中淘得真金,发现真正的"他山之石"。

在中国,汉学的接受与命运,诚实地说,在20世纪80年代初期之前,基本上是无视它的学术价值,更没人把它看作是中国文化的延伸。此外,由于民族心理上的历史"障碍",我们还曾视汉学为洪水猛兽,甚至觉得它是仇视中国、侮辱中国的一个境外的文化"孽种"。这种"观点",虽嫌偏颇,当然也不是空穴来风。因为自19世纪"鸦片战争"前后,直至20世纪40年代,偌大的中国曾经惨遭蹂躏,其间也不乏为列强殖民政策服务的少数传教士、"旅行家"和"学者"深入中国腹地,以旅行、探险、考古之名而实行社会情报的搜集、盗窃和骗取中国文物。

人类思想的飞翔,是受社会和历史禁锢的,山高水远的阻隔也使得人类互相寻找的岁月特别漫长。交流是人类文化选择的自然形态,汉学就发生在这种物质交流和文化交流之中。

人类在互相寻找的初级阶段,中国和西方试探性的商业交往还很原始,那时的人类,不同的国家、民族和族群处于相对落后和封闭的状态,人类各个角落的不同文化还处于相对不自觉或是相对蒙昧的历史时期。在人类最早的沟通中,中国人走在最前边。公元前139年,张骞奉汉武帝之命,越过葱岭,亲历大宛、康居、大月氏、大夏、乌孙、安息等地,直达地中海东岸,先后两次出使中亚各国,历时十多年,开创了古代和中世纪贯通欧亚非的陆路"丝绸之路",为人类交往开了先河,也为汉学的萌发洒下最初的雨露。

在文化史上,以孔孟儒家学说为核心的中国文化最先影响朝鲜半岛,然后才是日本和越南等周边国家。这些周边国家与中国的关系复杂,甚至被说成同种同文,因此可以说它们的文化与中国文化有着很深的"血缘"关系。公元522年,中国佛教渡海东传日本,从那时开始,中国典籍便大量传入日本;但这只是一种"输入",只是日本创建自己文化的借鉴,并没有形成对于中国文化的深层研究。及至唐代,由于文化上承接了汉朝的开放潮流,那时与异质文化的交流相对更加频繁,商贸往来和文化沟通有了发展,西方和中国周边国家或地域的人士通过陆路和水路进入中国腹地,有的经商,有的留学,长安(今西安)、洛阳、扬州、广州、泉州等城市,都是中外贸易和文化交汇的重要都会。尤其是长安(今西安),是当时世界最大的商业文化之都;而扬州、广州、泉州等,由于东南沿海经济崛起、人口增多、手工业发达、农田水利的改善,为海外贸易发展创造了条件,再由于唐代中期"安史之乱"切断了陆路"丝绸之路"的缘故,曾称为"鲤城""温陵""刺桐城"的泉州,便成为联结亚洲、欧洲和非洲的海上丝绸之路的"东方第一大港",是那时以丝绸、金银、铜器、铁器、瓷器为主的国际贸易之都。通过频繁的往来和交流,外国人对中国文化的认识越来越多、越来越深,汉学也便在这种交流中不知不觉慢慢衍生。

但是,源远流长的汉学,人们习惯地认为其洪流和网络在西方,西方是汉学的形象代表。这种看法,一是源自近代以来西方强势文化和中国人的崇洋心理;二是西方汉学的某些特征也确实有别于朝鲜半岛、日本和越南的汉学。其实,如果我们从世界汉学历史发展的角度看,日本、朝鲜半岛和越南的汉学要早于西方的汉学,比如日本在十四五世纪已经初步形成了汉学,而那时西方的传教士还没有进入中国。因此,对于汉学的研究,无论是西方还是东方(朝鲜半岛、日本和越南),我们都不能顾此失彼,要以同样的关注和努力而探讨之。当然,汉学的历史藏在文献里,而隐性源头却可能在文献之外。

文化往往伴随经济流动,其交流也会在不自觉或无意识状态下发生。到了明代初年,郑和于1405年,率200多艘舰船的庞大舰队出使西洋,前后7次,历经28年,到过30多个国家,最远抵达非洲东岸和红海口,真正拓展了海上"丝绸之路"。

在公元八九世纪至十六七八世纪期间,关于中国,多见于西方商人、外交使节、旅行家、探险家、传教士、文化人所写的游记、日记、札记、通信、报告之中,这些文字包含着重要的汉学资源,因此这些文献被称为"旅游汉学"。这些人的东来源于文艺复兴,因为思潮的开放影响了欧洲人的思想和生活,他们或通商,或传教,或猎奇,但了解和研究中国文化却是一致的,于是汉学便在葡萄牙、西班牙、意大利、法国、荷兰、英国、德国、俄罗斯等主要的西方国家逐步发展起来。

这类游记和著作较早的,有约在公元851年成书的描述大唐帝国繁荣富强的阿拉伯帝国(大食国)旅行家苏莱曼(Sulayman)的《中国印度见闻录》(又译《苏莱曼东游记》)、威廉·吕布吕基斯(1215—1219)的《远东游记》(1254)、意大利雅各布·德安克纳的《光明城》(The City of Light);这类"旅游汉学"著作中,最著名且影响至今的当属《马可·波罗游记》(The Travels of Marco Polo,又译《东方见闻录》)。马可·波罗(Marco Polo,1254—1324)于1275年随父亲和叔父来中国,觐见过元世祖忽必烈,1295年回国后出版了这本书,它以美丽的语言和无穷的魅力翔实地记述了中国元朝的财富、人口、政治、物产、文化、社会与生活,第一次向西方细腻地展示了"唯一的文明国家""神秘中国"的方方面面。

大航海凯旋不久,欧洲传教士最初到世界各地传教,在美洲和日本等许多地方遭遇不顺。但是,他们唯独在中国这个以德仁待人的文明国度得到了善待。庞迪我(Diego de Pantoja,1571—1618)在1602年写给西班牙主教的信里说:"中国那么强大,为什么不去征服那些周边小的国家,甚至一任那些小国给它制造麻烦呢?因为中国不想用自己的威力征服别人。这一事实,对欧洲人来说是不可理解的;中国人与他们的皇上并不寻求或梦想超过他们目前的国土疆界来扩大他们的帝国。"利玛窦(Matteo Ricci,1552—1610)说:"在这样一个几乎具有无数人口和无限国土幅员辽阔、各种物产丰富的国家,虽然它有装备精良的陆军和海军,很容易征服临近的国家,但他们的皇上和人民却从来没想过要发动侵略战争,他们很满足于自己已有的东西,没有征服别人的野心。在这方面,他们与欧洲人很不相同,欧洲人常常不满意自己的政府,并贪婪祈求别人享有的东西……我仔细研究了中国四千多年的历史,我不得不承认,我从未见过这类征服的记载,我也没有听说过他们对外侵略、扩张国界。"

从16世纪到十八九世纪,在数以千计的散布在中国各地的传教士中,有不少人成为名载史册的汉学先驱,他们为汉学的发展做出了重大贡献。自1540年圣伊纳爵·罗耀拉(St.Ignatins de Loyola,1491—1556)、圣方济各·沙勿略(St. Francisco Xavier,1506—1552)等人来华,开始了以葡萄牙、西班牙、意大利传教士为主的第一波耶稣会的传教活动。接着,意大利的范礼安(Alexandre Valignani,1539—1606)、罗明坚(Michel Ruggieri,1543—1607)等著名传教士来华。明朝万历十一年(1583年),罗明坚又将利玛窦神甫带到中国,从此,耶稣会传教士在中国的宗教活动无论是对于西方还是东方,都开始了一个新的历史时期。

西方众多旅行家、探险家、商人和耶稣会士来华,他们笔下的许多记载和著译,催生了汉学。葡萄牙贝尔西奥(P. Belchior,1519—1571)的《中华王国的风俗与法律》(1554)、葡萄牙多明我会传教士加斯帕尔·达·克鲁斯(Gaspar da Cruz,1520—1570)全面介绍中国的《中国情况详介专著》,最著名的是1585年在罗马出版的西班牙胡安·冈萨雷斯·德·门多萨(Juan Gonsales de Mendoza,1545—1618)编著的《中华大帝国史》(*Dell'historia della China*,又译《大中国志》)。这位没有来过中国的传教士汉学家,却根据自己所掌握的有关中国文献写出了第一部真正的汉学著作,名副其实地对中国的政治、历史、地理、文字、教育、科学、军事、矿产、物产、衣食住行、风俗习惯等做了百科全书式的介绍,具有相当的学术价值,以七种文字印行,风靡欧洲。

在这个一百多年的岁月里,前后出版的有金尼阁(Nicolas Trigault,1577—1629)根据利玛窦日记的整理,加上自己的中国见闻合著为《利玛窦中国札记》(*Regni Chinensis Descriptio*,又译《基督教远征中国史》),亚历山大·德·罗德(Alexandre de Rhodes,1591—1660)的《在中国的数次旅行》(1666),比利时南怀仁(Ferdinand Verbiest,1623—1688)的《中国皇帝出游西鞑靼行记》(1684),葡萄牙费尔南·门德斯·托平的(Fernão Mendes Pinto,1509—1583)的《远游记》,法国李明(Louis-Daniel Le Comte,1655—1728)的《关于中国现状的新回忆录》(*Nouveau mémoire sur l'état présent de la Chine*,1696,又译《中国近事报道》)和《中华帝国全志》(《中国通志》),等等。

这些包罗万象的文献，不仅记录了不同时代的中国，还以自己的文化视角开始了中西文化最初的碰撞。作为文献，这些游记、日记、札记、通信和报告，有赞美，有误读，也有批评，但因为其中包含大量中国物质文化及政治、经济、历史、地理、宗教、科举等多方面的文化记载，而成为汉学的重要组成部分，在学术史上有重要价值。

汉学的发生、发展与经济、政治、交通以及资讯分不开。有学者把汉学的历史分为"萌芽""初创""成熟""发展""繁荣"几个时期，也有的分为"游记汉学时期""传教士汉学时期"和"专业汉学时期"三个阶段。但汉学的真正形成是在明末清初兴起的"西学东渐"和"中学西传"的互动之中。

以利玛窦为核心的耶稣会士的历史意义在于他们开始了对中国文化的全面开垦，不仅著书立说，还把《大学》《中庸》《论语》《孟子》等中国文化经典译成西文，不仅开西学东渐之先河，也推动了中学西传，使中国文化对西方科学与哲学产生重要影响，因此这位思想家当仁不让地被视为西方汉学的鼻祖。与其先后到达中国的著名的传教士大都曾著书立说、传播中国文化，对推动西学东渐和中学西传做出了贡献。

在世界汉学史上，除了以上提及的，还有许多汉学家的名字十分响亮，如曾德昭、柏应理、卫匡国、殷铎泽、南怀仁、汤若望、龙华民、罗如望、熊三拔、张诚、白晋、马若瑟、宋君荣、钱德明、翟理斯、安特生、雷慕沙、儒莲、德理文、安东尼·巴赞、蒙田、冯秉正、尼·雅·比丘林、巴拉第·卡法罗夫、瓦西里耶夫、沙畹、伯希和、马伯乐、葛兰言、马礼逊、斯坦因、理雅各、李约瑟、韦利、霍克斯、卫礼贤、福兰阁、孔拉迪、高本汉、卫三畏、费正清、拉铁摩尔、孔飞力、史景迁、狄百瑞、傅高义、齐赫文斯基、季塔连科、戴密微、谢和耐、石泰安、汪德迈、施寒瑞、施舟人、顾彬、宇文所安，等。他们对中国文化的独特理解，铸造成汉学史上的思想学术之碑，开垦了汉学成长的沃土。

"西方的汉学是由法国人创立的。"但是，在欧洲全面研究中国文明的问题上，"法国的先驱是葡萄牙、西班牙和意大利"①。戴密微把以上三个国家誉为汉学的先锋，"他们于16世纪末叶，为法国的汉学家开辟了道路，

---

① ［法］戴密微《法国汉学研究史》，耿昇译《法国当代中国学》，中国社会科学出版社，1998年。

而法国的汉学家稍后又在汉学中取代了他们",真正建立了作为学术的汉学传统。就传统汉学而言,法国是汉学家最多的国家之一,还有英国、俄罗斯、美国、日本等国,有许多汉学界的学术巨擘,不断为汉学大厦的崇高而添砖加瓦。

中外文化交流的结果不仅意味着中国文化"外化"的传播,也意味着异质文化对中国文化"内化"的接受。汉学家作为中外文化交流的桥梁和使者,在异质文化的交流中,也是人类和谐与进步的推动者。

汉学诞生在与异质文化碰撞、交流和相互浸淫之中。这个结果无异于一枚果子的成熟,只有"风调雨顺"才能生长得好。和谐、宽容、理解与尊重,是异质文化彼此借鉴的保证。作为文化形态的汉学,其生存和成长离不开良好的国际语境。就中国而言,历史上凡是开放的时代,文化交流就多,汉学就发展;反之,汉学就停滞,这似乎成为一种规律。

作为学术公器的汉学,文化上有其自己的成长过程。汉学是发展的,这一植根于中国文化土壤,生存于异国他乡的文化,同样深受不同时代语境的极大影响。这里所说的语境,既包括中国的历史演变,也包括异国和世界的历史变化;就是说,不同的历史时期,不同的社会、政治、经济、文化背景,在很大程度上左右着汉学的发展方向和内容;换句话说,汉学的形成和发展,不仅受制于中国历史的更迭,也受制于他者社会的变化。这就是以历史悠久的中国文化为研究对象的汉学发展的基本轨迹。

传统汉学以法国为中心,现代汉学兴显于美国。20世纪中期以来,在西方其他国家葆有传统汉学的同时,现代汉学也很繁荣。这个时期的"汉学"涂满了政治色彩,以法国为代表的汉学较多地保持着传统汉学的学术精神,而美国的"中国学"却成了充满政治意识的现代汉学的代表。

19世纪末至20世纪初,美国汉学悄然嬗变为中国学,并以自己独有的个性特点和极强的生命力出现在世人面前。美国的"中国学"所关心的不是中国文化,更不是中国的传统文化,而是中国的政治、经济、军事、教育和社会生活各个层面的问题。这种政治特征,是那个时期美国中国学的基础,这一特征也影响了其他国家汉学的研究方向和内容。

人类文化包含了物质文化和观念文化。物质文化表现在衣食住行生活方面,是一种看得见、摸得着又极易变化的"具象"文化,例如饮食、服饰、住房、音乐、舞蹈等;观念文化是一个民族精神的核心,表现在人的价值观、道德观、家庭观、宗教观等诸多方面，以及对自由、平等、民主的理解，观念文化是一个民族的思维经过高度抽象后形成的思想、观念和精神，它是通过文化的灵魂——哲学、文学、语言、宗教、历史等来表达的。① 观念文化，一俟进入汉学家的研究视野，他们的研究也就进入了对中国文化核心的深层研究。

汉学家从对中国物质文化到观念文化的研究，其研究领域越来越广阔，越来越深厚。现在，汉学不仅包括对中国的哲学、文学、宗教、历史领域的研究，还包括对社会学、政治学和自然科学的研究。传统汉学和现代汉学，它们已经亲密到"异名共体"的地步。二者的差异在于前者是以文献研究和古典研究为中心，包括哲学、宗教、历史、文学、语言等；而以美国为中心的现代汉学（中国学）则以现实为中心，以实用为原则，其兴趣根本不在那些负载着古典文化资源的"古典文献"，而重视正在演进、发展着的信息资源。但是，汉学发展到21世纪，其研究内容和方式已经出现了融通这两种形态的特点。这种状况既出现在欧洲的汉学世界，也出现在美国的中国学研究之中，可以说世界各国汉学家的研究，都兼有以上两种汉学形态。

汉学（Sinology）对中国研究者来说，被尘封得太久，所以它的空白很多，浩如烟海的资源还有待于深入开掘。这种开掘，不仅可以收获汉学，还可以于无意中发现被历史"放逐"和"遗失"在异国他乡的中国文化。编撰"汉学研究大系"的目的和宗旨，不仅是为了梳理已有的汉学资源，在世界范围内追踪中国文化的传播与研究的历史状况、经验及影响，同时探究汉学的产生、成长、发展与繁荣，还要尽可能厘清这块"他山之石"对于中国文化的作用。当然，"汉学研究大系"还期望对推动中国文化与世界文化当下的交流有所裨益。

"汉学研究大系"包括"列国汉学史丛书""中国文化经典与名人传播与研究丛书""汉学家研究丛书""外国文学与中国丛书""西学中医丛书"等多个"丛书"。作为一个文化工程，其撰写的难度非一般学术著作所能比拟。严绍璗教授谈到Sinology的研究者的学识素养时提出四个"必须"：第一，必须具有本国的文化素养（尤其是相关的历史、哲学素养）；第二，必

---

① 任继愈《汉学发展前景无限》，《中华读书报》，2001年9月19日。

须具有特定对象国的文化素养（同样包括历史、哲学素养）；第三，必须具有关于文化史学的基本学理素养（特别是关于"文化本体"理论的修养）；第四，必须具有两种以上语文的素养（很好的中文素养和对象国的语文素养）。这几点确实都是汉学研究者必须具备的文化和语文素养，否则很难高效进入汉学研究的学术境界。

"列国汉学史书系"的启动始于20世纪90年代，但它的诞生经历了千难万险，如果稍微松懈，必定会死于胎中。2018年10月13日，在北京语言大学校长刘利教授和北京语言大学语言资源高精尖创新中心领导李宇明教授的支持下，开了一次"'汉学研究大系'专家咨询会"。来自北京、天津和南京的学者、在京的汉学家，以及多家新闻媒体的记者参加了本次咨询会。从那时开始，我们将"汉学史书系"裂变为多个"丛书"，如此变化，完全是为了能将书系编撰得更科学、更广阔。这个"大系"就像一个"汉学研究超市"，如此分法，就是为了便于更多的学者能将自己的作品加入这个"超市"之中，也便于更多的读者走进这个"超市"选购自己需要的精神食粮。

冬天到了之后是春天，接着便是收获的季节。这套富有创意和价值的书系工程几乎涵盖了汉学研究的一切领域，它将对中外文化交流和汉学的发展以及比较研究产生深远影响。

在人类的文化长廊里，无论是中国还是外国，各种书写异国文化的著作琳琅满目，这其中有外国人写中国各类历史的，也有中国人写外国的各类著作。历史，是往事，是记录，是选择，并有相对独立的评论和褒贬。但是，事实上任何一部历史都不是最后的历史，历史随着时光的流逝而演进，修史很难一步到位，它需要一代代的学者"积跬步"才能"至千里"，只有"积土成山，积水成渊"，才会有"风雨兴""蛟龙生"。学问之事非一夕之功，非得有前赴后继者敢于赴汤蹈火"流血牺牲"，才会达至光明顶峰。

开拓者也许会在某个时候将自己的真诚劳作化为欢乐，因为在以后的岁月里，定会有人踏着自己的肩膀攀上高峰，以鸟瞰美丽风光。21世纪是经济的大空间，对汉学来说也是一个"大空间"。但是，要探索这个"大空间"，需要有个和谐的"太空站"，需要大家联袂共建。当然，世界需要多元文化和谐相处的历史语境，共同创造彼此接近、认识、理解、尊重、沟通、借鉴与融合的机会,这个机会,就是汉学研究发展的机会。

时间在行走,历史在行走。人类创造过历史,书写过历史,但这尚不是最后的历史。汉学有历史,而且还正在创造新的历史,汉学及其研究将以自己的品格和个性在人类文化的世界里放出异彩。

阎纯德

2019年3月3日

于北京半亩春秋

译 者 序

2018年2月23日到2019年2月22日,我在美国中乔治亚州立大学(Middle Georgia State University)进行了为期一年的访问学者工作,伊来瑞博士是我的美国导师。我和伊来瑞因为阳明学研究而相识,是"缘分"(affinity)也是"天意"(providence),他是我的良师益友。我访学的学术研究选题是"阳明学在美国的译介与传播"。

中乔治亚州立大学和我们闽江学院的建校历史十分相似。在访学交流和学习过程中,我创办了中美大学文化交流项目"Allan智慧语言课堂",发表了《阳明学在美国的译介与传播》和《李贽思想在美国的译介与传播》两篇论文。

其间,伊来瑞邀请我汉译其王阳明论著《阳明学之欧美传播与研究》。该著共有七章:第一、二、三章,分别考察了1916年之前、1916—1950年间和1950—1980年间的西方阳明学研究情况;第四章分析了1980—2018年间的阳明学研究的历史背景;第五、六、七章分别从历史、宗教和比较的维度考察了阳明学在西方的研究情况。论著按照时间顺序和研究的维度梳理了阳明学在西方的研究情况,学术研究文献资料丰富,并建构起了其学术关联,勾画出了阳明学在西方研究的全图。

吴文南

目　　录

序言　一部西方人写的西方阳明学研究史 ………… 钱　明（Ⅰ）

出版说明 ……………………………………………………………（Ⅰ）

第一章　1916 年之前的阳明学研究 ………………………………（1）

第二章　1916—1950 年间阳明学研究 ……………………………（21）
　一、王阳明研究之起源与特点 …………………………………（22）
　二、关于王阳明的译著、专著和论文 …………………………（28）
　三、1950 年前欧美中国哲学和宗教史研究中的王阳明 ………（39）
　四、结论 …………………………………………………………（48）

第三章　1950—1980 年间阳明学研究 ……………………………（50）

第四章　1980—2018 年间阳明学研究的历史背景 ………………（78）

第五章　历史上的王阳明和他的学派 ……………………………（101）
　一、明初王阳明的思想渊源 ……………………………………（103）
　二、王阳明生平论述两篇 ………………………………………（105）
　三、王阳明的政治生涯和军事活动之再思考 …………………（110）
　四、王阳明的同代批判者与后学 ………………………………（116）
　五、阳明学派的命运：从晚明到清初 …………………………（129）
　六、王阳明与中国的现代历史 …………………………………（135）
　七、结论 …………………………………………………………（136）

第六章 宗教研究文献中的阳明学 ……………………… (137)
   一、阳明学与基督教 ………………………………………… (138)
   二、阳明心学和佛教 ………………………………………… (158)
   三、结论 ……………………………………………………… (162)

第七章 阳明学与比较哲学 …………………………………… (163)
   一、王阳明道德哲学的比较研究:良知与知行合一 ………… (166)
   二、知行合一研究 …………………………………………… (178)
   三、王阳明比较研究拾余 …………………………………… (185)
   四、王阳明、现代新儒学以及阳明学的当代意义 …………… (192)
   五、结论 ……………………………………………………… (202)

参考文献 ……………………………………………………………(204)

序言
一部西方人写的西方阳明学研究史

2019年10月1日,美国中乔治亚州立大学的伊来瑞(George L. Israel)教授寄来他刚刚定稿的《阳明学之欧美传播与研究》一书,托我写篇序言,这让我有些惶恐不安。因为第一,本人基本不懂英文,对英语世界的原著几乎从未读过,要我这个"英文盲"来为此书作序,实在有点无所适从。第二,这本书所论述的领域,涉及英语世界百余年来的王阳明著作的译介和王阳明思想的研究,以及西方世界对王阳明和阳明学说的接纳,远远超出了我的研究范围和学术视线,哪里有胆量为伊来瑞教授的大作写序?但是,伊来瑞教授是我近年来认识的仅有的几位西方的阳明学研究者之一,也是近年来英语世界研究阳明学尤其是阳明学研究史的真正的"洋人"之一。近年来,他多次来华出席学术研讨会、进行学术交流和实地调研,颇受中国大陆阳明学界的注目。况且他的大作经其本人同意,已被列入笔者主持的王阳明研究院(绍兴)的重大项目——"阳明学研究史"之课题,同时又被列入由北京语言大学阎纯德教授主编的"汉学研究大系"。因此我觉得,自己有义务为伊来瑞教授的这本书写一些读后感,更有责任向汉语世界尤其中国大陆的读者就此书的撰述背景做一些简要介绍。

笔者研究阳明学的年头不算短了,自认"阳明学研究"至少可分为六种类型:一是王阳明本人的阳明学,或称"本来的阳明学";二是王阳明以后所理解的阳明学,或称"后人的阳明学";三是批评者和反对者所理解的阳明学,或称"反对派的阳明学";四是当代人所理解或希望的阳明学,或称"意义的阳明学";五是传播于东亚区域的阳明学,或称"东亚的阳明学";六是被西方人研究的阳明学,或称"西方的阳明学"。本书无疑当属于"西方的阳明学"之范畴。

而所谓"西方的阳明学",与中国本土、东亚区域的阳明学的最大区别就在于：前者属于学术研究史及现代传播学的范畴，后者则属于学派传承史及古代传播学的范畴。或者说，"西方的阳明学"主要表现在研究视角、文献解读、观点方法上的各自特征，比如存在着传教士眼中的王阳明及阳明学、汉学家眼中的王阳明及阳明学、古典哲学家眼中的王阳明及阳明学、现象学家眼中的王阳明及阳明学、解释学家眼中的王阳明及阳明学等区分，而并未形成犹如中国本土、东亚区域那样的异地学派或亚流，尤其没有出现下沉于庶民阶层的社会思潮乃至大众运动。

因此，梳理或研究"西方的阳明学"，实即"研究史的研究"，犹如中国历史上的"学案体"，抑或现代学术意义上的"综述体"。它虽属学术思想史中的"照着说"，但所涉内容却既有"接着说"，甚至有"反着说"（即批判性、反思性的论述方式），既是学术研究中的基础性工作，也具前瞻性的拓展空间。

从伊来瑞教授的这本书中我们可以看到，早在17世纪西方传教士就已开始向西方世界介绍王阳明，他们所留下的早期文献，使我们看到了更广阔的中西方思想交流史。18世纪以来，王阳明就一直是欧洲和北美学界研究中国哲学的对象之一，产生了丰富的著述。但这段研究史却并未受到20世纪中期以来发表的诸多有关阳明学的英文论著的重视。

纵观整个西方的阳明学研究史，尽管《王阳明先生全集》（*Wang Yangming xiansheng quanji*，16卷本）早在1826年就在密歇根大学图书馆出版发行，但由于语言上的障碍与阻隔，全集并未对汉学家之外的西方受众产生太大影响。① 可以说，20世纪10年代以前，王阳明的生平事迹、哲学观念和一些作品仅停留在西方百科全书性质的辞典类著述中，而并非西方社会主流书刊中的"话题人物"。20世纪20年代以后，这一局限才开始被突破，王阳明的思想不仅在中国的影响力日渐广大，更重要的是受到了日本社会的广泛追捧甚至"致用"。当欧美人士看到日本幕末维新时期出现的"阳明学"思潮乃至运动，以及中国在19世纪末期开始掀起的"心学热"时，又有了新的兴奋点，20世纪上半叶开始逐渐涌现出一批关涉王阳明及阳明学的重要研究者，使得王阳明成为当时驻东亚的传教士和研究东亚的专业学者的关注焦点。而当时的欧美人士则主要通过这些传教士和学者的著作才开始注意到王阳明及阳明学。

---

① 辛红娟《阳明心学在西方世界的传播》，《光明日报》，2019年5月15日。

根据伊来瑞教授的梳理和研究,王阳明最早被介绍到英语世界,大约是在20世纪10年代,亨克(Frederick G. Henke)可以说是其中最具代表性的人物。1912年秋,亨克在英国皇家学会华北分会宣读了他的最早研究成果——《王阳明生平和哲学研究》,此文发表于1913年出版的该会会刊。1914年,亨克又在《一元论》(The Monist)杂志上发表了论文《王阳明:一个中国的观念论者》(也有翻译为《王阳明——中国之唯心学者》)。当时在美国留学的胡适读后评价说:"殊有心得,志之于此,他日当与通问讯也。"(《胡适留学日记》第4卷)1916年,亨克又在伦敦的敞院出版社(Open Court Press.)出版了他翻译编辑的《王阳明的哲学》(The Philosophy of Wang Yang-ming)一书,这是英语世界第一部研究王阳明的专著,也是第一部王阳明的著作选集。不仅如此,通过这本书,还使我们了解到亨克与浙江阳明学或"浙中王门"之间存在着的某种因缘关系。

亨克1876年生于美国艾奥瓦州;1900年以传教士的身份来到中国;1907年回到美国,在芝加哥大学攻读博士学位;1910年受邀担任南京大学哲学和心理学教授;1911年应上海英国皇家学会华北分会之邀,开始研究王阳明;1916年正式出版了多年的研究成果《王阳明的哲学》。他在《王阳明的哲学·译者序》中简要介绍了王阳明的思想观点,并评价了王阳明的历史地位。全书正文多达512页,包括《王阳明传》和著作摘译两部分内容。经过核对目录可知,亨克所利用的王阳明著作的中文版本,实为浙江余姚人施邦曜辑评的《阳明先生集要》中的《理学编》。施邦曜(1585—1644),字尔培,官至左副都御史,明亡时在北京自尽殉国,南明政权赐谥忠介,赠太子少保、左都御史,清朝赐谥忠愍。施氏一生服膺阳明学,著述甚丰,其中《阳明先生集要》是他的主要编著之一,初刻于崇祯八年(1635),全书分为介绍思想成就的《理学编》四卷、介绍事功成就的《经济编》七卷和介绍文学成就的《文章编》四卷。① 《王阳明的哲学》一书除了序言和译者序外,其主体就是施邦曜《阳明先生集要·理学编》的英译本。由此可

---

① 按:施邦曜实际上是按照世人对王阳明的立功、立德、立言之"三不朽"酷评,而在《阳明先生集要》中把阳明著作分为《理学编》《经济编》《文章编》。关于施邦曜其人其事及其与阳明学的关系,可参见施培春《施邦曜对阳明学说的贡献》,载《阳明史脉》(余姚)2014年第1期(总第18期);关于施邦曜《阳明先生集要》的版本介绍及其与《王文成公全书》的比较,可参见王晓昕《阳明先生集要·前言》,中华书局,第15—19页。

见,亨克不仅是王阳明海外推广的第一人,也无意中成了浙江阳明学海外推广的第一人。

当然,亨克的介绍和研究还存在很多缺憾甚至错误。譬如他认为王阳明是观念论者,而与其对立的朱熹则是实在论者,这显然不够准确;又譬如他对王阳明哲学术语的英文翻译现在看来也已过时,如将"良知"翻译为"intuitive faculty",已被学术界弃用,而改为"innate knowledge of the good"。① 总之,语言的障碍和文化隔阂给亨克理解王阳明哲学造成了一定的困难,同时王阳明著作的选择和相关辅助文献的缺乏也给他设置了一定的"盲区",致其难以看到王阳明之"全貌"。著名美籍华人学者陈荣捷教授对亨克的翻译已有较多批评,但对亨克所存在的阳明学研究之"盲区",则尚未有人明确指出。然而,这些不足和问题都不能降低亨克及其《王阳明的哲学》的历史地位。更何况,亨克的《王阳明的哲学》出版后数十年间,除了寥寥几篇论文外,欧美世界再没有出现在篇幅和深度上能与此书相媲美的著作。而这正是整个西方的阳明学进入"低潮期"的历史时刻。直到20世纪六七十年代,随着新儒家思潮的兴起,1972年6月,为纪念王阳明500周年诞辰,在当时的中国不具备条件举办相关纪念活动的大环境下,美国夏威夷大学哲学系在檀香山举办了一次在今天看来是具有相当历史意义的王阳明学术研讨会。当时欧美及中国港台地区有一大批新儒家的著名学者,如陈荣捷、成中英、方东美、牟宗三、杜维明以及日本当代阳明学大师冈田武彦等参加了研讨会,由此才在相当程度上推进了包括阳明学在内的新儒学研究。

进入21世纪后,随着王阳明在西方受到的关注度的进一步回升,亨克《王阳明的哲学》亦一版再版②,其中一家叫 Forgotten Books(中文可译为"被遗忘的书",是一家总部设在伦敦的图书出版商)的出版社于2012年将其列入"经典再版丛书"出版。其实,在西方的阳明学研究史上,亨克和他的《王阳明的哲学》已成为一座无法绕过的里程碑,从未被"Forgotten"。饮水思源,今日阳明学之所以在域外还有一定的影响,100多年前亨克辛

---

① 王宇《美国学者亨克与王阳明的西传》,《浙江日报》,2017年1月10日。
② 此书1916年最早之版本,在中国市场上已卖到数万元,且一书难求,以至近年来一些地方的王阳明纪念馆想收藏此书,只能通过私人关系"强行"获取,可谓洛阳纸贵矣!

勤译介之功劳值得肯定。① 诚如陈荣捷所言:"弗雷德里克·亨克是西方研究新儒家心学派的领军人物。"②

对于以上简要叙述的西方的阳明学研究史,实事求是地说,中国大陆过往的研究一直是空白,倒是英语世界较早地有了介绍文章,如陈荣捷(Wing-tsit Chan)的"Wang Yang-ming: Western Studies and an Annotated Bibliography"③等。中文世界直到近10余年才出现了一批文章,如:陈婕的《狄百瑞的王阳明研究管窥》(《华南师范大学》2007年),黄俊杰的《东亚儒学研究的回顾与展望》之第八部分《战后美国汉学界的儒家思想研究》(华东师范大学出版社,2008年),杨凯的《后殖民视域下的陈荣捷哲学典籍英译研究》(《浙江师范大学学报》2014年第2期),崔玉军的《北美阳明研究概述》(中国社会科学院历史研究所、余姚市人民政府编《国际阳明学研究》第5期,上海古籍出版社,2015年),王传龙的《阳明心学流衍考》之《韩、日、欧美阳明学研究述略》(厦门大学出版社,2015年),余怀彦的《良知之道:王阳明的五百年》之《西方人眼中的王阳明》(中国友谊出版公司,2016年),王宇的《美国学者亨克与王阳明的西传》(《浙江日报》2017年1月10日),曹雷雨的《西方王阳明思想译介与研究综述》(《清华大学学报》2018年第33辑第1期),刘孔喜、许明武的《〈传习录〉英译史与阳明学西传》(《中国翻译》2018年第4期),张慕良的《英语学术界的王阳明哲学思想研究刍议》(《阳明学与近现代中国论文集》,中国人民大学哲学院、孔子研究院,2019年),吴文南的《阳明学在美国的译介与传播》(《重庆三峡学院学报》2019年第2期)等。但像伊来瑞教授这样系统地梳理、全面地介绍数百年来西方的阳明学研究史,对于中文世界来说,依然具有开先河的意义。更重要的,这还是一位地地道道的"洋人"所写的西方人的阳明学研究史的研究专著。

正像所有西方国家一样,除了少数人,西方研究阳明学的学者绝大多数是海外的华裔汉学家或长期居住在欧美的华人,也就是说,绝大多数是

---

① 王宇《美国学者亨克与王阳明的西传》,《浙江日报》,2017年1月10日。
② Wing-tsit Chan, "Wang Yang-Ming: Western Studies and an Annotated Bibliography", *Philosophy East and West* 22, no.1 (Jan.1972), p.75.
③ In *Philosophy East and West* 22, no.1 (Jan.1972),中文译为《西方对王阳明的研究》,刘坤译,载《中国哲学》1983年第9辑。

生活在中国和西方之间的具有中西方文化和思想背景的学者。尽管通过他们的努力,而使西方人对王阳明及阳明学有了更多的了解和兴趣,但在西方世界像美国的狄百瑞(William Theodore de Bary,1919—2017)教授、瑞士的耿宁(Iso Kern)教授、俄罗斯的科布杰夫(А. И. Kobzev)教授等一批西方的阳明学研究专家不多,却是不争的事实。伊来瑞教授的阳明学研究是植根在英语世界及其文化背景中的,因而他的研究无论较之中文世界的学者还是华裔汉学家或欧美华人,都具有更大的视野宽度和说服力度。

据笔者所知,早在2008年,伊来瑞教授就完成了以王阳明的政治生涯为题的博士论文,并于2014年在荷兰莱顿博睿Brill(学术出版社)出版。他的研究领域为亚洲历史和哲学,尤其关注中国明代政治与思想的研究,在王阳明、湛若水等人的研究上,已发表论著多种,如专著《原始时代至1500年的世界历史》(A History of the World to 1500)、《为善去恶在明朝:王阳明的政治生涯》(Doing Good and Ridding Evil in Ming China:The Political Career of Wang Yangming)等。这些都为他撰写本书奠定了较好的基础。加之其在英语母语的基础上,还熟练掌握了汉语,并可初步阅读法语的学术论著,使之可以运用各种手段来撰写此书。

因此,本书的点睛之处有很多,比如,将西方人对王阳明的了解和研究提前至17世纪的传教士,并介绍了亨克、铃木大拙(D.T.Suzuki)、苏慧廉(William Soothill)、保罗·卡罗斯(Paul Carus)、利玛窦等学者及其有关中国哲学的研究论著。再比如作者对早期欧美学者多关注宏观的中国哲学,且集中于先秦哲学,而忽略明代哲学,尤其是王阳明哲学的现象提出了批评。又比如,本书从18世纪冯秉正的《中国通史》开始,系统介绍了欧美有关王阳明研究的核心观点,认为欧美学者的阳明学研究,起初多结合中国历史来对王阳明进行分析,这类著作如杜赫德的《中华帝国全志》、Robert Armstrong 的 Light from the East 等。之后的学者,如亨克则翻译了王阳明的原著,包括今本《传习录》《大学问》以及王阳明的书信和其他作品,这极大地推动了王阳明学说在西方世界的传播。其他学者如王昌祉、张煜全等,也都写有王阳明的相关研究论著,使得王阳明及阳明学在欧美更加受到了学术界的关注。

最后需要说明的是,本书是伊来瑞教授花了近4年时间精心撰写的。为写这本书,他一次次地来中国走访、考察,一次次地通过电邮或微信与笔者及其他中国学者进行交流互通,给中国各地不少人士留下了深刻印象。而我在此过程中,尤其是通过与伊来瑞教授的课题合作,也是感触良多,受益匪浅。因此,在此书即将出版之际,我除了要向伊来瑞教授表示衷心的祝贺之外,更要向他表示诚挚的谢意!

钱 明[*]

2019 年 10 月于杭州寓所心闲斋

---

[*] 浙江省稽山王阳明研究院副院长,浙江工商大学东亚阳明学研究院院长,浙江国际阳明学研究中心主任,浙江省社科院研究员,绍兴大学越文化研究院"鉴湖"讲座教授。

出版说明

本书是北京语言大学教授阎纯德先生总主编的"汉学研究大系"中的一部书稿。书系中绝大多数的书名是某国汉学史,有些是关于某个专题学术文献的研究,也有些是关于几个国家对某个中国历史人物的研究。本书是关于明代著名儒学思想家、政治家和军事家王阳明(1472—1529)及其阳明学派在西方的学术研究情况之概览。除书中特别标注外,阳明学是指王阳明研究和阳明后学研究。

阳明学在汉学史上的重要性无须赘述。在西方有大量的王阳明及其后学的学术研究文献,堪比一部汉学史。凡是研究王阳明的学者都会发现他引人入胜的人生,以及他的思想所具有的普遍意义。中国历史和哲学的研究专家都意识到了阳明学在16世纪的明代中国所占据的统治地位,以及王阳明提出的人类智慧的起源和发展对世界哲学的重大贡献。本书尽量详实地考察了西方对王阳明的研究情况。

在这里,"西方"从某种意义上来说是指西方的地理位置,意思是说欧洲、美洲和大洋洲的国家。本书中论及的研究成果均来自这些区域的国家,其作者和出版商大都来自这些国家。另外,相当部分的学术研究者不是中国公民,也不是华裔。阎纯德教授说汉学家是从事中国文化研究的外国学者,所以汉学就是他们的学术研究成果。① 居于此,本书中涉及的学术研究文献很多是出于汉学家之手。所以,本书本质上是关于汉学研究文献中的阳明学的。

但更准确地说,本书涉及的阳明学研究文献还有两个特点:其一,研究文献作者许多是已经移民到欧洲或者北美洲的中国学者,而有些是居住在中国或者韩国的学者,他们用英文书写或者把研究成果翻译成英文发表。

---

① 阎纯德《汉学之辨》,载《中国文化研究》2017年第3期,第7—13页。

换言之,用欧洲语言包括英语发表的阳明学研究成果未必就表明其作者的国籍或者种族身份,只是他们由于个人或历史的原因,选择用这些语言发表而已。因此,在写这本研究史时,便于操作,我把阳明学研究文献用发表的语言而不是作者的国籍或者种族来界定。所以,"西方"学术研究就是指用欧洲语言发表的学术研究。其二,本书中的阳明学研究主要集中在英语文献上,但也会对重要的法语和德语学术研究文献进行考察。其中原因有二:一是除俄语外,绝大多数西方学术研究成果是用前面三种语言发表的,而其中大多数是用英语发表;二是本人生长于美国,对用英语发表的中国历史、中国哲学、明代史、明代思想史等等更加熟悉,也就是说,我对王阳明的认识是植根在北美英语和文化背景中的。所以,本书讲述了英语、法语和德语的阳明学研究历史,但对于仅是提及阳明学和阳明学背景的相关学术研究文献,本书主要是集中在英语和北美范围。

  作为一本汉学史专著,有必要在此简介中说明书写的缘起。1999年,我在堪萨斯大学东亚语言和文化系攻读硕士,对中国的哲学和宗教传统颇感兴趣。所以,我一边学汉语,一边读冯友兰的《中国哲学史》以及陈荣捷和狄百瑞出版的资料库、专著和论文。正是这些学者让我认识了宋明理学的丰富历史发展。我当时的导师是达第斯博士(Dr. John Dardess),可以说是美国最有成就的明史研究专家。达第斯博士鼓励我努力学习汉语,开始研读第一手资料,但不巧的是,当时他即将退休,因此我转学到伊利诺伊大学香槟分校。在那里我师从另一位著名的历史学家周启荣博士(Dr. Kai-wing Chow),他 1951 年出生于香港,1988 年在加利福尼亚大学河滨分校获得博士学位,同年在伊利诺伊大学香槟分校历史系任教。他主要的研究点是帝制中华晚期的思想史,但他特别喜欢在文化、社会和政治的背景下研究历史。他知道我对明代儒家思想的神秘很感兴趣,但鉴于相关的哲学研究已经过剩,便建议我另辟蹊径,从历史角度切入。后来,我的博士论文就以王阳明的政治生涯为题,从他的政治活动中考察他的思想,并在 2008 年完成了我的博士论文。① 在过去的几年里,我一边教学和养育两个

---

① George L. Israel, "On the Margins of the Grand Unity: Empire, Violence, and Ethnicity in the Virtue Ethics and Political Practice of Wang Yangming(1472—1529)", (Ph. D. Diss.: University of Illinois, Urbana-Champaign, 2008).

孩子，一边把博士论文修改成专著，在博睿学术出版社（Brill Academic Publishers）出版。①

2013年年底，在完成专著时，我没有新的研究和写作计划，因为我所在的大学是教学应用型的，没有很高的学术发表要求。但机缘巧合，我仍想写一本王阳明全传，所以联系了浙江省社会科学院的钱明博士。老实说，之前都是孤军奋战，我对中国的学术圈和学术活动一无所知，不知道阳明学研究，或者说儒家传统研究，已经提高到政策层面。中国阳明学研究成果发表上升的一个原因是中国政府支持中国儒家传统的研究。这个政策也与中国学者对中国伟大儒家的学术兴趣以及民众对王阳明的热诚相吻合。中国这种政治、思想和文化发展潮流无疑会引起国外学术界的关注，对他们的研究产生影响。那也是本书的缘起之一。

钱明博士从20世纪80年代开始致力于中国阳明学研究和活动。2014年1月，他邀请我参加在绍兴召开的王阳明会议。我在会议上提交了一篇关于王阳明在英语学术界研究的综述论文，后来发表在《阳明学刊》②。作为一个美国人，我从未参加过此类学术会议，因此颇受启发，也开阔了视野。了解了中国的阳明学研究趋势，我决定写篇题为《中国王阳明研究复兴》的论文。③ 为此，2014暑假，我在浙江和贵州多方收集王阳明的文献资料，也再次到浙江省社会科学院拜访了钱明博士和王宇博士。钱教授告诉我说，他认为西方阳明学研究文献的整理方面尚属空白，他建议我致力于这方面的研究，并且希望我的研究成果能用于他正在筹划或进行的有关王阳明和阳明后学研究的重大项目。在中国，人文学研究专家一般会写研究状况、历史编纂学或文献目录方面的文章，在对某一领域研究取得了显著成果后，他们也会写个回顾。当然，历史编纂学在西方也有很长的历史，在学术研究中是很平常的。但关于中国历史和哲学的专题文章或专著却很罕见，只是在专著的简介或者参考文献中会有提及。当然，在中国历史，或者哲学的介绍性通史和概述中，通常也有读本推荐或者加注的

---

① George L. Israel, *Doing Good and Ridding Evil in Ming China: The Political Career of Wang Yangming* (Leiden: Brill, 2014).
② 伊来瑞《阳明学在美国的发展与现状》，载《阳明学刊》2015年第7辑，第198—215页。
③ George L. Israel, "The Renaissance of Wang Yangming Studies in the People's Republic of China", *Philosophy East and West* 66, no.3 (Jul.2016), pp.1001-1019.

文献目录。

当时钱明博士说,西方文献中的阳明学研究值得深挖是对的。他的远见卓识也是本书的缘起之二。截至 2014 年,主要的综述和目录是一篇陈荣捷 1972 年在《东西方哲学》上发表的英语论文。① 陈荣捷是英语世界中新儒学研究的核心人物,所以他的这篇论文具有权威性是不足为奇的。这篇论文之后被译为中文,②但那差不多已是半个世纪以前的事情了。从那以后,相关研究成果就越来越多了,吴文南对此进行了综述,列举了这些以中文写的论文和专著的篇章③:黄俊杰的专著《东亚儒学研究的回顾与展望》中的第八部分《战后美国汉学界的儒家思想研究》④、杨德俊的《王学影响在中外》⑤、崔玉军的《北美阳明研究概述》⑥、王传龙的《阳明心学流衍考》中的《韩、日、欧美阳明学研究述略》⑦、余怀彦的《良知之道:王阳明的五百年》中的《西方人眼中的王阳明》⑧和曹雷雨的《西方王阳明思想译介与研究综述》⑨。

《北美阳明研究概述》是崔玉军在 2014 年年末余姚召开的"第三届国际阳明学研讨会"提交的论文。崔玉军的学术研究成果很适合编纂出一部西方阳明学研究综述。2010 年,他出版了一部具有权威性的陈荣捷生平和著作研究专著。⑩ 学界周知,陈荣捷用英语发表了大量关于朱熹和王阳明的文章。崔玉军的专著也介绍了陈荣捷的西方中国哲学研究史的研究背景,我从中受益匪浅。关于宋明理学,崔玉军说:"儒学是欧美汉学的一个重要内容,但是由于多方面的原因,长期以来,汉学家关注更多的是原始

---

① Wing-tsit Chan, "Wang Yang-ming: Western Studies and an Annotated Bibliography", *Philosophy East and West* 22, pp.75-92.
② 陈荣捷著,刘坤译《西方对王阳明的研究》,载《中国哲学》1983 年第 9 辑,第 395—421 页。
③ 吴文南《阳明学在美国的译介与传播》,载《重庆三峡学院学报》2019 年第 2 期,第 27—35 页。
④ 黄俊杰《东亚儒学研究的回顾与展望》,华东师范大学出版社,2008 年。
⑤ 杨德俊《王学影响在中外》,载《贵阳文史》2010 年第 4 期,第 42—43 页。
⑥ 崔玉军《北美阳明研究北美阳明研究概述》,第三届国际阳明学研讨会论文及提要,国际阳明学研究中心,2014 年,第 46—55 页。
⑦ 王传龙《阳明心学流衍考》,厦门大学出版社,2015 年。
⑧ 余怀彦《良知之道:王阳明的五百年》,中国友谊出版公司,2016 年。
⑨ 曹雷雨《西方王阳明思想译介与研究综述》,载《清华大学学报》2018 年第 33 辑第 1 期,第 37—40 页。
⑩ 崔玉军《陈荣捷与美国的中国哲学研究》,社会科学文献出版社,2010 年。

儒学和老庄哲学,秦汉之后中国的思想并不十分受重视。一直到 20 世纪 60 年代之后,在一些学者的推动之下,宋明新儒学研究在美国逐渐兴起并扩展到欧洲,至此朱熹、王阳明等重要学者才进入西方学术研究领域。"①

崔玉军后来研究转向,但我在 2014 年会议上认识了他,得以从他的著作中学习。他鼓励我继续阳明学研究,当我把第一章的书稿发给他时,他不但阅读和点评,而且还推荐给了阎纯德教授。阎教授毫无疑问对汉学史已有几十年的深入研究。正是他提出了本书的书写建议,这是本书的缘起之三。

我的母语是英语,语言便成为我在中国发表文章的最大障碍。但机缘巧合,2017 年,来自福建省福州市闽江学院的吴文南博士申请来美国公派访学一年。作为英语副教授,他致力于中英两种语言间的文本译介与传播研究。他来美访学是要深入研究王阳明和李贽在西方的译介与传播。他以前的一位硕士学生写了一篇关于《传习录》英译比较的硕士论文。② 他来美时帮我翻译本书,而西方阳明学文献研究这一类的学术翻译实非易事。校阅原稿的任务,自然需要有母语为中文的专业技能人士。许多人在此助我一臂之力——包括以前的一名学生杨正宇先生;目前在研究湛若水的博士生肖啸女士;我就读于伊利诺伊大学香槟分校期间的同届哲学博士生杜勇涛博士;浙江省社会科学院哲学所研究员张宏敏博士和王宇博士;以及专业翻译工作者王英博士和陈粤敏女士。所有这些联系是怎样形成的?这是一个很长的故事,但正是这些故事,使此汉学史的出版成为可能。总之,没有中国学者和友人的大力支持,本书是无法完成的,这是本书的缘起之四。

本书的结构编排有时序型和主题型两种。前四章大致划分为四个时期:1916 年之前,1916—1950 年,1950—1980 年以及 1980—2018 年。后三章按照主题排列:王阳明的生平和政治生涯以及阳明学派的历史研究,宗教比较的阳明学,最后是阳明学的哲学及比较哲学研究。当然,时序型和主题型排列会有许多重叠的地方,只是学术研究的一种排列方式而已。同时,本书是历史性研究,目的不在于详述每篇文献的理论观点,而是要概述

---

① 《陈荣捷与美国的中国哲学研究》,第 46 页。
② 李初生《〈传习录〉两个英译本之比较研究》,福建师范大学硕士论文,2012 年。

文献内容，解释其研究、书写和出版的历史关联。

第一章讲述 1916 年之前西方阳明学研究的历史，起于法国来华传教士与晚明阳明后学的交流，终于美国传教士弗雷德里克·亨克（Frederick Henke）出版《王阳明的哲学》（The Philosophy of Wang Yang-ming）之前。亨克于 1916 年发表了施邦曜《阳明先生集要·理学编》的英文译本，成了王阳明研究方面的重要转折点。之前，在欧洲和北美，王阳明的著作鲜少受人关注。陈荣捷在其 1972 年的加注参考书目中，仅列出了关于王阳明的两部早期出版物。① 事实上，若将搜索参数定义为论文和专著，则陈荣捷列的清单是准确的。但是如果将这些参数放宽，纳入 1910 年前在欧洲和北美撰写的讨论王阳明的各种类型文献，那我们会发现，尽管王阳明鲜为人知，但他在学术著作中并非全无一席之地。他的生平和哲学，甚至是他的著作，都出现在其他类型的文献中，例如历史、词典、百科全书性质的著作。

第二章讲述 1916—1950 年。王阳明受关注的局限在 20 世纪初被突破：由于他在日本思想史上的重要地位，以及对他著作的兴趣在中国的复苏，使他日益受到生活在中国和日本的传教士和学者们的关注，他们的著作间接引起了欧洲和北美学者对于王阳明的关注。在欧美，王阳明研究进入新阶段，出现了王阳明文集的译著，以及关于他生平和思想的专著、论文及哲学通史。本章旨在重现 20 世纪上半叶期间西方王阳明作品的研究史。

第三章讲述 1950—1980 年。20 世纪上半叶，王阳明研究的学术成果不多，但质量高，有些在西方学术界还是首次。然而这些早期的学术研究却被 20 世纪六七十年代左右的王阳明研究新阶段大大地掩盖了。20 世纪 60 年代的几大历史因素汇集起来，推动了美国在独特新儒学学术研究出版方面的大幅增长。② 对于阳明学研究来说，推动其发展的最重要的因素是中国 20 世纪的历史变迁，从中国迁移到美国、澳大利亚或加拿大的中国学者。他们在移民后用了大量的时间将中国哲学介绍给英语读者。著

---

① Chan, "Wang Yang-Ming: Western Studies and an Annotated Bibliography", *Philosophy East and West* 22, pp.82-87.

② 崔玉军《陈荣捷与美国的中国哲学研究》，社会科学文献出版社，2010 年，第 93—94 页。

名学者包括秦家懿（Julia Ching）、陈荣捷（Wing-tsit Chan）、张君劢（Carsun Chang）、成中英（Cheng Chung-ying）和杜维明（Tu Wei-ming）。此外，还有两位美国学者因为第二次世界大战来到东亚，和上述一些学者共同发表了中国哲学学术研究成果，包括阳明学研究，此二人即狄百瑞（William Theodore de Bary）和倪德卫（David Nivison）。本章旨在对这一转型时期的王阳明学术研究史，包括最重要的专著和论文，做一简要的概述。

第四章主要是概述了20世纪80年代以来，截至2018年西方王阳明和阳明后学学术研究的历史背景，重点是北美英语世界中的学术文献和发展。为了便于理解相关学术缘起，本章回顾了明史和中国哲学研究发展历程，尤其是宋明理学研究。一方面，诸多因素限制了此类学术成果的发表，比如学术趋势、思想史研究的弱化、就业市场、西方学术界尤其是哲学院系的偏见，以及东西方有志于明代研究并用英语、法语或德语发表成果的学生不得不面临的挑战。而另一方面，相关学术成果又不断涌现，这得益于来自不同领域的研究者对明代新儒学和心学内在意义的共识、全球化对学术成果创作和出版的影响以及中国改革开放以来政策的转变。后面三章将对相关的学术成果分主题论述。

第五章介绍了王阳明和阳明学派的传记和历史研究。这些学术出版物把王阳明放在明代早中期的思想史中，讲述他的生平、政治生涯以及相关的争议，探讨当代对王阳明的批评，解释王学的发展历程以及晚明和清代王学的式微。

第六章介绍王阳明比较宗教研究。作为一门学科，比较宗教研究出现在19世纪。从那时起，儒学被作为宗教研究，涌现了大量的相关学术研究成果。然而，绝大多数研究集中在经典儒学，只有极少数是关于王阳明的宗教研究的，大多出现在20世纪90年代后。本章解释了王阳明比较宗教学术研究的缘起和主要内容。

第七章作为本书的结尾，对阳明学进行哲学和比较哲学研究的综述。有几本书和许多文章专论王阳明的哲学思想，论述他的思想发展和哲学体系，尤其他的"知行合一"和"良知"的教义。然而，绝大多数的学术研究是对王阳明哲学进行比较研究，少数从王阳明自身的传统，也就是与儒家的渊源来分析其思想。大多数比较哲学研究是用西方的哲学理论，比如实用主义、道德伦理和现象学来分析。本章综述了王阳明比较哲学研究，也在结尾考察了王阳明思想对现代新儒家的影响学术研究成果。

最后,拙著中的王阳明西方学术研究成果考察有局限性。首先,本书的重点是中国王阳明和阳明后学的学术研究。钱明把阳明后学定义为:

> 所谓阳明后学,大致可以作广义和狭义两种理解。从广义上说,凡是阳明以后信奉阳明心学或在思想上受阳明心学影响的学者都可以纳入阳明后学的研究范围;从狭义上说,阳明门下及其再传弟子(包括与阳明有明确师承关系者)可以算作阳明后学的研究范围。①

钱明也说:"近年治阳明后学者一般皆取其狭义。"本文也是采用狭义。西方对日本阳明学研究的学术成果颇丰,但不包括在本书中。现代新儒家的研究成果也是一笔带过,只涉及王阳明对现代新儒家影响方面的内容。最后,明儒中和王阳明同样引人关注的就只有李贽。但李贽和王阳明以及泰州学派的关系尚存争议。限于本书篇幅,作者认为李贽要另外进行史学专题研究。黄宗羲也是如此。总之,本汉学史的主要目的是探讨西方学界对王阳明及其16世纪主要后学的研究。

---

① 钱明《阳明后学研究的回顾与瞻望》,来源:中国孔子网,2007年5月20日,网址:http://www.chinakongzi.org/rjwh/guoxue/lzxd/200705/t20070520_2162976.htm。

第一章
1916 年之前的阳明学研究

　　1917 年,颜任光(Kai-lok Yen)在《国际伦理学杂志》上发表的《王阳明的哲学》的书评中指出:"此卷首次将中国最具影响力的思想家之一的王阳明介绍给讲英语的哲学专业学生。在亨克(Henke)博士的著作发表以前,我怀疑这些学生根本没有听说过王阳明。"①的确,亨克于 1916 年发表了施邦曜《阳明先生集要·理学编》②的英文译本,成了王阳明研究方面的重要转折点。而在此之前,在欧洲和北美,王阳明的著作鲜少受人关注。陈荣捷在其 1972 年加注的参考书目中,仅列出了关于王阳明的两部早期著作。③ 事实上,若将搜索参数定义为论文和专著,则陈荣捷列的清单是准确的。但是,如果将这些参数放宽,纳入 1916 年前在欧洲和北美撰写的讨论王阳明的各种类型的文献,那我们就会发现,尽管王阳明鲜为人知,但他在西方人学术著作中并非全无一席之地。

　　自 16 世纪末耶稣会传教士开始翻译和介绍中国哲学开始,直到 20 世纪后半叶,中国思想史及其相关范畴均在西方得到了广泛推介,而宋明儒家思想所引起的关注却要远低于古代中国哲学。④ 因为尽管耶稣会传教士讨论了宋代道学,但是明代哲学,尤其是王阳明及其追随者,却被极大地

---

① Kai-lok Yen, Review of *The Philosophy of Wang Yang-ming*, ed. and trans. Frederick Goodrich Henke, *International Journal of Ethics* 27, no. 2(January 1917), pp. 241-244.
② David S. Nivison, Review of *The Philosophy of Wang Yang-ming*, ed. and trans. Frederick Goodrich Henke, *Journal of the American Oriental Society* 84, no. 4(1964), pp. 436-442.
③ Wing-tsit Chan, "Wang Yang-Ming: Western Studies and an Annotated Bibliography", *Philosophy East and West* 22, no. 1(January 1972), pp. 82-87.
④ 崔玉军《陈荣捷与美国的中国哲学研究》,社会科学文献出版社,2010 年,第 38,51—52 页。

忽略了。① 在亨克的译著之前，有关中国历史上儒家思想方面的西方文献中，通常认为儒家传统的发展继经典阶段后就衰落了，并且在宋代以后就彻底终结了。

甚至直到 20 世纪初，当首篇有关中国哲学的历史和特征的英文简介发表时，王阳明及其心学学派仍未被录入。铃木大拙（D. T. Suzuki，1870—1966）在其 1914 年发表的《早期中国哲学简史》前言所做的简要历史概述中，对于"宋代中国哲学的重新唤醒"问题，评判道："这一中国的复兴时期并未在早期儒家开拓的狭窄道路上拓宽出任何新的哲学问题。"②他对周敦颐、程颢和朱熹仅在尾注中进行了讨论。③ 至于明代哲学的发展，他虽然积极地评价王阳明为"正派睿智的伟大人物"，但是关于王阳明，他只做了以下评论：

  他不愧是在宋代复兴时期激发起来并焕发青春的中国思想的一位伟大的继承者。从新儒家的思想意义来说，他不是一个独立的思想家，但他很有独创性，能够找到一条新的路径来确认和实现那些古老的学说。在这个杰出大师逝世以后，中国的知识天堂又一次被阴云所笼罩。直到现在，也没有什么重大的或值得特别提及的事件来打破中国知识天堂的宁静。④

的确，由于铃木相信最重要的中国哲学存在于道教、佛教和前秦的儒家思想中，他的论述没有纳入有关宋明哲学发展的讨论，所以宋明哲学自然也不会出现在他著作的标题中。

1912 年，爱丁堡传教士大会设立的传教士培训委员会在牛津大学皇后学院主办了"儒释道三教"的讲座，英国循道公会宣教士、教育家兼汉学家苏慧廉（William Soothill，1861—1935）在介绍儒家思想史时，采用了与铃

---

① 本章中宋代道学方面的内容，我主要是参照周敦颐、程颢、程颐、张载和朱熹。

② Daisetz Teitaro Suzuki, *A Brief History of Early Chinese Philosophy* (London: Probsthain, 1914), p. 6.他的书最早作为三篇文章在 1907 年和 1908 年载于《一元论》(*The Monist*)。

③ 铃木大拙称朱熹（1130—1200）是"儒家经典的著名评论家，他是二程（程颐、程颢）的弟子，著述颇丰，后来成为儒家正统，有别于朱熹的批评者陆九渊（1140—1192）"。参看铃木大拙《早期中国哲学简史》(*A Brief History of early Chinese Philosophy*)，注 35，P. 164。

④ Suzuki, *Brief History of Early Chinese Philosophy*, p. 6.

第一章 1916年之前的阳明学研究

木大拙大致类似的方式。① 在《儒释道三教》一书的序中,当他谈到这些讲座时,他说:"这是为去中国传教的学员准备的,所以只是对儒释道三教的简介而已。"②但苏慧廉希望这些讲座不仅有利于儒释道三教初学者,而且"能引导已经入门的学者,尤其是激励他们进一步探索"③。讲座的主题包括"孔子及其学派""道家学说:老子、庄子及其学派""释陀与佛教",此外还囊括了本质上属于宗教和哲学范畴的广泛的主题,比如"神的信念""人类与神的关系以及人类对待神的方法""宇宙论思想"和"道德思想"等。

在苏慧廉题为"孔子和儒家"的讲座中,他说:在孔孟之后出现了"三大评论家学派",在汉、宋和清三个朝代各出现一派。然而,他并没有提到明代。④ 在纵论孔子和孟子之后,他对朱熹只是一笔带过,书中只有3页内容。但他也意识到了朱熹的重要性,指出"朱熹经学评注浩如烟海,他的哲学论述的正统地位在中国已有七百多年的历史",并一直作为"中国的权威标准"。⑤

苏慧廉也简单地提到了西方学者有关朱熹思想的论争,比如批评他否定上帝的存在和灵魂的不灭。再如他把天称为理,连同他的广为流行的不可知论,无疑影响了众多的中国人。⑥ 苏慧廉说他无法辨别真伪,因为朱熹著述的字里行间似乎证明"他绝对不是无神论者和不可知论者"⑦。所以苏慧廉建议进一步研究,同时尝试性地提出:"朱熹的著述还鲜有英译,欧洲也未尝有人做深入研究,目前最好还是保留观点。但似乎可以说朱熹对中国人的宗教生活没有任何的影响,只是宣传了不可知论,这是学问和研究的死敌。"⑧

苏慧廉就这样撇开了中国700年的正统儒家思想,可能由于他对整个儒家传统缺乏兴趣。在讲座结束时,他说:"儒学不是也从来没有成为一种

---

① William Soothill, *The Three Religions of China: Lectures Delivered at Oxford* (London: Hodder and Stoughton, 1913), p. vii.
② Soothill, *The Three Religions of China*, p. vii.
③ Soothill, *The Three Religions of China*, p. vii.
④ Soothill, *The Three Religions of China*, p. 40.
⑤ Soothill, *The Three Religions of China*, p. 41.
⑥ Soothill, *The Three Religions of China*, p. vii.
⑦ Soothill, *The Three Religions of China*, p. vii.
⑧ Soothill, *The Three Religions of China*, p. 42.

生死攸关的精神力量，因为它缺乏精神动力和情感，它的不可知论倾向是对哲学的致命障碍，因为哲学的使命在于研究和探索，甚至是不可知的问题，比如灵魂、上帝等等。"①还有，在《儒释道三教》的序中，苏慧廉坦承了自己的无知，即使在中国生活了30年，他仍称自己受到的教育是"呼吸了中国众神信仰的浊气，学习了他们了无生机的宗教活动"②。苏慧廉认为，传教士的使命便是对中国人进行劝说，以"竭尽全力用自己的体悟证明他们的宗教习气是不健康的，并引导他们打开灵魂之窗，以迎接圣灵的降临"③。

1914年，翟理斯在伦敦威廉姆斯博士图书馆举办的讲座中也存在着类似的疏忽，但比苏慧廉好些。他的讲座属于Hibbert系列讲座。此类讲座通常每年都会举办，是由信奉独一神教的Robert Hibbert建立的Hibbert基金会资助。基金使用的目的，是"用最简单明了的方式来最有效地传播基督教，以激发个人在基督教事务中的主观能动性"④。因此，该讲座题目涵盖世界各地的宗教传统，讲座的内容自由而广泛，而讲座者也是各个领域的专家。

翟理斯的讲座，既具有权威又符合讲座的自由风格。从1867到1893年，在中国担任英国领事馆官员25年后，翟理斯在1897年被任命为剑桥大学中文系主任。他编著了许多关于中国的参考书和语言教材，并且出版了有关中国的翻译著作和杂文书，其中最有名的是他发明的威妥玛-翟理斯式拼音。据哀尔默（Charles Aylmer）所言，翟理斯晚年也持不可知论并反对教权。⑤

翟理斯虽然取得了以上成就，但是他也没能超越时代的局限性，没能对中国晚期儒家思想有更多的关注，虽然他肯定了朱熹对中国传统思想的重要贡献。在《儒家学说及其反对派》的序中，翟理斯写道："这些讲座就是要按照时间顺序来展现孔子从古代继承过来的理念和实践，并经过24个世纪的传承，经过一定的修订，而流传至今。"翟理斯解释说，

---

① William Soothill, *The Three Religions of China*, p. 43.
② William Soothill, *The Three Religions of China*, p. viii.
③ William Soothill, *The Three Religions of China*, p. viii.
④ Jerom Murch, *Memoir of Robert Hibbert, Esquire, Founder of the Hibbert Trust, with a Sketch of Its History by Sir Jerom Murch* (Bath: William Lewis, 1874), pp. 32-33.
⑤ Charles Aylmer, "Herbert Allen Giles (1845-1935)", *East Asian History*, no. 13-14 (Jun.-Dec. 1997), pp. 1-7.

传统儒学"起初是人格化的单一神",但是"后来超自然的力量几乎消失,最终被孔子及对他的信仰取代了"。① 他还提到了许多别的传统,像道教、佛教、犹太教、罗马天主教和新教,"都想拯救中国人,其结果都有望记录在这本书中"②。所以翟理斯把此书命名为《儒家学说及其反对派》。书中的最后一章,也就是第八章,讲述了从公元1000年到1915年(他讲座的那段时间),这种超自然的力量是如何消失的。而这与朱熹有很大的关系。翟理斯发现,朱熹是个"了不起的人物",是"道学派"的领袖,"他们在寻找一种比儒家经典中更加精准的宇宙秘密的答案"。③ 朱熹是个知识渊博的学者,"他的儒学研究使他在任何一个时期都成为哲学的领袖人物"④。而且,"在朱夫子的手下,"翟理斯写道:"人格化的神、宇宙的最高统治者的观念永远消失了。在朱熹的唯物主义的思想中,没有证据说明这种人格神的存在。"⑤确实,朱熹把原初的宗教变成了一种伦理体系。⑥

事实上,翟理斯在书中花了几页试图解释朱熹的理念。但讲座的其他部分主要是讲述晚明的犹太教、伊斯兰教和基督教的历史,而明清时期的儒学史只是作为背景。关于明代,翟理斯说道:"外国宗教鲜有耳闻。儒学一统天下,一百年后与罗马天主教交锋,后者的代表都是西方来华的佼佼者。"⑦关于清时期,翟理斯解释说:康熙皇帝把宗教归在政治之下,"他睿智地意识到老百姓十分需要一种引导,在没有上帝的情况下,他想到了儒教,但这对老百姓来说又是高不可攀的"⑧。

概言之,翟理斯发现中国古代的神已经在儒家传统中逐渐消失,在最后的1000年中只剩下由哲学家朱熹创立的唯物论的理学、伦理体系和意识形态。按照系列讲座创办者的单一神教精神和袁世凯复辟儒教为国教的企图,他在书的结尾总结道:"我们要鼓励中国人建立教堂,学

---

① Herbert A. Giles, *Confucianism and Its Rivals* (London: Williams and Norgate, 1915), preface, p. v.
② Giles, *Confucianism and Its Rivals*, preface, p. v.
③ Giles, *Confucianism and Its Rivals*, p. 233.
④ Giles, *Confucianism and Its Rivals*, p. 233.
⑤ Giles, *Confucianism and Its Rivals*, pp. 234-235.
⑥ Giles, *Confucianism and Its Rivals*, p. 236.
⑦ Giles, *Confucianism and Its Rivals*, pp. 246-247.
⑧ Giles, *Confucianism and Its Rivals*, p. 250.

会祈祷,敬拜4000多年前古老的独一神。让老百姓皈依天,抛弃后来引入上帝而带来的二元信仰。长久以来,他们对人敬畏、感恩,而忘记了神的存在。他们振奋人心的战斗口号是'只有一个神',孔子是他的先知。"①

更早的一个例子是保罗·卡罗斯(Paul Carus,1852—1919)发表于1902年的《中国哲学:关于中国思想的主要特征的论述》。考虑到中国哲学史中各种各样的趋势,卡罗斯论述道:

> 中国哲学和它的语言、风俗一样的奇异,西方人很难理解它的本质,也欣赏不来它对这个天国国民性格的绝对影响。它为我们展现了一个高贵的开端和一段跛足的进程、一个伟大的开始和沉闷的停滞、一个充满希望的播种时期和令人可怜的收成。思想的英雄奠定了基础,他们受到顶礼膜拜,无人敢超越他们,因此,面对赫然出现于史前的先圣们的伟大,所有后代的哲学都相形见绌,变得卑微。②

这本篇幅简短的书,从一开始就详细讨论了古代中国宇宙论,③然后卡罗斯转向讨论周敦颐和朱熹,指出是周敦颐研究出了太极的统一原理中所隐含的一元论,后来朱熹和他的学派对其进行了"系统化并完善了中国的哲学世界概念"④。通过周敦颐的《太极图说》和《通书》,卡罗斯阐述了周敦颐的宇宙论;而通过对《朱子全书》中节选内容的利用,卡罗斯解释了朱熹哲学的理气哲学。他断言:"周子和朱子的一元论学派在中国思想史上的地位就相当于康德在西方哲学世界的地位。"⑤然而,卡罗斯却从未提及过任何明代的哲学家。

在此必须注意的是,保罗·卡罗斯不能熟练地阅读中文,他依赖的是德文和英文的译本和学术著作。对于周敦颐,他参看了甲柏连孜(Georg von der Gabelentz)的朱子批注的《太极图说》德译本《周子太极图说》

---

① Giles, *Confucianism and Its Rivals*, pp. 265-266.
② Paul Carus, *Chinese Philosophy: An Exposition of the Main Characteristic Features of Chinese Thought* (Chicago: Open Court Publishing Company, 1902), p. 1.他的书最早作为一篇文章出版于 *The Monist*(《一元论》)6(1896), p. 188ff。
③ Carus, *Chinese Philosophy*, p. 27.
④ Carus, *Chinese Philosophy*, p. 29.
⑤ Carus, *Chinese Philosophy*, p. 35.

(*Thai-kih-thu*, *des Tscheu-tsï Tafel des Urprinzipes*)①,以及威廉·顾儒伯（Wilhelm Grube）翻译的朱子批注的《通书》②,而这是从《性理精义》中摘录而来的。③ 对于朱熹,他看了几部英文著作中的译本和阐述,但主要是托马斯·泰勒·密迪乐（Thomas Taylor Meadows）的《中国人及其叛乱》④。1856 年,为英国行政部门担任汉语翻译的密迪乐已经出版了详细介绍和说明中国哲学的书籍,其中就包括周敦颐和朱熹的形而上学和宇宙论。他声称为此参考了 1717 年康熙版《性理大全》和 1718 年版的《朱子全书》。

从对保罗·卡罗斯著作的检视中可以得出以下重要结论:尽管存在语言障碍,但他仍对两位宋代道学思想家提出了颇有见地的评价。在 19 世纪,欧洲和美国的汉学家对于朱熹的重要性已有了一定的了解,翻译了一些他的著作,并且还对他的生平和思想做了书面介绍。⑤ 然而,卡罗斯并不了解王阳明及其哲学活动,这毫无疑问是因为他所遇到的德文和英文的学术著作并未讨论过王阳明的哲学及其影响。还有更多例子可以证实:20 世纪初,欧洲和美国关于中国哲学和宗教的文献中缺乏对王阳明的讨论。

这种文献的缺乏在 19 世纪同样存在,但是也有几个值得注意的例外。过去的研究已经充分表明了不平等条约是如何引发了西方研究中国的新

---

① Georg von der Gabelentz, 太极图 *Thai-kih-thu*, *des Tscheu-tsï Tafel des Urprinzipes*, *mit Tschu-hi's Commentare nach dem Hoh-pi-sing-li* (Dresden: im Commissions-Verlagbei R. v. Zahn, 1876).

② Wilhelm Grube, *Ein Beitrag zur Kenntniss der chinesischen Philosophie: T'ung-shu des Ceu-tsi, mit Cu-Hi's Kommentare* (Wien: Holzhausen, 1880).

③ Carus, *Chinese Philosophy*, p.29.关于德国对朱熹研究的讨论,请参考张柯《德文语境中的朱熹思想》,载《孔子研究》2013 年第 3 期,第 98—110 页。

④ Thomas Taylor Meadows, *The Chinese and Their Rebellions: Viewed in Connection with Their National Philosophy, Ethics, Legislation, and Administration* (London: Smith, Elder, and Co., 1856).朱熹和他的哲学在第 334—352 页上被讨论过。卡鲁斯还在以下出版物中引用了朱熹的文献信息: Samuel Wells Williams, *The Middle Kingdom: A Survey of the Geography, Government, Education, Social Life, Arts, Religion, & c., of the Chinese Empire and its Inhabitants*, vol.1(New York and London: Wiley and Putnam, 1848), pp. 550-552,以及在以下出版物中提及朱熹和周敦颐: William Frederick Mayers, *The Chinese Reader's Manual* (Shanghai: American Presbyterian Mission Press, 1874), pp. 23-26.

⑤ 参照 Stanislas Le Gall, *Le philosophe Tchou Hi: sa doctrine, son influence* (Chang-Hai: Imprimerie de la Mission Catholique, 1894).本书介绍了朱熹的思想。关于早期西方朱熹研究文献,参见 Wing-tsit Chan, "The Study of Chu Hsi in the West", *Journal of Asian Studies* 34, no. 4(Aug. 1976), pp. 555-577。

时代。越来越多的外国外交官和传教士,尤其是来自英国和美国的新教传教士,由于长时间在中国工作和生活的需要,于是开始了解中国的历史和文化,甚至进行学术研究。① 结果使得对中国的学术研究开始激增,同时专门进行汉学方面研究的机构也急剧增多。这些学术研究也标志着汉学的奠基始于19世纪。当时欧洲和美国的大学纷纷建立起研究中国的教学体系,并开设了相关的课程。

然而,尽管对于先秦的儒家和道家思想,以及其他先秦哲学家,如墨家和兵家,还有一些宋代哲学家的翻译和研究已大量出现,但是王阳明和其后学,却鲜有人注意。诸如艾约瑟(Joseph Edkins)、理雅格(James Legge)、高延(J. J. M. de Groot)、沙畹(Edouard Chavannes)和鲍吉耶(或鲍狄埃,Guillame Pauthier)这类学者的主要研究中,都未提到过王阳明。例如,鲍吉耶在《中国哲学史要略》中用大量篇幅谈及周子和朱子的形而上学和宇宙论,但是却断言在他们之后没有出现过重要的思想家。②

然而,这并不意味着王阳明在欧美的文献中不为人知。关于19世纪英、德、法三国针对中国所做的学术研究而进行的初步搜索后,为我们提供了几条证据。③ 有意思的是,一些19世纪的中国通史(主要是关于历朝历代的政治史和军事史)著作中,提及了明朝正德皇帝统治期间宁王朱宸濠的叛乱。比如,郭实猎(Karl Gützlaff, 1803—1851)和包罗杰(Demetrius Boulger, 1853—1928)就提起过这一事件,但他们仅仅指出帝国军队大力镇压叛乱,却忽略了王阳明的作用。④ 麦高温(John Macgowan, 1835—1922)

---

① Daniel H. Bays, *A New History of Christianity in China* (Chichester: Wiley-Blackwell, 2012), pp. 66-92.至于一般研究,请参考崔玉军的《陈荣捷与美国的中国哲学研究》,第22—92页;莫东寅《汉学发达史》,大象出版社,2006年,第68—96页;John Cayley and Wilson Ming, eds., *Europe Studies China: Papers from an International Conference on the History of European Sinology* (London: Han-Shan Tang Books, 1995)。

② Guillaume Pauthier, *Esquisse d'une histoire de la philosophie chinoise* (Paris: Imprimerie de Schneider et Langrand, 1844), p. 66.

③ 我咨询了Henri Cordier, *Bibliotheca Sinica: Dictionnaire bibliographique des ouvrages relatifs a l'empire chinois*, vol.1 (1904; repr., New York: Burt Franklin, 1968)(考狄编撰的《中国书目》); *Bibliotheca Sinica 2.0*, accessed March 13, 2017, http://www.univie.ac.at/Geschichte/China-Bibliographie/blog/; and *Chine ancienne*, accessed March 13,2017, https://www.chineancienne.fr/。

④ Karl Friedrich August Gützlaff, *A Sketch of Chinese History, Ancient and Modern*, vol. 1 (London: Smith and Elder & Co., 1834), p. 272; Demetrius Charles Boulger, *A History of China*, vol. 1(London: W. H. Allen & Co., 1881), p. 468.

在其《中国史》一书中解释说,叛乱开始时,某位"Wang Shen"(即王守仁,王阳明)正在福建镇压叛乱,然后率领队伍挺进江西,与宁王作战并将他俘虏。① 但是,尽管麦高温也花了一定篇幅谈及朱熹在宋代的重要地位,但他却没有讲到王阳明及其学派。

另一种文献是在鸦片战争后半殖民地时期的清朝,由驻扎在此的英美传教士和官员所书写的参考资料。这些人掌握了汉语,并且有意去帮助他们的后来者。其中就有梅辉立(Williams Frederick Mayers,1831—1878)和翟理斯(Herbert Giles)编撰的人物字典。

梅辉立出生在塔斯马尼亚,早年在马赛接受了大部分教育,他的父亲是那里的领事馆的牧师。1859年,他作为翻译陪同额尔金伯爵(Lord Elgin)到北京工作,之后在中国的港口领事馆担任几个职务。1872年之后,他被派到北京公使馆担任中文秘书。梅辉立精通汉语,他写了好几本关于中国的参考书,包括《汉语读者手册》(Chinese Reader's Manual)。这本手册是有关中国的"历史和人物纲要",用于"服务汉语资料学习者"。他说"在手册的第一部分,梅辉立阐明了许多人物和历史典故,以及一些客套语,这些都是学习语言的主要障碍之一"。② 手册的主体是974个专有名词,主要涉及历史、传说、神话人物,每个专有名词附上简要的传记或解释文字。关于王阳明("王守仁",词条818,第245页),梅辉立写道:"一个杰出的官员和著名作家,连任好几个省的地方长官,军功卓著。1519年他平定江西叛乱,1527年平定广西北部山民暴乱,谥号文成。"③

翟理斯编撰的《古今姓氏族谱》参照了梅辉立的《汉语读者手册》。关于编撰的目的,翟理斯写道:"1874年,已故梅辉立先生出版了一本手册,收集了大约800个人物,有官员、将军、作家以及其他人物。多年来,他的手册一直是经典,直到读者觉得要有一本更综合的手册,来满足缓慢而又持续增长的英国人学习汉语的需求。1891年,这本字典就应运而

---

① John Macgowan, *A History of China: From the Earliest Days down to the Present* (London: Kegan Paul, Trench, Trübner and Co. Ltd., 1897), pp. 493-494.

② William Frederick Mayers, *The Chinese Reader's Manual: A Handbook of Biographical, Historical, Mythological, and General Literary Reference* (Shanghai: American Presbyterian Mission Press, 1874), preface.

③ William Frederick Mayers, *The Chinese Reader's Manual*, p. 246.

生了,其目的就在于帮助中国语言和文学的学习者,尤其是英国领事馆的官员。"①这部词典收录了2579个条目,包括"王守仁(Wang Shou-jen)"和"陈献章(Chen Hsien-chang)"等其他明代学者的条目。关于王阳明的条目虽然很简短,不足一页,但是仍提供了其生平和重要地位的客观概述。②关于王阳明,翟理斯写道:

> 浙江余姚人,1499年中进士,开始入仕。但不久他就触犯了当时权倾一时的刘瑾,被杖责,发配到贵州当小吏。他教化当地蛮夷,直到1510年刘瑾死去,他被召回北京,连任数个高职。1519年他平定江西叛乱(参见条目:宸濠)。1527年,他连续平定广西山民暴乱。官至南京兵部尚书,封新建伯。他遭到政敌的嫉妒和厌恨,加上体弱多病,便辞官,但还没回到故乡就去世了。作为哲学家,王阳明享有盛誉,他遗留下来的著作有诗歌和杂文等,出版为《王阳明集》。王阳明谥号文成,1584年王阳明获准从祀孔庙。

梅辉立和翟理斯都没指明王阳明传记资料的来源。翟理斯编撰的《华英字典》没有引文,也没有书目。而梅辉立罗列了21种参考资料。他最初可能是参照了萧智汉的《历代名贤列女氏姓谱》。梅辉立和翟理斯两人关注到王阳明,主要是因为他的政治和军事功绩,而并非他儒学家的地位。

卫三畏(Samuel Wells Williams,1812—1884)的调查性参考书《中国总论》也是关于中国常识的重要资料。卫三畏出生在纽约州尤蒂卡,1833年被美国公理会(American Board of Foreign Missions)派到中国负责出版事务,他是最早生活在广州城外外国人居住区的传教士之一。之后的12年,他沉心于汉语语言和文化研究,是《中国丛报》(*Chinese Repository*)的编辑和撰稿者。1844年回美国时,他在中国东部的主要城市巡回演讲。1848年,他的演讲稿被修改为两卷文章发表。卫三畏写道:

---

① Herbert A. Giles, *A Chinese Biographical Dictionary* (Shanghai: Kelly and Walsh, 1898), preface, p. v.

② Giles, *A Chinese Biographical Dictionary*, pp. 839-840.

我从中国一回到美国,发现社区居民对中国的交通和交流出奇地有兴趣,其他许多圈子的人,更想了解在中国传播基督教的现状。我在广州和澳门与当地居民朝夕相处了十二年,说他们的话,读他们的书,应该可以说清他们的国体和性格,还有他们的社会状况,为的是更好地向他们传播福音。①

同样地,卫三畏的《中国总论》也简介了朱熹,但对王阳明和明代哲学、文学却语焉不详。第一册第七章《中国的雅文学》("Polite Literature"),考察了明清时期的主要文学家。书中简介了朱熹和他的宇宙观,并且有3页的作品选译。卫三畏较多地参考了马端临的《文献通考》,称其为"最全面、最深刻的著作"。朱熹的材料确实是来自其中的《儒家类》。对此他解释道:"朱熹的追随者尤重精神和道德哲学,阐述事物的源流。"②当然,在这部13世纪早期的百科全书中,卫三畏是看不到明代儒家"精神和道德哲学"的。但在第二册中,他提到了王阳明。其中第十八章《中国人的宗教》讨论的是"文人对佛教的反对",该部分便涵盖了有关王阳明向武宗规谏派送使节"到印度求取佛经和僧人"的事。卫三畏指出:王阳明将佛教与儒教做了对比,"满意地证明了后者拥有前者的全部益处,却没有前者邪恶和无稽的部分"③。

更重要的是沃特斯(Thomas Watters,1840—1901)的《孔子庙碑》一书中对于王阳明所做的较长讨论。1863—1895年,沃特斯担任了英国政府驻中国和韩国领事,同期发表了有关中国的许多学术著作。《孔子庙碑》对文庙的格局和历史做了详细介绍,同时为立碑的每个人提供了出色的传记。王阳明的条目有6页长,可以称作是有关其生平、思想和在中国思想史上的地位的首篇重要英文文献。沃特斯具有很强的中文阅读能力,他直接参考和研究了第一手资料。对于王阳明,他参考了1826年版的《王阳明

---

① Samuel Wells Williams, *The Middle Kingdom: A Survey of the Geography, Government, Literature, Social Life, Arts, and History of the Chinese Empire and its Inhabitants*, vol. 2(London: W. H. Allen, 1883), preface, p. xii.

② Williams, *The Middle Kingdom*, vol.2, p. 550.

③ Williams, *The Middle Kingdom*, vol. 2, p. 227.然而,他并没有解释这个奏疏("谏迎佛疏"《王阳明全集》,卷九:别录一),从未提交给明代朝廷。

先生全集》①。

  沃特斯从第一卷中抽出部分内容,对王阳明做了简要的事实性记述。然后,他解释了所使用《全集》的来源,并赞美了王阳明的写作风格,指出:"他的诗风简洁明了,充满魅力,行文大方流畅,自成一体。解释通常清晰准确,议论出色,通篇公正合理。甚至是当要维护看起来危险且具有分裂性的观点时,他也不畏结论,不惧后果。"②然后,沃特斯阐述了王阳明在中国哲学史上的重要地位,例如:王阳明如何试图调停学者之间在比较朱熹和陆九渊的优点时所引发的无休止的争论。他得出结论:"王阳明在维护陆九渊方面非常有勇气并且取得了成功,用他自己的形象清除了对陆九渊哲学声誉的污蔑。他因此而赢得了所有文人和忠实的儒家弟子长久不衰的感激。"③

  沃特斯还细致阐述了王阳明哲学中"良知"的含义。他怀疑理雅格在《孟子》中将此术语翻译成"直觉"是不充分的,因为"这个词对于王阳明而言用法多变,有时意指良心,有时又意指知觉,还有些时候则明显指本能"④。沃特斯还指出:王阳明被指责为佛教徒,并且"宣布放弃了对圣人的忠诚"。不过沃特斯仍坚持认为王阳明"绝对正统",并且认为"他只是采用了对孔子和孟子的言语进行适当合理的解释"。⑤ 沃特斯还强调了其多教合一的思想,指出:王阳明不愿意仅仅因为佛教和道教是非正统的,就拒绝对它们当中的"美德的触碰和对真理的提示"。最后,他解释道,尽管该《全集》的编辑们为王阳明进行了强烈辩护,反对说他信奉邪说的指责,但是却"因为王阳明批评了朱熹的文章和批注而使他的合集现在没有多少人阅读"。沃特斯通过将王阳明和勒内·笛卡尔(René Descartes,1596—1650)所进行的对比而得出结论:"两个人均认为心具有与生俱来的能力,而且可以了知高层次的真理并能教育人自立的重要性。"⑥

---

  ① Thomas Watters, *A Guide to the Tablets in a Temple of Confucius* (Shanghai: American Presbyterian Mission Press, 1879), pp. 211-216.他查阅了清道光六年重刻《王阳明先生全集》。
  ② Watters, *A Guide to the Tablets in a Temple of Confucius*, p. 214.
  ③ Watters, *A Guide to the Tablets in a Temple of Confucius*, p. 214.
  ④ Watters, *A Guide to the Tablets in a Temple of Confucius*, p. 215.
  ⑤ Watters, *A Guide to the Tablets in a Temple of Confucius*, p. 215.
  ⑥ Watters, *A Guide to the Tablets in a Temple of Confucius*, p. 216.

沃特斯百科全书式的条目准确地概括了王阳明的生平和其思想的主要特征,以及他在中国思想史上的地位,就这一点而言,它是19世纪的一个重要例外。回顾更早的17世纪和18世纪,我们发现有关宋明哲学的文献具有相似的模式。同样地,只有少数例外,宋代道学哲学家及其形而上学和宇宙论在欧洲文献中获得了一些注意,而王阳明及其学派则几乎完全不存在。因此,许多学术研究,尤其是对诸如克里斯蒂安·沃尔夫(Christian Wolff, 1679—1754)和莱布尼茨(Gottfried Wilhelm Leibniz, 1694—1778)这样的德国哲学家的研究,都已经论证了宋明理学对启蒙运动具有轻微影响。① 但是这种影响仅限于宋代道学,因为它是通过耶稣会对中国哲学文献的翻译和说明才呈现给欧洲的。

如孟德卫(David Mungello)所指出的,启蒙运动的哲学家和学者与中国并无直接接触,而仅依赖于手稿、出版的著作和耶稣会的尺牍。因此在那个世纪中,欧洲对中国的认知是通过耶稣会的三棱镜所折射出来的。② 然而,耶稣会在中国的经历及其所具有的一些特征,或许已经降低了王阳明哲学受到密切注意的可能性。许多学术研究已经证明,耶稣会传教士最初是如何通过有关朱熹经典著作的评注和《性理大全》(1415年在永乐皇帝宫廷首次出版)而开始接触到宋代道学哲学家的。这是耶稣会了解儒家思想史后期发展的主要渠道,也是他们的讨论几乎完全局限于朱熹及其前任的重要原因。另外,耶稣会传教士把前秦儒家思想与这些后期儒学著作区分了开来。对于后者,他们贬损地称之为"新派评

---

① 请参见,例如 David E. Mungello, *Leibniz and Confucianism: The Search for an Accord* (Honolulu: The University of Hawaii Press, 1977); David E. Mungello, "Confucianism in the Enlightenment: Antagonism and Collaboration between the Jesuits and Philosophes", in Thomas H. C. Lee, *China and Europe: Images and Influences in the Sixteenth to Eighteenth Centuries* (Hong Kong: The Chinese University of Hong Kong Press, 1991), pp. 99-127; Knud Lundbaek, "The Image of Neo-Confucianism in *Confucius Sinarum Philosophus* ", *Journal of the History of Ideas* 44, no. 1(Jan. -Mar., 1983), pp. 19-30。例如,撰写 *Oratio de Sinarum Philosophia Practica*(《中国人实践哲学演讲》)时,沃尔夫依赖于弗朗索瓦·诺埃尔(Francois Noel)的 *Sinensus Imperii Libri Classici Sex*(1711)。这篇著作收录了《四书》的翻译、四书集注中朱熹的前言、张居正的注释、《孝经》和朱熹的《小学》(Knud, "The Image of Neo-Confucianism in *Confucius Sinarum Philosophus* ", p. 39)。

② Mungello, "Confucianism in the Enlightenment", p. 100.

注人"(现代评注人)。① 他们发现,古代儒家思想中包含有与自然神学等同的思想和值得赞赏的道德哲学。但是他们确信,宋代道学思想家背离了古代先秦时期更真实的儒家思想。根据传教士的见解,宋代道学是唯物论和无神论的。

此外,各种因素中还包括耶稣会传教士首次撰写有关中国著作的时间问题。关于中国哲学和历史的首部著作可追溯到 16 世纪末和 17 世纪。在这一时期的政治文化环境下,士大夫对王阳明学派的拥护正在减弱。因此,当考虑到历史、文献、哲学、宗教这些更广的因素时,王阳明的著作没有获得密切关注的原因就可以理解了。在 20 世纪 80 年代的一项研究中,龙伯格(Knud Lundbaek)曾得出结论:"在 17 世纪耶稣会印刷的著作中,王阳明并不存在。"②

但是,虽然王阳明的名字未出现在 17 世纪的耶稣会文献中,但是他的思想理念有多少为耶稣会传教士所知,且在他们的文字中被间接提及了呢? 这一问题近些年来受到了更多的关注,而且相信会继续取得研究成果。尽管王阳明的哲学在明末和清代不受欢迎,但明末来到中国的那些耶稣会传教士的确与阳明后学有过交流。利玛窦(Matteo Ricci)在定居北京之前,密切交往的文人都是阳明学的同情者。③ 例如阳明后学的章潢、李贽、祝世禄、焦竑及邹元标等人,都与他展开过讨论。主持白鹿洞书院的江右王门章潢,更是屡次邀请利玛窦到书院与士子研讨学问。这些交流表明利玛窦应该已经熟悉王阳明哲学的要义。④

---

① Mungello, "Confucianism in the Enlightenment: Antagonism and Collaboration between the Jesuits and Philosophes", in Thomas H. C. Lee, *China and Europe: Images and Influences in the Sixteenth to Eighteenth Centuries*, p. 115. 儒家思想第一本系统全面的介绍是《中国先哲孔子》。它在欧洲的学术期刊中被广泛阅读和评论,被翻译成多种语言,并以多种版本重印,包括《论语》《大学》和《中庸》的译本。它还包括孔子传记和中国哲学的长篇介绍,即"Proemelius Declaratio"。引言部分除了介绍道教和佛教的简短部分之外,还讨论了"Neoterics"对古代文本的诠释和可怕的扭曲。这些"Neoterics"是周敦颐、张载、程颐、朱熹。引言还引用了 *Pandect of Natural Philosophy*(《性理大全》)。这是有影响力的 17 和 18 世纪的拉丁文和法文文稿的一般模式,这一时期儒学主要被视为一种道德和政治哲学,而古典文本则受到最多的关注。参见 Lundbaek, "The Image of Neo-Confucianism in *Confucius Sinarum Philosophus*", *Journal of the History of Ideas* 44, pp. 21-25.

② Lundbaek, "The Image of Neo-Confucianism in *Confucius Sinarum Philosophus*", p. 28.

③ Frédéric Wang, "Matteo Ricci et les lettrés de Nankin", in *La Chine des Ming et de Matteo Ricci*, ed. Isabelle Landry-Deron(Paris: Les éditions du Cerf), p. 41.

④ 黄文树《阳明后学与利玛窦的交往及其含义》,《汉学研究》(台湾),2009 年第 27 卷第 3 期,第 127 页。

刘豫也揭示说：虽然"没有证据证明利玛窦知道理学分为唯心的阳明学派和理性的朱熹学派"①，但许多对他表现出友好态度的文人都归属阳明学派。他甚至得益于阳明学所倡导的学派包容。刘豫又写道："对此利玛窦明显没有意识到，但幸运的是，他从广东、江西一路向北来到北京时，所经过的地方大都是王阳明讲学和为官的地方。"②南昌就是其中之一。在那里，章潢与他交友，充当他的顾问。利玛窦在南京与焦竑和李贽的交往更是众所周知的。1601年，冯应京（1555—1606）作为阳明学江右学派的学者，协助利玛窦出版了《交友论》（1601）、《天主实义》（1603）、《二十五言》（1604或1605），并为之作序。③ 而最近一部对利玛窦《天主实义》的译著，证实了他曾多次引用过王阳明，尽管没有提及他的姓名。④ 因此，虽然《天主实义》是为中国文人而写的，但是细查一下那段时期以前耶稣会和西班牙的档案可能会发现有关王阳明或阳明学派学者的资料。

可考的历史数据显示，17世纪末到18世纪初，来到清朝宫廷的法国耶稣会传教士是中西文化交流的主要承担者。初步搜索以法文、德文、英文撰写的有关中国最具影响力的哲学和历史著作，虽然得出的结果寥寥无几，但是这些均表示：至少有一些耶稣会传教士知道王阳明的著作，且对他的道德哲学十分钦佩。其次是由冯秉正（Joseph Anne-Marie de Moyriac de Mailla，1669—1748）撰写的12卷的《中国通史》。冯秉正是自17世纪80年代开始由法国官方资助的传教团派往中国的诸多法国耶稣会成员之一。他于1701年抵达中国，在清朝皇帝的皇宫中任职，留在中国直到去世。他于18世纪30年代撰写了《中国通史》并发回到法国，直到18世纪70年代该书才在法国出版。这本书一度曾成为中国史方面最重要的参考著作。

---

① Yu Liu, *Harmonious Disagreement: Matteo Ricci and His Closest Chinese Friends* (New York: Peter Lang Publishing, 2015), p. 134.

② Yu Liu, *Harmonious Disagreement*, pp. 181-182.

③ Yu Liu, *Harmonious Disagreement*, pp. 85-86.

④ Matteo Ricci, *The True Meaning of the Lord of Heaven*, revised ed. by Thierry Meynard, S. J., trans. by Douglas Lancashire and Peter Hu Kuo-chen, S. J. (Boston: Institute of Jesuit Sources, 2016). 例如，第244节提到："中士曰：谓同体之同也。曰：君子，以天下万物为一体者也；间形体而分尔我，则小人矣。君子一体万物，非由作意，缘吾心仁体如是。岂惟君子，虽小人之心，亦莫不然。"（第186—187页）这段文字与《大学问》的语言极其相似。在第250节中，利玛窦评论了王阳明的《大学问》："西士曰：体物以譬喻言之，无所伤焉。如以为实言，伤理不浅。《中庸》令君体群臣，君臣同类者也，岂草木瓦石皆可体耶？"（第190—191页）在第325节引用了王阳明的四句教："中士曰：'毋意'，毋善毋恶，世儒固有其说。"（第234—235页）

《中国通史》中之所以讨论到王阳明,仅仅是因为他平息了宁王朱宸濠发动的叛乱。① 冯秉正用 4 页的篇幅提供了 20 世纪前对王阳明最完整的记述,包括王阳明的战略运用,他曾就占领南昌(宁王府的地点)一事与官员们之间所进行的商议,以及如何对抗宁王卷土重来的问题等。对于惊心动魄的鄱阳湖一役,冯秉正写道:"从没有过更彻底、更具有决定性的胜利了。(Jamais victoire ne fut plus complete ni plus decisive.)"②

另一部值得注意的著作是杜赫德(Jean-Baptiste du Halde,1674—1743)的《中华帝国全志》,这部 4 卷本的中国百科全书,首次发表于 1735 年。当法国耶稣会和法国成为研究中心时,杜赫德作为居住在巴黎的法国耶稣会传教士之一,正撰写着有关中国的文章。在编撰此著作时,他居住在耶稣会公屋(La Maison Professe de Jesuites)。这座建筑落成于 1580 年,以容纳耶稣会神父,建筑环境有助于他们进行研究,并撰写当时急迫的宗教和社会问题的论著。杜赫德将他的精力转移到了汇编、编辑和出版来自世界各地的耶稣会传教士的资料上。他工作的主要目的,是通过促进跨文化的研究而推进耶稣会的传教活动。③

杜赫德从未去过中国,但他将 27 位法国耶稣会传教士从中国收集来的信息进行了汇编。第一卷专论地理和旅游,也包括了诸如朱子和司马光的《通鉴纲目》等中国著作中的摘录。第二卷包括 6 篇关于中国的文章和对 18 部中国著作的摘录。④ 所选著作之一就是《王阳明文集》(1538),38 卷。⑤ 这些摘录紧随在 50 页的《唐荆川先生稗篇》译著之后。从该文集中翻译过来的文献包括《梁仲用默斋说》(卷七文录四)、《书黄梦星》(卷八文录五)、《传习录中》"乐是心之本体"(卷二)、《书中天阁勉诸生》(卷八

---

① Joseph Anne-Marie de Moyriac de Mailla, *Histoire générale de la Chine, ou annales de cet empire*; *traduites du Tong-Kien-Kang-Mou*, vol. 10(Paris:P. D. Pierres, 1779), pp. 294-298.

② Mailla, *Histoire générale de la Chine*, vol. 10, p. 297.

③ Theodore N. Foss, "A Jesuit encyclopedia for China:a guide to Jean-Baptiste Du Halde's *Description-de la Chine* (1735)", (Ph. D. diss., University of Chicago, 1979), pp. 56-60.

④ Björn Löwendahl, *Sino-western Relations, Conceptions of China, Cultural Influences and the Development of Sinology:Disclosed in Western Printed Books, 1477-1877:The Catalogue of Löwendahl -von der Burg Collection. vol. 1:1477-1776* (Hua Hin:The Elephant Press, 2008), pp. 180-181.

⑤ Jean-Baptiste du Halde, *Description geographique, historique, chronologique, politique, et physique de l'empire de la Chine et de la Tartarie chinoise*, vol. 2(Paris:chez P. G. Lemercier, 1735), pp. 654-667.

文录五)、《传习录下》"人生大病只是傲字"(卷三)、《教条示龙场诸生》(卷二十六续编一)、《寄诸弟》(卷四文录一)以及《答佟太守求雨》(卷二十一外集三)。①

杜赫德是从耶稣会传教士赫苍璧(Julien-Placide Hervieu, 1671—1746)那里获得了《王阳明文集》的译本。赫苍璧作为法国赴中国传教团的成员在中国度过了45年的余生。他翻译了大量的中国文献并将之送往巴黎。被杜赫德收录进《中华帝国全志》的正是这些文献。王阳明著作的法文翻译原稿目前仍保存在法国国家图书馆的手稿区中。②

据蓝莉(Isabelle Landry-Deron)称,赫苍璧翻译这些文献以及杜赫德选择将它们收录进《中华帝国全志》一书说明了,其所作所为的主要原因是耶稣会对儒家道德哲学的兴趣。确实,道德哲学始终是一个主要工具,耶稣会和文人学士通过它对其各自传统产生相互的兴趣。要了解是什么特别吸引了这些耶稣会传教士挑选出这些文献的问题,则需要对蓝莉的分析进行大篇幅的引用:

> 编排在《唐荆川先生稗编》之后的是《王阳明文集》。不知道是否由于疏忽后面未加标题说明,这两部书之间没有明显的分隔,只有一个小小的边注表明,以下不再是《唐荆川先生稗编》的摘译。赫苍璧在手稿中用一条连贯的线条区分前后两部书。《王阳明文集》摘译以王阳明回复其弟子梁仲用的一封信开端,谈的是"默"的价值。《全志》中的这篇摘译与前面苏辙论述隐退理由的一篇文章连在一起,中间没有过渡。从赫苍璧的手稿看不出他是否认为这两篇文章有思想上的内在联系。这篇文章的摘译强调的是内省的必要性,这一点倒是与马若瑟的想法比较接近,他认为中国人道德的终极目标就是自我完善。谈论"默"的这篇文章揭示了杜赫德们竭力寻找的西方思想和中国思想的交汇点,论述了"默"在僧人生活中的价值,而"默"对于僧人

---

① Isabelle Landry-Deron, *La Preuve par la Chine: La "Description" de J. B. Du Halde, Jesuite, 1735* (Paris: Editions de l'Ecole des Hautes Études en Sciences Sociales, 2002), pp. 227-228. 她的作品是"*Description*"的权威性研究,并被翻译成中文。参照蓝莉《请中国作证:杜赫德的〈中华帝国全志〉》,商务印书馆,2015年,第227—228页。

② 法国国家图书馆的手稿被确定为 FR 17240 女士的;王阳明的翻译位于第235—242页。该记录可以在 http://archivesetmanuscrits.bnf.fr/ark:/12148/cc46915b 找到。数字化版本可在 http://gallica.bnf.fr/ark:/12148/btv1b9061534s/f245.item, pp. 472-494 中找到。

而言便是宗教心愿……中国的奉教者发现,王阳明的不幸遭遇和体现在他的行为中的严格恪守道德,及其勇气和坚定,与基督教的价值观之间存在着某种联系。马若瑟的信息提供者之一刘凝(1625—1715)是王阳明的一部著作的编者。① 《全志》选录的王阳明的著述摘译,置于突出地位的是坚定的道德格言:"仁者言也切,非以为默而默存焉。"1604 年在北京刻印的耶稣会传教士庞迪我(Diego de Pantoja,1571—1618)神甫所著的《七克》,曾引起中国文人的巨大关注,此书论述的就是如何克制内心的私欲。据谢和耐(Jacques Gernet)说,在明朝颇为兴盛的许多书院中,克己复礼是与整肃政府机构、清除腐败分子的决心分不开的。他还指出,内省是当时流传颇广的做法……这些情况告诉我们,在中国确实存在着一种对于精神的追求,这与西方的观念框架颇为接近。在王阳明著述的摘译中,"圣贤之学"字样出现了十余次。圣贤之学犹如蜿蜒曲折的理性之路,王阳明借用农耕中的耕地、烧荒、耙地和灌溉,将它们形象地比喻为在哲学上追求理性时的学习、思考、推理和实践。不少实例表明,事事均须付出努力,即所谓"亦须破冗一会于此"。而纠正自己的错误则犹如清除污秽,必须由"我"进行不懈的努力,因为"人心本是天然之理",败坏此理的也正是"我",何况"人生大病只是一个傲字"。尧和舜都被视为完美无缺的楷模,也是自我完善和清除内心之"我"的理想典范。"傲"这种病只能用其对立面"谦"来医治。《王阳明文集》中有一句话与杜赫德写在序言中的一句话完全一样:"谦者众善之基。"②

据蓝莉称,当时让耶稣会对这些特别的文献感兴趣的原因是王阳明道德哲学中的要义和令他们钦佩的实践。

最后,值得一提的是《王阳明文集》被收录在艾蒂安·富尔蒙(或是傅尔蒙,Étienne Fourmont)1742 年的法国皇家图书馆(Bibliothéque du

---

① Knud Lundbaek, *Joseph de Prémare* (Aarhus, 1991), p. 145. 作者按:刘凝是否编过阳明著作将待进一步研究。
② 蓝莉《请中国作证:杜赫德的〈中华帝国全志〉》,第 329—331 页。

Roi)的书目中。① "在法国,自从弗朗索瓦一世(Francis I)开始,王室资助学术研究已成为传统。"Cécile Leung 解释道,"在路易十四(Louis XIV)统治时达到顶峰。"②在他和后来的继位者统治期间,图书馆好几次收藏了耶稣会从中国带回的中国书籍。

耶稣会士傅圣泽(Jean-François Foucquet,1665—1741)在其个人的书单中提到了王阳明③,所以《王阳明文集》有可能就在他于 1722 年从中国带回的 1845 册藏书中。富尔蒙作为图书管理员,与黄嘉略(Arcadius Huang)一起给中国书籍编目。1716 年黄嘉略去世后,他继续从事编目工作。从 1727 开始,图书馆的中文书被搬到了富尔蒙的家中,他一边学习汉语,一边继续编书目。他的第一部书目在 1739 年面世。1742 年他又出版了《双重语法》(*Grammatica Duplex*),"这是根据皇家图书馆所藏的中国书目,并按照中文书名的主题排列"④的,而《王阳明文集》就收藏在这个书目中。

根据富尔蒙提供的文献记录,他手头有 2 本 16 卷的书。他说道:

> 确切地说,这是短小的哲学杂文,大约有五百篇,作者在文中纵论古代经典和历史。其中有一些古代经典的选文,还有大量的国王的历史、伟大哲人的生平和道德观。对这些历史文献,作者是根据自己的判断来加以评价的。王阳明生活在明代。⑤

因此,至少在理论上,巴黎的汉语读者是有机会接触到这些藏书的。

总之,20 世纪 10 年代以前,王阳明在西方并非文章或书籍中的特别主题。然而,他的生平和哲学,甚至是他的一些作品,的确出现在其他类型的文献中,例如历史、词典、百科全书性质的著作和专著等。这些文献中之所以提到王阳明,与文献种类和收录目的,以及文献编撰时特定的历史环

---

① Étienne Fourmont, *Linguæ Sinarum Mandarinicæ hieroglyphicæ grammatica duplex, latinè & cum characteribus sinensium. Item sinicorum Regiæ Bibliothecæ librorum catalogus* (Lutetiae Parisiorum: H. L. Guérin, 1742), p. 489. 参照 Landry-Deron, *La preuve*, p. 227。

② Cécile Leung, *Étienne Fourmont (1683-1745): Oriental and Chinese Languages in Eighteenth-Century France* (Louvain: Leuven University Press, 2002), p. 129.

③ Landry-Deron, *La preuve*, p. 227.

④ Leung, *Étienne Fourmont*, p. 139.

⑤ Fourmont, *Linguae sinarum*, p.489.

境有关。总的说来,让西方人发现明代哲学的最大障碍是从晚明到清朝的中国思想潮流。欧洲文献中提到王阳明,主要是考虑到他的政治事功和文学成就,或者他被入祀孔庙。也有少数几次,钟情于王阳明的中国学者引起了来华西方人对王阳明的关注,赫苍璧和沃特斯(Thomas Watters)就属于此例。在20世纪20年代,这一局限被突破。由于王阳明在日本思想史上的重要地位,以及对阳明著作的兴趣在中国重新复苏,王阳明日益受到生活在中国和日本的传教士和学者们的关注,并且通过他们的著作,而引起了生活在欧洲和北美的学者的关注。

第二章
1916—1950 年间阳明学研究

第一章探讨了 1916 年前,王阳明的生平和哲学,甚至是他的著作,出现在了西方并非文章或书籍的其他类型的文献中,例如历史、词典、百科全书性质的著作。在 20 世纪 20 年代,这一局限得到了突破:由于王阳明在日本思想史上的重要地位,以及对他著作的兴趣在中国重新复苏,王阳明日益受到生活在中国和日本的传教士和学者们的关注。通过传教士和学者们的著作,又引起了生活在欧洲和北美的学者的关注。

1972 年,陈荣捷在他的王阳明研究目录中提道:"弗雷德里克·亨克是西方研究新儒家心学派的领军人物。"同时他指出:"第二次世界大战以前,西方学术界对王阳明思想方面的研究几乎是空白。"①据他推测,1940 年以前,这方面的出版物仅有 4 本,其他都是于 1955 年以后出版的。但陈荣捷遗漏了一些著作,并趋于淡化 20 世纪上半叶西方王阳明研究的成果。形成这种局面的部分原因是 20 世纪六七十年代,随着中国学者移居美国,西方王阳明研究进入了全新阶段。显而易见,这些学者,如陈荣捷、张君劢、杜维明和秦家懿,主要依靠第一手中文数据,几乎不需要查阅西方文献,因此早期研究基本被超越,无出其右。

20 世纪初期,西方王阳明研究进入新阶段时,出现了王阳明文集的部分译著,以及关于他生平和思想的专著、论文与哲学通史。本章旨在重现 20 世纪上半叶西方王阳明作品的研究史。

---

① Wing Tsit-chan, "Wang Yang-Ming: Western Studies and an Annotated Bibliography", *Philosophy East and West* 22, no. 1 (Jan.1972), p. 75.

一、王阳明研究之起源与特点

鉴于20世纪上半叶欧美有关王阳明的文章和书籍屈指可数,罗列如下,给读者一个参考:

1.Frederick G. Henke(亨克),"A Study in the Life and Philosophy of Wang Yang-ming", *Journal of the North China Branch of the Royal Asiatic Society* 44(1913):46-63.

2.Frederick G. Henke,"Wang Yang-ming: A Chinese Idealist", *The Monist* 24,no. 1(Jan.1914):17—34.

3.Frederick G. Henke, *The Philosophy of Wang Yang-ming*, La Salle,IL: Open Court,1916;多次再版.

4.J. J. L. Duyvendak(戴闻达),"Een herleefd wijsgeer(A Resurrected Sage)", in *China tegen de Westerkim(China against the Western Horizon)*, Haarlem:Bohn,1927;多次再版.

5.Lyman V. Cady(夔德义),"Wang Yang-ming's Doctrine of Intuitive Knowledge", *The Monist* 38,no. 2(1928):263—291.①

6.Wang Tch'ang-Tche(王昌祉), *La Philosophie morale de Wang Yang-ming*, Shanghai:Imprimerie de T'ou-se-we,1936.

7.Chang Yü-Ch'uan(张煜全),"Wang Shou-jen as a Statesman", *Chinese Social and Political Science Review* 23,no. 1—4(1939—1940):30—99,155—252,319—374,473—517.②

关于王阳明的研究,还有:

1.Léon Wieger(戴遂良),"Leçon 72:Seiziéme siécle", in *Histoire des croyances religieuses et des opinions philosophiques en Chine*, Imprimiere de Hien-Hien,1917:663—670;多次再版.

---

① 夔德义(Lyman V. Cady)私下出版了这篇文章的修订和增补版,保留原文的基础上,增加了三个新的部分。参见 Lyman Van Law Cady, *Wang Yang-ming's "Intuitive Knowledge"* (Jinan and Beijing,1936),书中没有标明出版商,但有说内容包括1936年1月15日和17日在北平华文学校两场讲座。

② 这些文章后来出版成书,参看 Chang Yü-ch'uan, *Wang Shou-jen as a Statesman* (Peking:The Chinese Social and Political Science Association,1946;多次再版)。

2. René Grousset（格鲁塞）,"Wang Yang Ming", in *Histoire de la philosophie orientale*, Tome Ⅱ: *L'Inde et la Chine* , Paris: Nouvelle Librairie Nationale, 1923: 355—359.

3. Heinrich Hackmann(哈克曼),"Wang Yangming und die neuzeit", in *Chinesische philosophie* , München: Ernst Reinhardt, 1927: 356—373.

4. Ernst Viktor Zenker（森克）,"Les écoles hétérodoxies: Wang Yang-ming", in *Histoire de la philosophie chinoise*, vol. Ⅱ: *De la dynastie des Han a l'époque actuelle*, traduit de l'allemand par G. Lepage, Paris: Editions Payot, 1932: 477—498.①

5. Henri Bernard（裴化行）,"Leçon Ⅹ: L'intuitionisme de Wang Yang-ming", in *Sagesse chinoise et philosophie chrétienne: Essai sur leurs relations historiques* , Tianjin: Henricus Lécroart, 1935: 82—88.

6. Alfred Forke（佛尔克）,"Wang Schou-jen", in *Geschichte der neueren chinesischen philosophie* , Reprint, Hamburg: Cram, De Gruyter & Co., 1964: 380—399.

7. Fung Yu-lan(冯友兰),"Chapter 26: Neo-Confucianism: The School of Universal Mind", in *A Short History of Chinese Philosophy*, edited by Derke Bodde, New York: Free Press, 1948: 307—318.

8. Fung Yu-lan,"Chapter XIV: Lü Chiu-yuan, Wang Shou-jen, and Ming Idealism", in *History of Chinese Philosophy vol. 2: The Period of Classical Learning*(*From the Second Century B. C. to the Twentieth Century A. D.*), translated by Derke Bodde, Princeton: Princeton University Press, 1953: 572—629.

9. Herlee G. Creel（顾立雅）,"Chapter Ⅹ: Buddhism and Neo-Confucianism", in *Chinese Thought from Confucius to Mao Tse-tung*, Chicago: University of Chicago Press, 1953: 186—216.

详细解释研究内容之前需要强调其主要特点：首先，笔者不遗余力地从事王阳明思想研究，并将其与历史背景联系起来，从而让王阳明首次名副其实地成为西方学术研究的主要对象。第二，由于以上所列学者了解王

---

① 原刊本是以德语写的，参看 Ernst Viktor Zenker, *Geschichte der chinesischen Philosophie*, *Band 2: Von der Han-Dynastie bis zur Gegenwart* (Reichenberg: Gebrüder Stiepel, 1927)。

阳明的重要性，并致力撰写学术论文，因此他们都尽力研究了第一手资料。王昌祉和戴遂良的研究主要根据《王文成公全书》(38卷)。亨克是基于施邦曜的《阳明先生集要》进行研究的，同时他还接受了"一个老学派中国学者"和南京大学三名教师同事的帮助。① 佛尔克在明清著作的基础上进行研究，不过主要还是引用《王文成公全书》和《阳明先生集要》。张煜全主要引用《王文成公全书》和其他明朝的常见历史数据，但他也充分利用亨克在《王阳明哲学》中的译著。其他笔者（格鲁塞、森克、裴化行、哈克曼和卡迪）主要根据上述文献的英文和法文版进行研究。第三，这些学者敏锐地抓住了王阳明及其思想学派自德川幕府时代以来对日本以及当代中国的影响。亨克说他的哲学"在当今的日本受到极高的推崇"，而在中国，"其哲学的知名度也开始渐渐提升，从不为人知到备受推崇"。② 戴闻达也说王阳明的思想在清朝之后的中国陷入了默默无闻的状态，但是其思想流派在日本得到了进一步发展，并产生了深远的影响。戴闻达认为出人意料的是，日本从中国得到的思想财富现在由中国人在日本重新找回了。③

戴闻达在北京的书店寻找当代文学的书籍时，一个他不认识的中国学生向他推荐了一本关于王阳明的书。这个学生告诉他："现在每个人都读他的书。"并说这是中国近20年来的真实情况。④ 因此戴闻达认为是时候发表一篇关于王阳明的文章了。

戴遂良在日本写他的 A History of the Religious Beliefs and Philosophical Opinions in China from the Beginning to the Present Time 时提到过另一段轶事：

> 当前无论对于哲学家还是教育家来说，日本儒家都偏向于王阳明的学说。他的学说还被作为武士阶级继任者的日本军官所信奉。我亲自见证了上述事实。在东京，一些最精英的日本学者团体向我询问王阳明在中国目前被推崇的程度。我只能回答他们，王阳明在中国有点被认为是异端分子，很少有人知道他，也几乎没有人阅读他的作品。可是我立即听到这样的答复：呸！对于我们来说，他的作品是所有军

---

① Henke, *The Philosophy of Wang Yang-ming*, p. xiv.
② Henke, "Wang Yang-ming: A Chinese Idealist", *The Monist 24*, no. 1 (Jan.1914), p. 19.
③ Duyvendak, "Een herleefd wijsgeer (A Resurrected Sage)", in *China tegen de Westerkim (China against the Western Horizon)*, Haarlem: Bohn, 1927, p. 64.
④ Duyvendak, "Een herleefd wijsgeer (A Resurrected Sage)", p. 65.

官的枕边书。①

格鲁塞在中国也见证了王阳明思想发展的类似情况。他认为朱熹和王阳明的学说将中国和日本的世界划分开来。但是在中国推崇朱熹包罗万象的哲学,客观性和适合中国发展趋势的科学特性思想时,王阳明的哲学思想却因为其个人主义和显著的道德质量而受到日本人的欣赏:

> 王阳明和他的著作有一种崇高的精神,这种精神可以满足具有武士精神的人的思想渴求。事实上,日本的精英阶层对王阳明的热爱正如他们对禅师的热爱,因为在他的思想中,他们找到了一剂良方,可以让他们成为一个完美的人,同时他们还发现了个人的道德颂祷,正如从禅家所接到的指示一样。朱熹创造了博学者和持唯物主义思想的官员。王阳明却塑造了武士。②

事实上,王阳明对日本幕府时代和明治时期的日本思想文化史具有重要意义,而清末民初的中国再次兴起对王阳明思想的兴趣,这两个因素是上述学者创作关于王阳明学术著作的原因。例如,在《王阳明:一个中国的唯心主义者》中,亨克专门引用芮恩施(Paul S. Reinsch, 1869—1923)的《远东的思想与政治潮流》作为论据,论证王阳明的观点对中国和日本的学生产生了深远影响。③ 芮恩施身为美国外交官,1913—1919 年出任美国驻华公使。他的著作出版于 1911 年,其中谈到了王阳明,并强调甚至夸大其对当代思想发展趋势的影响。他说,中国作为一个一直很谦逊的国家正在变得越来越具有民族主义和军国主义。他将这些趋势与明代思想家王阳明的复兴联系在一起:

> 中国人已经开始满怀希望地关注王阳明这位在明朝兴盛的大作家的著作。他把理论融入性格中,并在实践中检验。……大约一个世

---

① Wieger, *A History of the Religious Beliefs and Philosophical Opinions in China from the Beginning to the Present Time*, trans. Edward Chalmers Werner(New York:Paragon Book, 1969), p. 703.
② Grousset, *Histoire de la philosophie orientale*, pp. 358-359.
③ Henke, "Wang Yang Ming:A Chinese Idealist", *The Monist* 24, p. 30.

纪前，这位行动派的哲学家已经渐渐被中国遗忘，日本人发现了他，同时也从他的作品中得到启示，让他们走上了探索新的国民生活和国家力量的道路。从那时起一直到现在，日本人几乎都在读他的作品，甚至超过了孔子的作品……他在中国的复兴是最近十年的事，但是中国人在他的著作中发现了他们最需要的东西，即让他们追求积极生活的灵感，这种灵感使他们与之前被动的态度相比变得更具坚定的进取心。他的作品不再只是被博学的人研究，而是被成千上万地出版在全国传阅，以至于每个学童都很熟知这位明朝老将军和哲学家。对他思想的深刻认知对了解中国人民十分关键。王阳明突然就成了中国的现代作家。①

芮恩施因此而解释王阳明的心、良知及知行合一的理念。他十分钦佩王阳明，推测"当时代呼唤实践哲学，当远东地区厌倦了权威的压迫时，王阳明的实用哲学中有着对于当代具有重要意义的秘诀"②。他进一步强调，王阳明代表了"理性的个人主义""真实的生活和自我""人与人之间平等的信仰"以及用行动的生活来弥补沉思冥想的生活。③

其他学者对有关王阳明的日语著作很熟悉。格鲁塞和佛尔克引用了高濑武次郎（1869—1950）的著作。森克查阅了井上哲次郎（1855—1944）的一篇德语文章④，同时引用了井上哲次郎在《日本亚洲协会纪要》上发表的《日本阳明学派之哲学》的书评。⑤ 这个协会于1872年在横滨由一群英国和美国的外交官、商人和生活在日本的传教士成立，旨在促进对日本的研究和信息的交流，同时也出版年刊。⑥ 对王阳明和他的学派的简要论述起源于1893年的年刊，之后，会偶尔出现关于他的论述。井上哲次郎的研

---

① Paul S. Reinsch, *Intellectual and Political Currents of the Far East* (Boston: Houghton Mifflin, 1911), pp. 132-133.

② Reinsch, *Intellectual and Political Currents of the Far East*, p. 134.

③ Reinsch, *Intellectual and Political Currents of the Far East*, pp. 138-139.

④ 他引用 Tetsujiro Inouye, "Die Japanische philosophie", in *Allgemeine geschichte der philosophie*, ed. Wilhelm Wundt et al. (Berlin: B. G. Teubner, 1909), pp. 104-106.

⑤ Walter Dening, "The Philosophy of the School of Wang Yang-ming", in "Confucian Philosophy in Japan: Reviews of Dr. Inoue Tetsujiro's Three Volumes on this Philosophy", *Transactions of the Asiatic Society in Japan* 36, no. 2(1908), pp. 111-118.

⑥ http://www.asjapan.org/web.php/about/history.

究对关于王阳明的讨论起到了推动作用。例如,在1893卷中发表的《一位日本的哲学家》文章中,乔治·诺克斯(George Knox,1853—1912)调查了日本哲学的中国起源,对王阳明及其思想和他在日本的追随者做了简要介绍。① 在脚注中,诺克斯说他从井上哲次郎于1892年在东京帝国大学做的关于王阳明的演讲中收集了信息。②

事实上由生活在日本的美国人编著的日本阳明学出版物比中国王阳明学派方面的文章和书籍更早出现。罗伯特·阿姆斯特朗(Robert Armstrong,1876—1929)的《来自东方的光:日本儒学的研究》就是一个很好的示例。阿姆斯特朗于1903—1910年在日本任职卫理公会派传教士,1912—1919年在关西学院大学任哲学教授,之后任院长。他写了大量关于日本宗教和哲学的文章和书籍。在《来自东方的光:日本儒学的研究》的序言中,他说,他希望"让人了解日本文明的构成要素",这里是指日本儒学的历史。③

《来自东方的光》分为五个主要部分:日本早期儒学、朱熹学派、王阳明学派、经典学派和他所谓的"折中学派"。第三部分("儒学王阳明学派的研究")可以看作是对王阳明与其幕府和明治时期追随者的首例具重要价值的英文介绍。④阿姆斯特朗主要参考了井上哲次郎和山路爱山的作品,而时任东京帝国大学哲学教授的井上哲次郎还为阿姆斯特朗的书写过序言。第三部分的第一个章节就是对王阳明的介绍,之后的十个章节写的是王阳明的日本追随者。

阿姆斯特朗首次在孟子和陆九渊的哲学理念中阐释王阳明思想的背景,强调"心"(heart)、"天理"(Heavenly li)和"良知"(intuitive knowledge)的中心地位和普遍性。⑤ 之后他描述了王阳明哲学的基本特征:人本性是善和具有美德的。这种美德的根源在于他们的心,也就是他们从天所接受的天理。当一个人跟随自己内心做出自发的举动,那么他就完成了自己的职责,即实现了理。这种跟随心做出的举动即为良知("对善与恶的直觉

---

① George Knox, "A Japanese Philosopher", *Transactions of the Asiatic Society of Japan* 20 (1893), pp. 10-15.
② Knox, "A Japanese Philosopher", p. 10.
③ Robert Cornell Armstrong, *Light from the East: Studies in Japanese Confucianism* (Toronto: University of Toronto,1914;Reprint, New York:Gordon Press, 1974), p. vii.
④ Armstrong, *Light from the East*, pp. 119-195.
⑤ Armstrong, *Light from the East*, p. 120.

认知")。一个人的职责就是要辨明自己的良知,只有这样才能消除欲,才能将良知表现为实际行动。为了实现良知,人们必须静坐并反省内心,净化良心,进而完善道德。

阿姆斯特朗受到日本阳明学思想的影响,将王阳明的哲学视为远东泛神论和唯心主义的宇宙一元论。他认为王阳明的思想中,天、道、理和心都是包罗万象的。因此,通过跟随良知可以入道,实现良知可以达到万物一体的精神境界。但是对此阿姆斯特朗持批判的态度,他认为:"阳明系统和其他泛神论系统一样,从逻辑上来看,无法解释恶的存在。"①如果所有的事物都是一性,那该怎样解释恶的起源?他同样认为这种泛神论哲学最终会使个人主义成为幻想,必须通过西方的一神论进行平衡。最后,在此章节中他用对日本王阳明跟随者的观察进行归纳总结:"他们中的大多数都很坚强、很勇敢,为自己的国家和发展做出了很大的贡献。他们中的一些人即使从世界范围看也可以称作优秀的人。"②应该指出的是,阿姆斯特朗认为这种哲学是对个人主义有害的泛神论,但又矛盾地对这种勇敢的性格很是敬佩。

二、关于王阳明的译著、专著和论文

在阿姆斯特朗的书出版两年后亨克出版了《王阳明的哲学》。亨克于1876年出生在美国艾奥瓦州。1900年,他凭美以美会(循道宗)传教士的身份来到华中江西教会,在九江的传教站担任各种职务。1904—1907年,在九江同文书院(1906年改名为南伟烈大学)担任说教术教授。1907年,亨克回到美国。1910年,在芝加哥大学完成博士学位,同年受邀担任南京大学哲学和心理学教授。1911年,他应上海英国皇家学会华北分会的邀请,对王阳明进行了广泛的研究。③ 英国和美国人于1857年在上海成立皇家学会分会的目的,是推进对中国的研究和认识。其中一项很重要的活动是提供资助,开设演讲和出版论文。④ 虽然不能详细地证明,但学会成员对王阳明之于东亚历史重要性的认识是发起邀请的根源。1912年秋,

---

① Armstrong, *Light from the East*, p. 126.
② Armstrong, *Light from the East*, p. 126.
③ "Henke, Frederick Goodrich, 1876-1963", http://iagenweb.org/boards/floyd/obituaries/index.cgi? read=235386.
④ 王毅《皇家亚洲学会北中国支会研究》,复旦大学博士论文,2004年。

亨克在英国皇家学会华北分会宣读了他的初步研究成果《王阳明生平和哲学研究》，此文以《王阳明：一个中国的唯心主义者》为名发表于1913年出版的该会会刊上。① 这是第一篇发表在西方学术期刊上的关于王阳明的学术论文。

为了让读者对王阳明的历史地位有一个感性的认识，亨克试图在欧洲文明史的坐标上定位王阳明。亨克指出，王阳明所生活的时代，宗教改革运动正在欧洲大陆酝酿萌芽，而王阳明提出"良知学"这一具有革命意义的历史事件，可以探索宇宙真理。亨克认为王阳明是忧虑当时的道德、宗教和政治问题，想要为学问找一个坚实的基础，即"找到宇宙的源头和生命"②。尽管他曾热情满满地在佛教、道教和朱熹的哲学中探索，但他并未找到满意的解决途径。直到他在远离皇京的贵州上任时才在"大彻大悟的状态"中找到了答案，这让他理解了"吾性自足"。亨克说："在这个基础上，他的本体论、宇宙论、哲学和伦理观架构形成了。"③

亨克之后用从《传习录》中引用的语录解释了王阳明所说的"性"。他总结道："这种他所说的'性'是一种微妙的东西，它是如此深刻、丰富和包罗万象的一个整体。布拉德莱（F. H. Bradley）、泰勒（Alfred Taylor），或乔西亚·罗伊斯（Josiah Royce）可能都会将它视为自己的老朋友，'绝对者'，即使它是被中国人发现的。"④换句话说，上述的三位哲学家形成了相似的绝对唯心主义。

亨克还解释了王阳明主要的兴趣在于"心"。"心"是"自然法则的体现"和"天理"。意志活动是一种创造性的活动，从而产生了世界上的所有事物。事物之所以变成事物是因为在心的目的范围内产生。在这一点上他又发现了王阳明唯心主义的证据。亨克说王阳明年轻时的大多数时间都对自己不能解决知识方面的问题而感到挫败，也正是因此而找到了穷理、格物和致知的意义。他身在贵州时才得到了解脱，那时他意识到答案即是对"性"的完全投入以及理解，"非在外在事物，唯有心可以找到答案"⑤。

最后，亨克解释道，对于王阳明来说，心内认知的来源即"良知"。认

---

① Henke, *The Philosophy of Wang Yang-ming*, p. xi.
② Henke, "A Study in the Life and Philosophy of Wang Yang-ming", p. 55.
③ Henke, "A Study in the Life and Philosophy of Wang Yang-ming", p. 55.
④ Henke, "A Study in the Life and Philosophy of Wang Yang-ming", p. 56.
⑤ Henke, "A Study in the Life and Philosophy of Wang Yang-ming", pp. 56-57.

知的问题通过依赖"良知"和开发"良知"才得以解决。我们的"良知"自然而然地会判断是非善恶,从而找出一条履行职责的路。① 通过最大程度的开发,一个人可以实现绝对的道德完美,从而成为一个圣人。亨克说,这个圣人"完全由天理主宰,完全不受激情的影响,他的正直与道德如至纯的金子般宝贵"②。

1913年,由于健康问题亨克回到了美国,与敞院出版社(Open Court Press)的主编保罗·卡罗斯(Paul Carus,1852—1919)就其著作项目进行了通信,并在《一元论》发表了另外一篇关于王阳明的文章。这是他的明智之选。敞院出版社于1887年在伊利诺伊州拉萨尔勒,由一位德裔美国工程师黑格勒(Edward Carl Hegeler,1835—1910)创建。黑格勒对神学和科学问题深感兴趣,并致力于促进宗教和伦理的科学研究。为实现其目标,他开办了出版社开始发表两本期刊——《敞院》(1887)和《一元论》(1890),以及关于宗教、哲学和科学的学术著作。③

1888年,卡罗斯加入该出版社,担任编辑一职。他出生于1852年的普鲁士,并于1876年获得图宾根大学的哲学和神学博士学位。由于他和黑格勒在宗教观点上思想开明,他们在期刊刊登比较宗教研究、科学文章,以及对东方宗教的研究,包容供稿人违背传统的观点和有争议的哲学思想。④ 他们认为宗教与科学可以调和,而一元论哲学是实现这一目标最好的方式。根据梅尔斯的描述,卡罗斯是康德学派但却总是想要超越康德:"卡罗斯哲学的中心思想试图解决康德的二元论问题,即物体自身的不可认知性。他尝试弥补主客体之间的鸿沟,从而达成了他的一元论。"⑤

卡罗斯对东方思想特别感兴趣。1893年,在芝加哥的世界宗教议事理事会上,他遇到了元觉寺的释宗演,进一步激发了他对佛教的兴趣。在随后的两年间,他着重写了一本面向西方国家读者入门类的《佛教福音》。当他向释宗演递交作品校样时,因其不懂英语,释宗演将其递交给学生铃木大拙(D. T. Suzuki,1870—1966)进行协助。1897年,卡罗斯需要帮忙翻

---

① Henke,"A Study in the Life and Philosophy of Wang Yang-ming", p. 60.
② Henke,"A Study in the Life and Philosophy of Wang Yang-ming", p. 61.
③ Constance Myers,"Paul Carus and the Open Court: The History of a Journal", *Midcontinent American Studies Journal* 5, no. 2(Fall 1964), p. 59.另见崔玉军《陈荣捷与美国的中国哲学研究》,社会科学文献出版社,2010年,第63—69页。
④ 崔玉军《陈荣捷与美国的中国哲学研究》,第61页。
⑤ 崔玉军《陈荣捷与美国的中国哲学研究》,第62页。

译《道德经》时,他将铃木大拙带到了拉萨尔勒,在那里住了12年进行写作和翻译,①并进行了许多有关中国哲学史的研究。

因此,在卡罗斯的指导下,敞院出版社开始出版东方思想的作品,"被视为东方宗教的权威以及将其中蕴含的思想和精神传播给英语阅读者的专家传播者"②。卡罗斯是把东方思想传播到美国的最重要也是最早的人物之一。在他的指导下,1893年到1915年间,敞院出版社出版了30本此类书籍,其中15本由他亲自撰写。在宣传东方哲学和社会方面,《敞院》和《一元论》比之前任何一家的出版物都流行更广、更受欢迎。③ 这可能就是亨克于1913年8月寄信给他们的原因,告知他已离开中国并对王阳明进行了批判性的研究,撰写出一篇他"非常希望出版"的多达约11.5万字的译文。在信中他宣称:"王阳明是自宗教改革运动以及地理大发现后最重要和有影响力的中国哲学家。"所以他认为他的作品将"代表对东方哲学做出的重大贡献"④。他还提交了曾在皇家亚洲文会北华支会会刊上发表的《一元论》文章的修订稿。

卡罗斯当时可能没有完全意识到王阳明对中国哲学史的重要性,因此在他最初的回信中,他提到他担心译稿过于冗长,特别是已经有很多中文译本等待出版。他建议以小册子或者系列文章的形式精简出版。⑤ 然而到9月中旬,却同意以文章或书籍的形式将其出版。他建议将文章的标题从《一名中国哲学家王阳明》更改为《中国的唯心主义者王阳明》或者《康德之前的康德》。⑥ 鉴于卡罗斯自身的哲学倾向和这家出版社的历史,以这种方式理解王阳明确实让王阳明的相关研究成为一种适合出版的材料。

1914年,亨克在《一元论》发表了论文《王阳明:一个中国的唯心主义者》。1916年,出版了研究王阳明的成果《王阳明的哲学》,内容主要来自施邦曜(1585—1644)编辑的《阳明先生集要》。倪德卫认为,亨克错误地以为他用的是由上海商务出版社出版的《王文成公全书》。实际上,他用

---

① 崔玉军《陈荣捷与美国的中国哲学研究》,第61页。
② 崔玉军《陈荣捷与美国的中国哲学研究》,第62页。
③ Harold Henderson, *Catalyst for Controversy: Paul Carus of Open Court* (Carbondale, IL: Southern Illinois University Press, 1993), p. 89.
④ Frederick G. Henke letter to Dr. Carus, August 20, 1913, Open Court Company Publishing Records, Correspondence, Box 15, Southern Illinois University Special Collections Research Center.
⑤ Paul Carus reply to Mr. F. C. Henke, August 23, 1913.
⑥ Paul Carus letter to Mr. Frederick G. Henke, September 11, 1913.

的是施邦曜缩减和重排的王阳明著作。倪德卫说:"施邦曜的著作由三个部分组成:(1)哲学数据,四卷;(2)管理与政治论文,七卷;(3)文学部分,四卷。亨克翻译了这三部分中第一部分的全部内容以及施邦曜的年谱。"①这解释了亨克的翻译数据内容与标准版的王阳明著作不符的原因,同时也解释了亨克的译著中不时插入的数字所指的内容。遗憾的是,倪德卫未能找到亨克所依据的施邦曜著作的原始版本。②

亨克的作品包括了《王阳明传》和著作摘译两个部分。其中《王阳明传》主要是根据钱德洪的《年谱》写成的。著作摘译分为四编:第一和第二编的主要内容为今本《传习录》和《大学问》;第三编收入王阳明书信 12 篇;第四编收入王阳明作品 50 篇,其中有 12 篇是序跋,其余 38 篇为书信。

亨克的著作发表后不久就得到了一些期刊的评论。考虑到王阳明与其令人瞩目的生活及哲学思想的鲜为人知,评论家们均对他作品的重要性予以了承认。但一些评论家对亨克未能对王阳明的观点进行系统概述进行了批驳,其中评论家姊崎正治强烈否定了他的译文。他认为该书没有合适的引文及注释,导致王阳明的哲学观点依旧晦涩难懂。③

此外,姊崎正治认为关于专有名词的翻译过于朴实和现代,或者更符合朱熹的思想,因为他们表达了二元论思想或实证主义的概念。例如,将"良知"译为"intuitive knowledge"和"intuitive faculty of the good",可能将使"整个王阳明哲学和伦理学的核心理念"削减成一些过于"心理学的"东西。④ 此外,他发现"致良知"的翻译"to extend knowledge to the utmost"和"to extend the use of the intuitive knowledge to the utmost"极具误导性。该短语的较佳译法为"to realize the liangzhi"或者"to bring the liangzhi to full light and efficiency"。

尽管在一些方面仍不尽完善,但他的评论是非常有价值的,因为他指出了亨克转换一些概念范围的程度问题,而如今依赖英文译本的人对于王

---

① David S. Nivison, Review of *The Philosophy of Wang Yang-ming*, by Frederick Goodrich Henke, *Journal of the American Oriental Society* 84, no. 4(1964), pp. 436-442.

② 在私下的邮件中,王宇博士说,原始版本是上海明明学社在 1907—1911 年间出版的铅字本《学部校正明先生集要三种》。参看他最近发表的《亨克〈王阳明哲学〉及其中文底本〈阳明先生集要〉考述》,载《浙江社会科学》2018 年第 10 期,第 1—7 页。

③ Anesaki M., Review of *The Philosophy of Wang Yang-ming*, by Frederick Goodrich Henke, *The American Journal of Theology* 22, no. 4(1918), p. 595.

④ Ancsaki, Review of *The Philosophy of Wang Yang-ming*, p. 596.

阳明的理解只能透过这些概念范围来达成。无论是当时还是现在,语言障碍都能引起严重的误解和负面影响。亨克运用西方概念框架来评估王阳明的思想,这一点也引起了类似的问题。例如,亨克认为王阳明的哲学思想中主张机会平等和自由的思想,具有近代西方启蒙思想的特征;认为王阳明是观念论(或唯心一元论)者,而与他对立的朱熹是实在论者。[①] 尽管这些观点仍存在很多问题,但是它们影响了欧洲以及北美对王阳明的理解,直到20世纪50年代新学术观点的出现。

夔德义也是一位大力宣传王阳明的美国传教士。1916年,《传教先驱》(The Missionary Herald)报道说夔德义离开艾奥瓦州格林奈尔前往华北传教。[②] 他好像首先去了山东基督教大学(也就是齐鲁大学),这是由好几个差会1909年在济南共同建立的。夔德义很明显对中国哲学尤其是心学产生了兴趣。1928年和1930年他在齐鲁大学写了中国哲学方面的论文,发表在《一元论》上,其中一篇是关于王阳明的。[③] 1936年在神学院工作期间,他在北京汉语学校开了两个讲座。[④] 1939年,他完成了有关陆象山的博士论文。[⑤]

有关王阳明的研究,夔德义说他没有时间参照汉语文本,而是参照亨克译本,同时得到了徐宝谦的协助。他说:"我们认为亨克译本,虽然总体上需要修订,但很忠实地再现了王阳明的思想。"[⑥]徐宝谦1892年出生于浙江上虞,是位中国基督教徒,他在国内和美国求学,后来在中国的几所大学教哲学。夔德义说徐能给他鼎力帮助,因为他也发表了理学方面的文章。

夔德义的讲座,还有他个人根据讲座出版的书,分为两个部分:"良知论"和"王阳明与其他思想家的关系"。他解释说:"王阳明把'良知'作为

---

① 王宇《亨克与王阳明的西传》,《浙江日报》,2017年1月19日。
② The Missionary Herald, vol.112, no. 7(July 1916), p. 301.
③ Lyman V. Cady, "Wang Yang Ming's Doctrine of Intuitive Knowledge", The Monist 38, no. 2 (Apr.1928), pp. 263-291.
④ 这些讲座内容在1936年由个人出版了。参见 Lyman V. Cady, Wang Yang Ming's "Intuitive Knowledge" (1936)。
⑤ Cady, The Philosophy of Lu Hsiang-shan: A Neo-Confucian Monistic Idealist (Pacific Cultural Foundation, 1939).
⑥ Cady, Wang Yang Ming's "Intuitive Knowledge", p. iv.

他思想和教学的核心。"① "良知"具有形而上学、认识论和道德的意义。亨克把"良知"译为"the intuitive faculty",很合适,因为"良知"是"认知的工具,是人类与生俱来、天然而成的,现成而无须后天学习"。② 王阳明有时把"良知"描写为最根本的原则,具有形而上学的味道,有时"良知"又是"道德批判的良心"。③ 在实践层面上,"良知"判断我们的观念、目的和道德倾向(ideas,purposes 和 moral intentions 是"意"的各种翻译)④。然而王阳明有时把更高层次的思想过程,比如"理性"(reason)包含在"良知"中,并赋予它直觉的认知意义。但总的说来,王阳明"坚信心的统一"和"心理过程的根本统一",夔德义说,这就很难辨别"良知"的各个方面的关系了。⑤

第二部分,《王阳明与其他思想家的关系》是欧洲第一篇深入探讨此类话题的文章。从传承上来说,王阳明的思想来源于孔子、孟子、《中庸》、《大学》、宋代理学家和陆象山,甚至是佛教。虽然王阳明否认自己是佛教徒,夔德义写道:"在用词和方法上,王阳明受到佛教伦理观的影响。"⑥这包括他的心的观念和内省、默想的方法。

至于西方思想家,夔德义简要地把王阳明和他们进行了大量的异同比较,包括柏拉图、斯多葛哲学、笛卡尔、斯宾塞、莱布尼兹、茨柏里和博格森。柏拉图和王阳明认为:"真理是普遍的和内在于心的。"⑦斯多葛哲学和王阳明心学都"寻求静心的生活"⑧。笛卡尔和王阳明的哲学均来自对传统和他们那个时代学术的反抗。两者都内视心中,认为"理念真实性的确定在于认识到直觉的存在"⑨。斯宾塞和王阳明都特别重视直觉,因为它引导人们认识最高真理。⑩

总的说来,夔德义发现把王阳明的良知和西方哲学传统相比较要很小

---

① Cady, *Wang Yang Ming's "Intuitive Knowledge"*, p. 1.
② Cady, *Wang Yang Ming's "Intuitive Knowledge"*, p. 3.
③ Cady, *Wang Yang Ming's "Intuitive Knowledge"*, p. 4.
④ Cady, *Wang Yang Ming's "Intuitive Knowledge"*, pp. 9-10.
⑤ Cady, *Wang Yang Ming's "Intuitive Knowledge"*, p. 11.
⑥ Cady, *Wang Yang Ming's "Intuitive Knowledge"*, p. 29.
⑦ Cady, *Wang Yang Ming's "Intuitive Knowledge"*, p. 29.
⑧ Cady, *Wang Yang Ming's "Intuitive Knowledge"*, p. 30.
⑨ Cady, *Wang Yang Ming's "Intuitive Knowledge"*, p. 31.
⑩ Cady, *Wang Yang Ming's "Intuitive Knowledge"*, p. 32.

心,因为良知"都不能完全与西方直觉相吻合,即使他们存在一些共性"①。他认为把王阳明和西方哲学中的直觉进行比较,要慎之又慎,因为良知无法和西方的直觉完全对应,必然会失去其本质特征。②至于王阳明的哲学,因为直觉是普遍统一的表现(all-pervading unity),而统一性也是心的原初状态,夔德义认为这是一种一元唯心论。③

尽管亨克是西方出版王阳明节选译本的第一人,但是第一位撰写王阳明哲学思想专著的却是王昌祉。这位江苏淞江人,"民国七年(1918年)入徐家汇修道院,民国十年进耶稣会。民国十七年赴欧……在法国里昂神学院学习。民国二十一年晋升神父。翌年再到巴黎攻读博士学位,1935年获巴黎天主教大学神学博士,为中国神父得此学位的第一人……次年获巴黎大学文学院哲学博士。民国二十六年初回到上海"④。他的博士论文(以书的形式出版于1936年)标题即阐述了主题:"王阳明的道德哲学"。第一章描述了历史背景下王阳明的生平。第二章"我们内心的准则",解释了王阳明的心即理理论和人类自身的道德完善能力;该理论与朱熹思想的不同之处;以及当时士人的异常行为导致他提出该思想的原因。⑤ 随后的五个章节(第三章至第七章)专门来解释"良知"的定义、实践以及实现。最后,王昌祉提供了一份王阳明的生平年表,以及有助于建立法文同义语的哲学术语词典。

在《引言》部分,王昌祉认为中国思想在把追求道德完美作为原则目标方面是独一无二的。他说,中国哲学家也认为,道德行为是道德认知的最高表现形式,并且坚信真正的哲学是实践哲学。因此,王昌祉认为,是时候挑选一位伟大的中国道德哲学家广为宣传了,之所以选择王阳明是因为他堪称中国思想方面的典范。他的目标是以王阳明自己的专业术语来展

---

① Cady, *Wang Yang Ming's "Intuitive Knowledge"*, p. 35.
② Cady, *Wang Yang Ming's "Intuitive Knowledge"*, p. 35.
③ Cady, *Wang Yang Ming's "Intuitive Knowledge"*, pp. 10-14.
④ "王昌祉,1899—1959",上海地方志办公室。条目中还说他"先后担任光启社副社长兼主笔,《圣心报》副主编、耶稣会文学院和神学院中文主任、震旦大学公教青年会指导司铎等职。民国三十四年任耶稣会会长咨议员。民国三十六年在震旦大学文学院中文系执教。民国三十八年,奉耶稣会之命率耶稣会文学院和初学院修生50人'逃难'去菲律宾。著有《人生的意义》《天主教教义探讨》等"。
⑤ Wang Tch'ang-Tche, *La philosophie morale de Wang Yang-ming* (Shanghai: Imprimerie de T'ou-se-we, 1936), p. 3. https://www.chineancienne.fr/d% C3% A9but-20e-s/wang-tch-ang-tche-la-philosophie-morale-de-wang-yang-ming/.

现其思想而避开比较哲学。他认为比较哲学将使中国思想套进欧洲的框架——以王阳明为例,套入博格森的直觉主义或者康德主义。①

因为他相信王阳明的"晚年教义"以及"道德哲学的核心概念"为"良知",王昌祉几乎用全书详述"良知"的概念。② 从本质上讲,人们都具有"良知",并可通过依照道德直觉行动来实现。这种认知并非客观或外在的;相反,它是内在的、个人的,由心中内在的道德原则组成。实现这一天生的善需要付之于具体的实践并且以近乎信仰的态度相信"良知"存在且绝对可靠。人们必须坚定信仰"良知",遵守道德本能的指引,并在生活中最具体的挑战中实现它。③ 这意味着要依据"良知"的指引谦虚并坚决地行善除恶。王昌祉强调的是实践而并非"良知"形而上学的意义。王阳明从生活经验中得到思路,只要每个人仔细关注道德意识,他所相信的就会变得不言而喻:"它(良知)完全取决于我们良心的直接范围。"④在这方面,王昌祉作品指向近期的趋势,即比较王阳明的哲学思维方式与德国现象学。

张煜全(字昶云,1879—1953)于20世纪60年代前出版了西方仅有的另一本关于王阳明思想学术专著。不同于王昌祉的著作,他的侧重点不是王阳明哲学的精华,而是王阳明的政治生涯。他的书是西方国家的第一本专门详细叙述和分析王阳明政治和军事历程及成就的学术专著。⑤ 他首先在1939年至1940年间《中国社会及政治学报》(*Chinese Social and Political Science Review*)上以系列文章的形式发表了他的研究成果。该期刊是由中国社会政治学会出版的季刊杂志,该协会于1915年在北京成立,目的是鼓励对法律、政治学、社会学、经济学研究,并促进联谊。该刊成为相关主题英语文章的发表场所。⑥ 有趣的是,张煜全不仅仅是该学会执行委员会的创始人之一,更在该委员会的第一届编辑委员会任职。1939年之前,他多次撰写文章和评论。而其他成员也都非常具有影响力:学会的

---

① Wang Tch'ang-Tche, *La philosophie morale de Wang Yang-ming*, pp. 5-7.
② Wang Tch'ang-Tche, *La philosophie morale de Wang Yang-ming*, p. 187.
③ Wang Tch'ang-Tche, *La philosophie morale de Wang Yang-ming*, p. 187.
④ Wang Tch'ang-Tche, *La philosophie morale de Wang Yang-ming*, p. 190.
⑤ Chang, "Wang Shou-jen as a Statesman", *Chinese Social and Political Science Review* 23, no. 1-4(1939-1940).
⑥ James Brown Scott, "The Chinese Social and Political Science Association", *American Journal of International Law* 10(Apr.1916), pp. 375-376.

第一任主席是陆徵祥总理,第一任副主席竟是美国驻华公使芮恩施。①

因其倾尽了一生的时间用于东西方交流,张煜全的背景使他成为担当这些职位以及撰写王阳明书籍的最佳人选。根据金富军的研究,张煜全生于广东南海,在就学于鹤龄英华书院、香港皇仁书院及北洋大学堂后:

> 赴日留学,在日本东京帝国大学学习政治学并肄业。在日期间,倾向革命,与孙中山、梁启超等相交过从。1901年8月,入美国加利福利亚大学。1903年获得法学士学位。1904年在耶鲁大学获得法学硕士学位。1904—1906年,张煜全在耶鲁大学攻读博士学位……1906年10月,清政府举行第二次留学欧美毕业生考试,是9名最优等之一,赐进士(法政科)出身……1917年9月,任清华学校董事会第一届董事。1918年4月15日,北洋政府任命张煜全为清华学校校长。1920年1月,张煜全辞职,任校长一年又七个月。②

成功的教育背景使他在清末民初的教育及外交部门以及国民政府中担任一系列的官职。③

张煜全承认亨克的翻译工作的重要作用,但他发现那仅仅涉及王阳明一半的作品,而未触及其奏疏及其他文学著作。因此,他建议记录"王阳明作为朝廷官员的(政治)思想和功绩"④。他从详细记述王阳明的生平着手,然后按照以下标题浅析了他的部分政治生活及思想:"他的政治理论""王阳明作为一位教育家""王阳明作为一位文官""王阳明作为一位武官"。张煜全得出的结论是,作为一名知行合一的倡导者,王阳明"不同于其他一般的士人,因为他以所谓的良知指导,实践他所得出的认知"。"他作为一位教育家、文官、武官,成功的秘诀"是"即使在面临生命或自由危险的情况下仍坚持做自己认为正确的事情"。在这些角色方面,张煜全估

---

① "Editorial Notes", *The Chinese Social and Political Science Review* 1, no. 1 (Apr.1916), pp. 1-2.
② 金富军《张煜全在清华学校的教育实践考察》,载《教育史研究》2014年第3期,第32—36页。
③ 张永航《张煜全人生大事纪》,未刊,张永航是张煜全的孙子。
④ Chang Yü-ch'uan, *Wang Shou-jen as a Statesman* (Arlington VA: University Publications of America, 1975), p. 2.

计,王阳明"除了为人民利益外,没有任何不可告人的目的"。"我们没有发现任何他不以国家和人民利益为目的的行为,也不能认为他居心叵测。"①基于上述原因,他呼吁读者"忠实效仿他为榜样,以他的观点看待事情,以他的道德标准行事"②。

当张煜全首年担任清华学校校长时,戴闻达则在驻北京荷兰大使馆最后一年任职翻译。他于1927年发表了关于王阳明的一篇文章,因为他恰巧遇上了当代中国对这位哲学家兴趣复燃的潮流。戴闻达认为,现代化驱动着中国人远离他们的儒家传统而站在批判的角度看待它。但在与西方接触的过程中,中国人意识到他们传统思想的多样性。为了保持在变革中维系传承中国的正常模式,并在自身传统中寻找权威指导,他们重新发现了如墨子和王阳明等思想家的著作。③ 戴闻达赞扬这种进步,因为他认为王阳明的独立思想、批判性思维将对青少年产生积极的作用。④

戴闻达应当对中国当代知识分子的处境有所洞察。他曾于1912—1918年在荷兰大使馆任职。之前,他曾在莱顿、柏林和巴黎师从著名汉学家高延(J. J. M. de Groot, 1854—1921)及高第(Henri Cordier)等进行研究。1919年返回莱顿后,他在莱顿大学担任汉语讲师。这使得他置身于后来欧洲最重要的汉语言研究中心之一。众所周知,伴随着荷兰殖民政府对东南亚与日俱增的需求,荷兰汉学于19世纪发展起来。荷兰政府需要汉语翻译和中国侨务专家来应对居住在其境内的华侨华人小区。作为其中一项举措,莱顿大学设立了汉语言文学教授一职。戴闻达第一个在这里研究了汉语言,第二位教授是著名的高延。

《西方视野中的中国》涵盖了一些对当代中国的研究,例如对文艺复兴的和王阳明的调查研究。⑤《复活的圣人》介绍了朱熹的哲学对王阳明的影响,王阳明作为一名文官和军事指挥官的生活,他的基本哲学观念,特别是良知和知行合一,以及自我修养的方法。

---

① Chang, *Wang Shou-jen as a Statesman*, p. 267.
② Chang, *Wang Shou-jen as a Statesman*, p. 268.
③ Duyvendak, "Een herleefd wijsgeer(A Resurrected Sage)", in *China tegen de Westerkim(China against the Western Horizon)*, p. 63.
④ Duyvendak, "Een herleefd wijsgeer(A Resurrected Sage)", pp. 97-98.
⑤ Wilt L. Edema, "Dutch Sinology: Past, Present, and Future", in *Europe Studies China: Papers from an International Conference on the History of European Sinology*, ed. John Cayley and Wilson Ming (London: Han-Shan Tang Books, 1995), pp. 88-93.

三、1950年前欧美中国哲学和宗教史研究中的王阳明

现在转过来看欧美早期的中国哲学和宗教史研究,其中3件作品的原出版地在法国,3件是在德国。戴遂良的《中国宗教信仰及哲学观点通史》是法国最早的研究。戴遂良(1856—1933)出生于法国的斯特拉斯堡,并于1881年加入耶稣会。1887年,他前往中国直隶南部传教并在那里行医。他精通汉语,创作了许多关于中国历史、语言、文化、宗教和哲学的著作。谈起《通史》创作起源,他说这些作品均是应巴黎天主教研究所之邀而作,它们"呈现出他在中国进行调查研究30年间的情况"①。

虽然大部分关于王阳明的短章(或"课")都专注于研究日本阳明学,但是戴遂良介绍了王阳明的重要思想要素并收录了王阳明的诗选。就王阳明在贵州驿站任职时著名的悟道经历,戴遂良称王阳明"的确启示人心"②。他提到王阳明认为一个人一旦完成学业,书本中再难得到答案;相反,他必须求其本心。③ 关于这种"活道"(living word),戴遂良解释道:

> 这个词念"liang-chih"(良知),他把良知定义为:"未学,未闻而知","只有在良知的指引下,人才能获得极乐、真理和平安。人一旦内心接触了良知,就必须深信不疑。良知是颠扑不破的,因为它是心声,是天理"。④

戴遂良进一步说明王阳明坚信正是因为这个绝对可靠的"良知"是"天理",意志必须服从其判断,并以决心和坚决的信念予以执行。依其而行方乃明智之举。一个人必须严格守己,防止引入人性弱点,玷污或影响这个直觉,使心和道德法则相悖:"无视本心,至愚;违心而行,至错。"⑤

因此,戴遂良的确是带着赞同和敏锐的悟性把阳明学呈现在人们眼

---

① Wieger, *A History of the Religious Beliefs and Philosophical Opinions in China from the Beginning to the Present Time*, trans. Edward Chalmers Werner(Hsien-Hsien Press, 1927), preface.
② Wieger, *A History of the Religious Beliefs*, p. 698.
③ Wieger, *A History of the Religious Beliefs*, p. 698.
④ Wieger, *A History of the Religious Beliefs*, p. 698.
⑤ Wieger, *A History of the Religious Beliefs*, p. 700.

前。作为一个耶稣会信徒,他极有可能已经受到法国天主教(浪漫天主教)思想当时重视感情的影响,该教认为信念根植于本心,因而心是人与上帝之连接所在。他可能也想到自然法则,这种天主教的自然法则根植于斯多亚学派和《圣经》之中,尤其是《罗马书(1—2)》之中,使徒保罗列出了道德法则,即人人都凭借直觉认知。

这种解释跟戴遂良对王阳明的批判相契合。他认为"良知"与"良心"相似,因而认为"奇怪的是,他这样一个拥有高尚的良心且强烈宣扬跟随良心的人,却不能超越良心趋向赋予他良心的祂"①。他相信王阳明把良心看作一种生命机能,这使王阳明呈现出类似朱熹的唯物主义思想。当然,戴遂良在此所持观点是耶稣会与中国第一次接触就采纳的对宋朝哲学的观点。

鉴于裴化行和格鲁塞大量复制戴遂良和亨克的作品中有关王阳明的语录和翻译,在此对他们的研究不加具体陈述。裴化行和格鲁塞都是在中国历史和哲学方面颇负盛名的学者。裴化行(1889—1975)是一名法国传教士和汉学家,于1924年来到中国,在其1947年离开中国之前,一直进行着传教和汉学研究工作。② 他创作了大量关于中国的书籍和文章。他的《中国圣人与基督教哲学》中涵盖了一系列主题甚多的讲学,如中国哲学史、耶稣会的中国时刻,而更多的则是中西方之间文明与哲学的相遇。这本书撰写之初是为中国湖北献县的耶稣会哲学高校提供教导材料。因而其内容极为系统:王阳明形而上学的唯心主义哲学、王阳明哲学的释放特性与朱熹哲学的唯理主义的比较、主观论与直觉论和王阳明的良知哲学、日本阳明学、王阳明诗歌书信选。③

格鲁塞(1885—1952)一生中也出版了大量东方历史研究之作,几乎一生在法国巴黎两所不同的博物馆任职管理员工作。④ 与本文所讨论到的其他作者一样,他简单地把朱熹的思想与阳明学进行明显区分,认为朱熹重视博学和唯理主义,并从编写和评论儒家经典中获取知识,然而王阳明

---

① Wieger, *A History of the Religious Beliefs*, p. 700.
② John W. Witek, "Henri Bernard-Maitre, 1889-1975", in *Biographical Dictionary of Chinese Christianity*. http://www.bdcconline.net/en/stories/b/bernardmaitre-henri.php.
③ Bernard, *Sagesse chinoise*, pp. 82-88.
④ "René Grousset", *Académie Française*. http://www.academie-francaise.fr/les-immortels/rene-grousset.

重视主观性和直觉。王阳明认为反思个体能发现内心深处之真理。因此，真理如同一种启示，带着狂喜状态的性质。①

20世纪上半叶，德国汉学研究在中国哲学历史研究的出版方面颇为领先。尽管在英语语言的研究中忽视了明代哲学，但是德国研究至少涵盖了阳明学及其思想学派的一些讨论。恩斯特·森克的《中国哲学史》和哈克曼的《中国哲学》均于1927年首次出版，而佛尔克的《近现代中国哲学史》则于1938年首次出版。

哈克曼和佛尔克都曾深入地融入中国。哈克曼本在莱比锡和哥廷根研究新教神学，之后从1884—1901年在上海的德国新教教会担任牧师一职，随后还在中国和东南亚地区进行游历。1913年，他被任命为阿姆斯特丹大学宗教史教授。而作为第二次世界大战前德国最伟大的汉学家之一的佛尔克，1867年出生于布伦瑞克公国的首都布伦瑞克（布伦瑞克公国于1871年归属德意志帝国）。在柏林大学学习法律学期间，佛尔克参加了东方语言研讨班，他就是在那时学会汉语的。1890—1903年，他在中国担任德国外交服务工作。1903年，担任柏林大学东方语言系讲师并于1923年接替傅兰克（Otto Franke）成为汉堡大学的教授。佛尔克发表了许多关于中国文学和哲学的书刊文章。

另一方面，森克作为一名业余汉学家也创作了关于中国的作品。他出生于捷克，并在维也纳获得法学学位，而后成为著名的记者、作家和政治家，其中以其关于无政府主义的作品最负盛名。虽然森克不是一名学术型汉学家而且并没有直接参考汉语语言资料，但是他创作出了中国哲学通史的事实证明了中国哲学在外国研究的成熟性及翻译资料的可用性。

森克在题为《非正统学派：王阳明》的章节中曾探讨过王阳明。该章紧随关于朱熹及其弟子的章节之后，除了简要介绍王阳明的生活和思想，还有一些对引发森克好奇的问题的探讨，比如关于心灵与肉体的关系，或是王阳明似乎与德国唯心主义者极为相像之处。哈克曼和佛尔克也同样对此感兴趣。两者都引用了《传习录》中的这两条来证明王阳明是个唯心主义者：

先生游南镇，一友指岩中花树问曰："天下无心外之物；如此花树，

---

① Grousset, *Histoire de la philosophie orientale*, pp. 356-357.

在深山中自开自落,于我心亦何相关?"先生曰:"你未看此花时,此花与汝心同归于寂;你来看此花时,则此花颜色一时明白起来;便知此花不在你的心外。"

九川疑曰:"物在外,如何与身心意知是一件?"先生曰:"耳目口鼻四肢,身也,非心安能视听言动?心欲视听言动,无耳目口鼻四肢亦不能,故无心则无身,无身则无心。但指其充塞处言之谓之身,指其主宰处言之谓之心,指心之发动处谓之意,指意之灵明处谓之知,指意之涉着处谓之物:只是一件。意未有悬空的,必着事物,故欲诚意则随意所在某事而格之,去其人欲而归于天理,则良知之在此事者无蔽而得致矣。此便是诚意的工夫。"

然而,森克怀疑王阳明并非是一个真正的唯心主义者,因为他从未宣称精神世界比现象世界更加真实。他争辩道,王阳明关于花的陈述并不能表明那些花只是虚幻。他认为王阳明只是在表明"心"能编写现象世界中物体的外观,而不是否定"心"之外仍有世界的存在。此处森克对王阳明的解读受到欧洲对于康德哲学的辩论的重要影响。他声称康德和王阳明都没有否认现象世界的存在;他们只是提出了心影响现象世界的表现:"感知经由心的认知,因而世界全体的表面现象事实上是由心所呈现。"[1]因而他们俩的哲学更应该被称作先验实在论。

森克还对王阳明在儒学历史发展中的地位及贡献加以评价。他声称王阳明与朱熹存在极大差异。朱熹是唯理主义者,而王阳明则是唯意志论者和直觉论者。朱熹是儒家传统中的托马斯·阿奎纳,而王阳明则像基督教改革者,致力于将信念重归于古老经文下原始纯洁的基础。对王阳明而言,这正是重归于儒学古籍的本义。森克论证道,相较于纯粹的外在世界的实践知识,儒学更加重视自知之明和美德的完善。另一方面,朱熹把儒学的中心从完善自我美德转移到外在世界的理性探讨和社会改良。然而,他的哲学滋生了一种乏味务实的唯理主义,这种唯理主义限制思考,缺少实质。

另一方面,王阳明试图将其目标归于美德的完善。他坚信人生而具有善的良知。通过发展这种良知,人能够回归本性,自发与天理(道德法则)

---

[1] Zenker, *Histoire de la philosophie chinoise*, p. 627.

相应,达到一致和谐。既然这种非凡的至善以天理存在于人的本性之中,那么遵从"良知"就能获得真正的自由。① 然而,欲望和感情却能阻止人回归本性。这种感情能使一个人在事物中迷失自我;只有净化自我远离物质才能使其回归于本性的自由。森克就从这种净化和天主教的精神炼净之间看出了相似之处。他进一步论证,在人类本性的概念和净化自我欲望这点上,王阳明受到道家神秘主义的影响。然而,王阳明并未接受甚至反对道家的被动性和无为而治。一个人的心态与他是否积极主动或是否静卧休息并没有关系;相反,人的精神状态取决于他们是由道德法则还是由欲望支配。如果人跟随良知并依随他们本性中所呈现的道德法则,那么无论他们积极主动或消极被动都能获得平静。②

虽然森克有关王阳明的说法极为简单,而且严重受到欧洲哲学体系的禁锢,但是他还是有一些非常有趣的见解。通过哈克曼和佛尔克我们能发现王阳明的知识记载足够他们用来在哲学史研究中呈现王阳明生活和思想的基本轮廓。哈克曼从钱德洪的《年谱》中了解到王阳明的生活,发现王阳明的哲学与其生活联系紧密,这给他留下了极为深刻的印象。他认为王阳明是一个向往本真和真理,反对虚无形式的人。而朱熹的哲学作为一种较为正式的正统哲学,正是以这样一种虚无的形式存在的,因为他的哲学不能让学者生出一种热情去探索存在:这是一种"无生命的哲学体系"。王阳明宁愿探索精神上的洞察力和智慧,发展一种真正从内心滋生的,从面对生活挑战时的个人亲密经验中总结出来的哲学。③

哈克曼在王阳明的本性观中看到了一种"包罗万象的统一性"。一切事物从根本上都有着同样的本质,万象都是性的表现。这就是为什么只有在人们回归最本源的时候才能真正理解并接近这个世界。发现良知之路必须从心内寻找。宇宙的设计和规律正存在于心中。换言之,心对世界表象呈现给我们的事物赋予形态并进行影响。④哈克曼认为,从王阳明对花的陈述判断,他似乎是唯心主义者。然而,哈克曼和森克一样,也认为王阳明并没有说明心和肉体何者更加具有真实性。⑤

---

① Zenker, *Histoire de la philosophie chinoise*, pp. 631-632.
② Zenker, *Histoire de la philosophie chinoise*, pp. 634-635.
③ Hackmann, *Chinesische philosophie*, pp. 361-363.
④ Hackmann, *Chinesische philosophie*, p. 364.
⑤ Hackmann, *Chinesische philosophie*, p. 365.

因而，哈克曼的大多数研究便专注于解释良知的含义。他提到"良知"在英语中翻译为"intuition"，但是极富有智慧地强调"良知"不能和精神的特殊机能一概而论——比如知识、感觉和意愿；相反，在王阳明看来，"良知"比特殊的精神机能先有，它是一种存在于天理之中的纯净的认知，而这种天理事实上正是通过这些机能来表达自己的。对于道德辨别而言，这种内心之光是分辨是非的基础。然而，"良知"貌似形而上学的特性与宏伟性，使其超越了简单的"良心"。通过它，我们能完善精神。因为人性中的所有伟大和美好都根植于这种认识之中，再没有比发展这种内心的指引更重要的了。只是这种内心之光隐藏在使其黑暗的遮挡物之下。这遮挡物正是人天性的自私所产生的冲动和激情。通过开发内心之光，不管一个人喜欢或讨厌，偏好或厌恶，他都能够自然而然地跟随内心自然法则的指引，这种指引与自私利己的冲动是相反的。如此便可达到知与行的统一。①

在20世纪50年代以前的研究中，佛尔克的《近现代中国哲学史》系统性地大量使用原始文献并且提供了最为全面的研究。在他的研究过程中，他直接引用《王文成公全书》和《阳明先生集要》。他还参考了亨克、谢无量（1884—1964）和高濑武次郎的作品。对于佛尔克而言，王阳明是"继朱熹之后最伟大的哲学家和明代第一人"②。他对王阳明生活的简要概述均引用《明史》以及亨克翻译的《年谱》，其中就包括王阳明在贵州的开悟（erleuchtung），及嘉靖、隆庆和万历三位皇帝的朝廷对他的处理方法。接下来的部分介绍了王阳明的一些理论，包括心即理、格物、良知以及善恶的起源。③

在佛尔克对王阳明的总结评价中，他总结了先前的学者们是如何对王阳明的哲学思想进行分类的。因为王阳明似乎表明，心之所在乃是万物之本，因而心外无物，即思想创造物质世界，亨克称这样的哲学思想为绝对唯心主义，而哈克曼则称之为认识论唯心主义。佛尔克同意两者的分析，但是他也赞成其他人的看法，如森克认为王阳明哲学是关于主客根源的同一性哲学（Identitätsphilosophie）。佛尔克极有可能想到了谢林（F. W. J. Von

---

① Hackmann, *Chinesische philosophie*, pp. 366-368.
② Forke, *Geschichte der neueren chinesischen philosophie*, p. 380.
③ Forke, *Geschichte der neueren chinesischen philosophie*, pp. 380-399.

Schelling,1775—1854),因为谢林的同一性哲学"是基于他的绝对者概念的哲学,在这种概念之中,理想和现实、主观和客观其本质相同"①。总而言之,正是德国的唯心主义为王阳明在许多欧洲本土文献中受到欢迎铺平了道路。

在互联网哲学百科(Internet Encyclopedia of Philosophy)冯友兰的条目中,涂笑非说冯友兰在西方的影响"主要是他的《中国哲学史》,已经翻译成多种西方语言",而且"成为中国文化、历史和思想学习者必读推荐书"。② 确实,在千禧年后有新的中国哲学入门性和介绍性的教科书出现之前,想要了解中国思想的学习者可以借助陈荣捷、狄百瑞和冯友兰出版的著作。

卜德(Derke Bodde,1909—2003)在冯友兰著作的英译方面发挥了重要作用。1930年在哈佛大学英语本科毕业后,他没有找到工作,便选择留校继续硕士学位学习,并开始研究汉学。1931年,他获得了哈佛燕京奖学金,到清华大学学习到1937年,学习中国哲学和文化。就是那时候他遇到了冯友兰。冯友兰一直致力于证明传统中国哲学和当代的关联,并将中西方哲学进行比较,他的目的就是要建立起东西方哲学内容和方法沟通的桥梁。关于他们的初遇,卜德写道:

> 冯友兰是我在1934年到1935年最高兴能认识的人之一。当时我在清华大学上他的中国哲学课。他那时刚刚出版了力作《中国哲学史》的第二卷,此书很快就成了该研究领域的范本。有一天,我来上课,冯博士问我是否知道有谁有意向把他的书翻译成英文。结果就是我接下了翻译任务。③

《中国哲学史》第一卷的卜德英译本在1937年出版,内容从中国古代哲学一直到汉代早期。过了16年,卜德才完成第二卷的英译,内容涵盖宋

---

① Raymond Williamson, *An Introduction to Hegel's Philosophy of Religion* (Albany: State University of New York Press,1984), p. 70.

② *Internet Encyclopedia of Philosophy*, s.v."Feng Youlan(Feng Yu-lan,1895-1990)", by Xiaofei Tu, http://www.iep.utm.edu/feng/.

③ Fung, *A Short History of Chinese Philosophy*, Edited by Derke Bodde. New York: The Free Press,1948, p. xii.

明理学。

在戴闻达的帮助下,1937年卜德去莱顿大学攻读博士学位。之后,他在宾夕法尼亚大学任教了将近40年。① 卜德说第二卷英译拖了这么久,"主要是因为在战乱时期无法和冯友兰当面交流"②。1946—1947年,这种状况改变了,冯友兰来到宾夕法尼亚大学访学,卜德得以继续英译工作。卜德获得了富布赖特奖学金,1948—1949年赴北京学习,大部分章节的英译就是在那时候完成的。这些年正是中国内战的时期,卜德写道:"1948年12月—1949年1月是黑暗的日子,炮弹横飞,机关枪在窗外扫射。我和家人傍晚时围坐在古老的煤油灯旁。我尽力把佛教八种意识的术语翻译成能读懂的英文。"③

然而,在1948年,《中国哲学史》的英文节译本在他完成第二卷英译前就出版了。在宾夕法尼亚大学访学期间,冯友兰决定自己用英语书写《中国哲学简史》,书中标明卜德帮忙编辑。④ 卜德在那时写道:"最近几年出版了不计其数关于中国的书,但是我们西方人对中国哲学真知仍了解甚少。即使受过良好教育的美国人,如果叫他们列举中国主要的哲学家,除非是汉学专家,他们只能说出孔子,也许还有老子。"因此,他认为《中国哲学简史》是"第一部真正全面、系统地介绍中国思想的英文著作,时间从孔子到当代"⑤。

在《中国哲学简史》和《中国哲学史》第二卷中都有专门一章论述心学,代表思想家包括陆象山和王阳明。冯友兰精要地概述了陆象山的思想,并和朱熹进行比较。他认为是朱熹把新儒学理学发扬光大的。两者的区别是一个强调道学研究,一个强调尊德性却过于草率。事实上,两者都很关心"明吾心之全体大用"⑥。两者根本的区别在于朱熹是怎样把心、性和理区分开来的。朱熹言"性即理",把心与性和理两者区别开来,而陆象山言"心即理"。这样,陆象山就成了心学真正的创始人。因此,在宋代就出现了两种思潮:一种是程颐开创,完善并告终于朱熹;另一种是程颢开

---

① Sinological Profiles, s.v. "Derke Bodde", by Charles Le Blanc, Al Cohen, and Fritz Mote. https://www.umass.edu/wsp/resources/profiles/bodde.html.
② Fung, *A Short History of Chinese Philosophy*, p. xvii.
③ Fung, *A Short History of Chinese Philosophy*, p. xvii.
④ Fung, *A Short History of Chinese Philosophy*, p. xiii.
⑤ Fung, *A History of Chinese Philosophy*, p. xi.
⑥ Fung, *A History of Chinese Philosophy*, vol.2, p. 585.

创,陆九渊和杨简(1140—1226)发展,王阳明完备。这些学派可以简称为:理学和心学。①

冯友兰指出,《宋史》在《儒林传》外,另立了《道学卷》,突出了一个门派,自称复兴了真正的古代圣贤学说。文章中朱熹占据中心地位,而对陆九渊和他的弟子杨简只字未提。②冯友兰引用《明史》解释了明代儒家思想史的发展。《明史》上说,明代早期的学者都归属朱熹学派。曹端和胡居仁就是两个例子,他们在言行举止中严格遵守朱熹的教义。然而,随着陈献章和他的大弟子湛若水(江门学派)以及王阳明和他的追随者的出现,明代思想出现了分野。后来,江门学派被孤立,分割而亡。王守仁的"姚江学派"流行于世约有百年。然而,《明史》上说:"姚江之学,别立宗旨,显与朱子背驰。门徒遍天下,流传逾百年,其教大行,其弊兹甚。"③冯友兰总结说:"盖道学中之理学,以朱子为集大成者。而其中之心学,则以阳明为集大成者。由二人所代表之时代言,则吾人可谓宋元为理学最盛时代,明为心学最盛时代。"④

冯友兰把王阳明放在更广泛的思想史中,简述了王阳明的生平,附有卜德的编者注:"王阳明的生平特别有趣,他不但哲学贡献卓著,同时军事和政治成就斐然。"关于此,卜德建议阅读亨克和张煜全的"精彩研究"以及王昌祉的"王阳明哲学详解"。⑤

冯友兰认为,王阳明的《大学问》一篇是他"讲学之主要意思",也是他"最后的见解"。⑥ 这一篇把阳明的"仁"和"致良知"思想讲得"较为明晰确切"⑦。由此可见,为了实现人所具有的一体之仁之本心,必须扩充和实行本心之良知,即孟子所谓四端。⑧ 只有"致良知于行事,而后良知之知,方为完成"⑨。这就是王阳明知行合一的原则。"吾人之心之本体,"冯友

---

① Fung, *A History of Chinese Philosophy*, vol.2, p. 586.
② Fung, *A History of Chinese Philosophy*, vol.2, p. 593.
③ Fung, *A History of Chinese Philosophy*, vol.2, p. 594-595.
④ Fung, *A History of Chinese Philosophy*, vol.2, p. 596.
⑤ Fung, *A History of Chinese Philosophy*, vol.2, p. 594,注1。
⑥ 冯友兰《中国哲学史》下册,第949页。
⑦ 冯友兰《中国哲学史》下册,第951页。
⑧ Fung, *A History of Chinese Philosophy*, vol. 2, p. 601.
⑨ 冯友兰《中国哲学史》下册,第952页。

兰解释说,"在其不为私欲所蔽之时,知行只是一事。"①

最后冯友兰也对王阳明和朱熹的思想进行了比较,并解释了王阳明对"二氏"的批评,恶之起源的分析和动静合一的思想。② 至于后者,冯友兰解释说王阳明认为我们要"一循于理",他的意思是我们应该"一循良知之自然也"。③ 在《大学问》中,王阳明称良知之体即是心之本体,"譬如明镜,略无纤翳,妍媸之来,随物见形,而明镜曾无留染"④。当心如明镜时,良知就显现,人就不受情感的干扰,自然而然地与天理就相通。也就是说,心似动而非动,入世而又出世。冯友兰说:"若能如此,则虽终日'有为',而心常如'无为',所谓动静合一者也。"⑤"动静合一,乃是真静,绝对的静,"冯友兰阐释说,"动亦定,静亦定,乃是真定,绝对的静。"⑥

冯友兰在结尾引用了一些明代学者对王阳明的评论及其心学的发展。心学在王阳明这里发展到顶峰,但他同时代的罗钦顺和陈确(1604—1677)反驳他对朱熹的批判以及他的心理合一思想。他们都认为王阳明把认知和意识同人性等同起来,就是本质上认同了佛教思想。冯友兰认同这样的观点,即陆九渊—王阳明学派的"心即理"理论跟禅宗佛教有相似之处。冯友兰同时强调了朱熹和王阳明之间的差异:朱熹的唯理论学派假设有两个存在境界(realms of being),而王阳明唯心论学派则假设有一个存在境界。

冯友兰在书的结尾论述了王畿和王艮,这一点特别值得关注,因为在早期的文献中很少有论述阳明后学的。他这样做意味着从他大师级的透彻的概述中,读者可以对王阳明生平和思想的哲学背景有清晰的了解,包括王阳明探讨的问题及其引起的争论。在此书出版之前,在谙熟中国古典传统的基础上做出的如此清楚明了的关于阳明学的概述,还从未出现过。

四、结　　论

总之,在欧美,20世纪上半叶出现了重要的王阳明学术研究。由于王

---

① Fung, *A History of Chinese Philosophy*, vol. 2, p. 604.
② Fung, *A History of Chinese Philosophy*, vol. 2, pp. 603-620.
③ Fung, *A History of Chinese Philosophy*, vol. 2, p. 618.
④ Fung, *A History of Chinese Philosophy*, vol. 2, p. 965.
⑤ Fung, *A History of Chinese Philosophy*, vol. 2, p. 965.
⑥ Fung, *A History of Chinese Philosophy*, vol. 2, p. 620.

阳明思想对德川幕府和明治时期的日本所产生的影响,以及从19世纪后期在中国掀起对阳明学的兴趣,都使得王阳明成为驻东亚传教士以及研究东亚的专业学者的关注焦点。亨克最先对王阳明的作品进行主要翻译,一些学者也发表了专著和论文,并且他也被纳入德国和法国的中国哲学史研究中。如今,虽然这些成果在很大程度上被忽视,但是它确实呈现了王阳明的生活和思想概况,以及解读方面的一些问题和比较。20世纪下半叶,在新的历史环境下,出现了更多的、更有深度的王阳明论述。

第三章
1950—1980年间阳明学研究

20世纪上半叶,关于王阳明研究的学术成果不多,但质量很高,很精彩,有些实际上在西方学术界还是首次,举几个代表性的例子:亨克大部头的译本、王昌祉的王阳明哲学专著、张煜全的王阳明政治研究。然而,这些早期的学术研究却被20世纪60—70年代的王阳明研究的新阶段大大地掩盖了。在此之后,关于王阳明的英文学术研究都依赖或以这20年间撰写的有关这位明代哲学家的著作和其翻译为参考,而极少引用或使用之前发表的作品。事实上,在20世纪60年代,几大历史因素汇集起来,推动了美国在独特新儒学学术研究出版方面的大幅增长。[①] 对于王阳明学术研究来说,推动其发展的最重要的因素是那些由于中国20世纪的历史变迁,从中国迁移到美国、澳大利亚或加拿大的中国学者。他们花费了一生的时间将中国哲学介绍给英语读者。不足为奇的是,这一代学者直接探索王阳明学术研究的第一手资料,或许只参考了早期的英语学术研究。由于这一阶段的学术研究在范围上一般地说超越了早期的工作,因此20世纪80年代后,研究王阳明的学者都主要参考这些文献。

然而,虽然这几十年对把王阳明的生活和哲学带给西方更广泛的受众和促进其后王阳明学术研究的成长至关重要,但是,关于一小部分学者如何使这成为可能的故事以及他们的心声,这方面却还有需要书写的内容。[②] 本文旨在对这一转型时期的王阳明学术研究史,包括最重要的专著和论文,做简要的概述,并为今后的学术研究提供重要的哲学见解。这一

---

① 崔玉军《陈荣捷与美国的中国哲学研究》,社会科学文献出版社,2010年,第93—94页。
② 崔玉军《陈荣捷与美国的中国哲学研究》;Wing-tsit Chan," Wang Yang-Ming: Western Studies and an Annotated Bibliography", *Philosophy East and West* 22, no. 1(Jan.1972), pp. 82-87.

时期是重要的王阳明研究形成期,在下一章会进一步阐述,揭示其对 20 世纪 80 年代开始的王阳明研究的重要影响。

1972 年 6 月 12—16 日,由夏威夷大学哲学系赞助的一次会议在檀香山举行,作为其东西方哲学家系列会议项目的一部分。这次名为"王阳明比较研究"的会议纪念了这位伟大的明代哲学家 500 周年诞辰。许多在 20 世纪六七十年代曾发表或将发表有关王阳明和明代哲学研究的学者都参加了此次会议。这是宋明理学研究在北美迅速发展的 20 年。陈荣捷(1901—1994),时年 71 岁,匹兹堡查塔姆学院哲学系教授,就湛若水对王阳明的影响发表了一篇论文。① 成中英(1935—),时年 37 岁,夏威夷大学的哲学副教授,发表了一篇关于阳明心学的形而上学的论文。② 方东美(1899—1978),时年 73 岁,台湾大学哲学系教授,就王阳明的哲学发表了关于中心教义的论文。③ 年轻的加州大学伯克利分校历史系助理教授杜维明(1940—),就王阳明的思想发表了关于主体性和本体论的论文。④ 在 49 岁时,身为斯坦福大学哲学教授的倪德卫(David Nivison,1923—2014)发表了一篇关于王阳明道德哲学的存在主义的论文。⑤

其他著名学者就王阳明的追随者或王阳明学派的各个方面发表了论文。唐君毅(1909—1978),时任香港中文大学哲学教授,就关于王阳明的当代评论家发表了一篇论文;牟宗三(1909—1975),香港中文大学新亚书院哲学教授就王畿的四无论发表了论文;冈田武彦(1908—2004),西南学院大学哲学教授,就明末和德川时期末的朱熹和王阳明学派发表了论文。一年后,即 1973 年,这些论文被发表在《东西方哲学》上。⑥

尽管在这 20 年间对王阳明英文学术研究做出最重要贡献的研究

---

① Wing-tsit Chan, "Chan Jo-shui's Influence on Wang Yang-ming", *Philosophy East and West* 23, no. 1-2(Jan.-Apr.1973), pp. 9-30.

② Cheng Chung-ying, "Unity and Creativity in Wang Yang-ming's Philosophy of Mind", *Philosophy East and West* 23, no. 1-2(Jan.-Apr.1973), pp. 49-72.

③ Thomé Fang, "The Essence of Wang Yang-ming's Philosophy in a Historical Perspective", *Philosophy East and West* 23, no. 1-2(Jan.-Apr.1973), pp. 73-90.

④ Tu Wei-ming, "Subjectivity and Ontological Reality: An Interpretation of Wang Yang-ming's Mode of Thinking", *Philosophy East and West* 23, no. 1-2(Jan.-Apr.1973), pp. 187-206.

⑤ David S. Nivison, "Moral Decision in Wang Yang-ming: The Problem of Chinese 'Existentialism'", *Philosophy East and West* 23, no. 1-2(Jan.-Apr.1973), pp. 121-138.

⑥ 关于会议和期刊,请参阅 *Philosophy East and West* 23, no. 1-2(Jan.-Apr.1973), pp. 3-4 的前言信息。

者——秦家懿(1934—2001)和张君劢(Carsun Chang,1887—1969)——并未出席(秦家懿或许在澳大利亚,而张君劢 1969 年在旧金山去世),这次会议标志着关于王阳明的学术研究在 20 世纪下半叶在北美的进展。夏威夷大学哲学系于 1936 年在查尔斯·摩尔(Charles Moore,1901—1967)和陈荣捷的领导下成立。他们希望这个机构能够将亚洲文化中的主要思想和独特的思维方式引入西方哲学界,并培养一个可以进行比较哲学讨论的国际社会。从 1939 年开始,东西方哲学家会议定期举行,目的是汇集来自世界各地的杰出学者,发表有关东西方比较主题的论文。

1968—1974 年间召开了一系列关于个别哲学家的小型会议,在其中的 1972 年的那次会议之前,总共举行了 6 次东西方哲学家大会。参加这次会议的诸多著名学者,如陈荣捷、方东美、唐君毅和成中英等都参与了早期的会议。① 这里有一批熟悉彼此工作的学者,他们积极向西方介绍中国思想。关于这次会议,比阿特丽斯·山崎(Beatrice Yamasaki)在开幕词中表示,会议的一个目标便是"增进相互理解以及分享东西方哲学思想和理想"。关于王阳明,她指出:"他的思想是在世纪之交被介绍到西方的,近十五年来,他极大地吸引了国外人士的兴趣。"② 这是既定事实,会议本身已充分证明这一点。同时,正如我们所看到的,在 20 世纪上半叶,王阳明在欧洲和北美也受到了一定程度的关注。

崔玉军在其关于陈荣捷的专著中指出,根据著作发表的数量和范围来衡量,美国对中国的研究在 20 世纪 50 年代后出现了剧烈变化。这里有几个原因。首先,第二次世界大战后,随着中华人民共和国的成立和冷战的影响,政府和私人基金会对中国研究的资金增加,产生了专门针对中国研究的越来越多的学术机构(系、专业、课程)、期刊、会议和出版物。③ 其次,就人力资源而言,许多在第二次世界大战期间曾在亚洲生活过的美国人回到美国时,既有研究中国的技能,又有研究中国的兴趣。最后,也因亚洲的战争和政治舞台的转变,包括中华人民共和国的成立,许多中国学者迁往美国。正如崔玉军所言:"这些华人学者群和美国学者群……成为 20 世纪

---

① "Fifty Years of the Department of Philosophy, University of Hawaii", *Philosophy East and West* 38, no. 3(Jul.1988), pp. 224-230.

② Beatrice Yamasaki, "Opening Remarks", *Philosophy East and West* 23, no. 1-2(Jan.-Apr. 1973), p. 7.

③ 崔玉军《陈荣捷与美国的中国哲学研究》,第 93—103 页。

50年代美国研究中国哲学的主要力量。"①

1972年所有介绍关于王阳明的论文的学者都显示出这一广泛的历史背景的某些特征。在此,我们将探讨那些大量撰写王阳明有关作品并将之介绍给英文读者的学者,特别是倪德卫和陈荣捷。同时,因秦家懿和张君劢在20世纪60年代或20世纪70年代也显示了这些历史性的特征,并且发表了关于王阳明的文章,他们的著作和背景将会在此做介绍和阐述。② 在涉及作者贡献的地方,其他学者发表的各类文章也将纳入讨论。

例如,倪德卫在哈佛大学的古典文学研究,因第二次世界大战的爆发而中断。他被征召入伍,然后被安排学习日语,并担任破译员。战后,他回到哈佛,转而学习中文专业,并在1946年获得了远东语言系的文学学士。他于1953年获得中国哲学博士学位(他的论文课题是章学诚相关研究)。1948年在哈佛大学学习期间,他还受到斯坦福大学东方语言系的聘用。此后他一直留在斯坦福大学,积极在几个系中从事研究(东亚语言与文化、哲学和宗教研究),直到1988年退休。

倪德卫关于王阳明的3篇论文中的第一篇是在与斯坦福其他学者的讨论中产生的。他与哲学系的同事合作,经常与乌伊拉德·冯·奥曼·蒯因(Willard H. V. Quine)的杰出学生唐纳德·戴维森(Donald Davidson)进行富有成果的对话。他们讨论的一个问题是关于"意志薄弱",即一个人如何以及为什么没有做到他或她明知是正确的事情。自苏格拉底时代以来的西方世界和中国哲学,尤其是王阳明,都曾思考、讨论过这个问题,因此倪德卫针对该问题写了一篇名为《王阳明以来中国思想中的"知"与"行"问题》的论文。③

1951年,费正清(John King Fairbank,1907—1991)与几位同样对中国思想感兴趣的学者进行了联系。他们会晤并组建了中国思想委员会。这

---

① 崔玉军《陈荣捷与美国的中国哲学研究》,第93—103页。
② 方东美和成中英也在1972年的会议上发表了论文。成中英还写了一篇题为《颜元实学、朱熹、王阳明》的文章,列入《理学与实践:理学与实践学习》。这是20世纪70年代狄百瑞编辑的三卷新儒学文集之一。显然,这是东西方对话史上两位极具影响力的人物,他们对王阳明的评价值得关注,因为这里面包含有拥有全面哲学思想且追求中国哲学全球化的个人所著的入木三分的高质量作品。然而,虽然他们研究并撰写了有关王阳明的著述,但他并未在其综合哲学或其研究和写作中占有特殊地位。他们有关王阳明的著作使他们的思想值得更详细地研究。
③ David Nivison, "The Problem of 'Knowledge' and 'Action' in Chinese Thought since Wang Yang-ming", in Studies in Chinese Thought, ed. Arthur F. Wright(Chicago: University of Chicago Press, 1953), pp. 112-145. 有关传记信息,请参阅 Bryan W. Van Norden, "Obituary for David S. Nivison", https://www.linkedin.com/pulse/obituary-david-nivison-bryan-van-norden。

是由美国学术团体协会(American Council of Learned Societies)和远东学会(Committee on Far Eastern Studies)主办的远东学会(Far Eastern Association)下的一个小组委员会。① 委员会的成员们对寻找研究中国思想的新方法有着共同的兴趣,为此,在福特基金会的资助下,1952年在科罗拉多州举行了关于该主题的会议。② 当时快要完成博士学位并在斯坦福大学担任中文教师的倪德卫也在这里首次展示了此论文。

次年,倪德卫的论文与其他会议论文一起在由斯坦福另一位教授芮沃寿(Arthur F. Wright,1913—1976)编辑的《中国思想研究》中出版。在"前言"中,芮沃寿写道:"西方对中国思想的兴趣持续了三个多世纪。尽管如此,迄今为止对中国思想尚未有持续、客观和系统的研究。"③虽然这种说法有些夸张,但在列文森(Joseph Levenson)、卜德(Derke Bodde)和狄百瑞(William Theodore de Bary)等学者的贡献下,这本书确实标志着美国对中国思想的研究迈入了一个新阶段,正如倪德卫的论文对王阳明思想提出了一种异于以往学术的新视角。

然而,倪德卫并没有出版关于王阳明的学术专著。他兴趣广泛,研究领域涵盖中国哲学和历史的方方面面。他在1972年的会议上发表了关于王阳明的第二篇论文。但正如万百安(Bryan W. Van Norden)所解释的那样:"倪德卫最有趣的文章很多都是在会议上发表,并未出版,而只是被制成影印本甚至是蓝色副本在一些仰慕他的学者中小范围流传。"④例如,在1973年,也就是其会议论文在《东西方哲学》发表的那一年,倪德卫在加利福尼亚大学做了关于王阳明的报告。这篇论文仅在1996年作为包含许多主题文章的编辑卷的一部分进行出版。有趣的是,根据万百安的研究,倪德卫知道王阳明对书面文字的教育价值持怀疑态度,因此"倾向于将这一章以非正式的对话风格出版,就像其最初发表的形式"⑤。

但即使在这种非正式风格下,《王阳明的哲学》对其心学和道德修养

---

① Arthur F. Wright, "Preface", in *Studies in Chinese Thought*, ed. Arthur F. Wright(Chicago: University of Chicago Press,1953), p. ix.

② Arthur F. Wright, "Preface", in *Studies in Chinese Thought*, p. ix.

③ Arthur F. Wright, "Preface", in *Studies in Chinese Thought*, p. 1.

④ Van Norden, "Obituary for David S. Nivison", https://www.linkedin.com/pulse/obituary-david-nivison-bryan-van-norden.

⑤ David S. Nivison, "The Philosophy of Wang Yang-ming", in *The Ways of Confucianism: Investigations in Chinese Philosophy*, ed. by Bryan W. Van Norden(Peru, IL: Open Court Publishing, 2009), p. 308.万百安在他为本章提供的脚注中对这一点做出了说明。

方案进行了非常敏锐的概述。对于倪德卫而言,王阳明是一个关注"标准问题"的哲学家,例如"心与身的关系,心在自然中的地位,以及心的运作方式"。但这些关注是他的道德观的次要问题:"他是一位道德主义者,对解决人的困惑和整顿社会感兴趣,并教导人们如何让自己变得更好。"①此外,他的道德哲学也在很大程度上涉及心理和宗教层面。在心理学方面,"他一直在进行一种道德体验的内在现象学审视"②。至于他的思想中的宗教层面,他表现出救世主般的使命感,用神秘主义的语言指出"所有人都以某种方式参与一种超然和内在的形而上实体,但通常没有意识到这一点"③,教导道德完美的圣人目标,将良知描述成为"内在和外在的'神'",使她成为"信仰的对象"。④ 最后,王阳明阐明,通过自我改善而走向"良好的状态——完全无焦虑的境界,'良知'启发每一个答案,心像一面镜子,以便我们'与创造者漫游宇宙'"⑤。在整篇论文中,倪德卫详细解释了王阳明哲学中的这些哲学、心理和宗教元素。

20 世纪六七十年代,随着明代儒家哲学不断被英译,一些学者试图把王阳明的思想和心学和存在主义—现象学进行对话。为了回应冈田武彦在《明代思想中的自我与社会》中发表的题为《王畿与存在主义的兴起》的文章,倪德卫在 1972 年的会议上发表了一篇论文《王阳明的道德决策》,研究王阳明关于道德决策如何做出的想法是否包含存在主义维度。

倪德卫指出,有时候王阳明似乎在暗示,思想没有固定的方向,方向仅体现在行为中。就"道德真理仅存乎于心,而心只是其在特定情况下的行为"而言,王阳明的道德观从根本上看似情境化,且在某种意义上带有存在主义色彩。⑥ 此外,用于描述心的否定神学语汇,以及用于描述"良知"功

---

① Nivison, "Philosophy of Wang Yangming", in *The Ways of Confucianism: Investigations in Chinese Philosophy*, p. 218.

② Nivison, "Philosophy of Wang Yangming", in *The Ways of Confucianism: Investigations in Chinese Philosophy*, p. 218.

③ Nivison, "Philosophy of Wang Yangming", in *The Ways of Confucianism: Investigations in Chinese Philosophy*, p. 218.

④ Nivison, "Philosophy of Wang Yangming", in *The Ways of Confucianism: Investigations in Chinese Philosophy*, p. 220.

⑤ Nivison, "Philosophy of Wang Yangming", in *The Ways of Confucianism: Investigations in Chinese Philosophy*, p. 224.

⑥ Nivison, "Moral Decision in Wang Yangming", in *The Ways of Confucianism: Investigations in Chinese Philosophy*, p. 235.

能的自发性和直接性的语言,表明其有关虚无、自由选择和真实性方面的思想与存在主义思想一致。① 然而,在体现这些明显的相似之处的同时,倪德卫也强调了根本差异。例如,存在主义者通常排斥人性的概念和客观可界定的可被揭示出来进行理性思考并为道德判断提供基础的善。而另一方面,王阳明则认为:"每一个人毕竟都有一种天性或方向,我们可以称之为心之'体',它不会被缩减到无形,剩下的实际上恰好是精神和意识行为。"②

但是倪德卫既不是第一个也不是最后一个写这类比较研究的人,他的研究也不一定是最系统和最彻底的。5 年之后,也就是 1978 年,秦家懿对王阳明和海德格尔的思想进行了深入的比较研究。③ 她不仅提到了倪德卫的贡献,而且还提到了首次围绕该主题进行英语写作的郑和烈的开创性工作。郑和烈(Hwa Yol Jung,1931—2017),这位在摩拉维亚学院度过大部分学术生涯的韩裔美国政治理论家和哲学家于 1965 年在《国际哲学季刊》上发表了大量的英语研究。这篇题为《王阳明与存在主义现象学》的文章是开创性的,它清楚地阐明了看似截然不同的哲学传统并进行比较,而这些哲学传统都非常深奥并难以理解(目前仍然如此)。④ 在随后的 1969 年⑤、1986 年⑥以及 2012 年⑦,郑和烈对此做了进一步讨论。最后一篇文章解释了他为什么如此热衷于此方面的研究:

    1961 年秋,以实证主义为主导的时期,我当时是一名在哲学家魏尔德(John Wild)的指导下,在美国西北大学刚开始认真研究现象学

---

① Nivison,"Moral Decision in Wang Yangming", in *The Ways of Confucianism: Investigations in Chinese Philosophy*, pp. 235-236.

② Nivison,"Moral Decision in Wang Yangming", in *The Ways of Confucianism: Investigations in Chinese Philosophy*, p. 244.

③ Julia Ching,"'Authentic Selfhood': Wang Yang-ming and Heidegger", *The Monist* 16, no. 1 (Jan.1978), pp. 3-27.

④ Hwa Yol Jung,"Wang Yangming and Existential Phenomenology", *International Philosophical Quarterly* 5(1965), pp. 621-636.

⑤ Hwa Yol Jung, "Jen: An Existential and Phenomenological Problem of Intersubjectivity", *Philosophy East and West* 16, no. 3-4(1966), pp. 169-188.

⑥ Hwa Jol Jung, "The Unity of Knowledge and Action: A Postscript to Wang Yangming's Existential Phenomenology", *Journal of Chinese Studies* 3(1986), pp. 19-38.

⑦ Hwa Yol Jung, "Wang Yangming and the Way of World Philosophy", *Dao: A Journal of Comparative Philosophy* 12, no. 4(Dec.2013), pp. 461-487.

和存在主义哲学的新手,我写了一篇关于王阳明的实验性论文,希望表现出他与存在主义现象学或现象学的"第二派"之间的密切关系,这种现象学将19世纪的索伦·齐克果的存在主义哲学与20世纪埃德蒙德·胡塞尔的现象学进行了融合……

撰写这篇关于王阳明和存在主义现象学文章的主要原因,仅仅是为了抵制现代西方哲学悠久传统中普遍存在的欧洲中心主义……它把非西方的中国和印度等视为非哲学,而西方则垄断了哲学的普遍真理。我曾想,如果我表现出王阳明与存在主义现象学之间的密切关系,也就是说,如果我将前者的可比较地位提高到后者的水平,那么王阳明所体现的中国思想就是合乎逻辑的哲学,而不仅仅是一种理智思考。①

秦家懿与郑和烈认识到这些不同传统之间看似不可逾越的文化和语言差距,但也希望通过找到共同点来追求普遍性。② 秦家懿决定专注于两位她相信"基本兼容的"哲学家,这个决定是明智的。③ 她还可以阅读德文和中文,这使她的研究成果更加引人注目。在欧洲方面,郑和烈研究对象扩展到"多元化"的思想家群体:克尔凯郭尔、海德格尔、胡塞尔、梅洛·庞蒂、萨特、魏尔德和马丁·布伯。他显然深入阅读了关于存在主义和现象学的法文、德文和英文文献,而对于王阳明,他似乎主要依靠陈荣捷所翻译的英文资料。郑和烈希望通过使用存在主义现象学的工具,可以建立东西方之间的桥梁,甚至可能开辟一条阐述"现象学之现象学"的道路。④

虽然他们的文章的概要性质让我们无法涵盖他们提出的所有比较点,但一些比较点仍很突出。郑和烈认为现象学和王阳明都是从主体的角度来考察世界的。他发现王阳明的心与意的概念与现象学者所描述的意识和意向性之间存在相似之处。⑤ 两者都根据它们在意识行为中的表现方

---

① Jung,"Wang Yangming and the Way of World Philosophy", *Dao: A Journal of Comparative Philosophy* 12, p. 462.
② Ching,"'Authentic Selfhood': Wang Yang-ming and Heidegger", *The Monist* 16, p. 3.
③ Ching,"'Authentic Selfhood': Wang Yang-ming and Heidegger", *The Monist* 16, p. 3.
④ Jung,"Wang Yangming and Existential Phenomenology", *International Philosophical Quarterly* 5, p. 636.
⑤ Jung,"Wang Yangming and Existential Phenomenology", *International Philosophical Quarterly* 5, p. 622.

式及对人产生的意义来定义事物或对象。此外,郑和烈找到了生活世界和前反思意识与王阳明对心和良知功能的描述之间的相似之处。①

在德国现象学中,生活世界是日常生活中直接体验到的世界。前反思意识是在反思之前的一种直觉意识,非常实际地使个体适应生活世界。郑和烈认为,"良知"作为指导个人在日常生活中的一种意识,同样具有前反思性和直观性。总而言之,"王阳明哲学与存在主义现象学的方法和精神,特别是他们的哲学精神之间有着密切的联系,这些哲学精神以人类的名义回避了传统的臆测难题和抽象的空想"②。然而,在他对王阳明的解释中,郑和烈可能因过度减少"良知"的道德和形而上学的意义而应该受到批评,"良知"是先天的分辨能力,它指导人做正确的事情,从而成为一个善的圣人。这似乎与对生活世界中前反思意识运作的现象学描述完全不同,即使这两种情况下的意图都是分析人们日常生活中的行为和决策。

秦家懿认为,海德格尔和王阳明都有一个中心概念,其他概念都围绕其进行。对海德格尔而言,这个中心概念是此在(缘在)的本体论结构;对王阳明而言,这个中心概念是"心"。他们都假设一种隐藏和表现的辩证法,即真实的东西被遗忘或模糊,需要重新发现:"对于两个人来说,真相基本上是隐藏的,等待显现。因此,在个人的、存在主义的层面上,都强调需要在个人生活中实现真实性,成为事实上的人。"③同样,对于两者来说,对于本真状态的渴望都是从自我实现的青春追求和寻找生活中的意义中发展而来。他们围绕一种灵视到的真理构建了他们的哲学,这是一种存在主义的瞬间,"标志着从非真实到真实的过渡"④。对于王阳明而言,那是龙场悟道,即他发现"心即理"的时刻。对海德格尔来说,那是"灵视的时刻",即"从沉沦状态中恢复的时刻"。⑤ 最后,两人都借鉴了传统的思辨,即潜在和显化的辩证法。对海德格尔而言,秦家懿说:"它可以追溯到柏拉图和普罗提诺,特别是已经被哲学家进行整合和阐述的伟大神秘主义者的

---

① Jung,"Wang Yangming and Existential Phenomenology", *International Philosophical Quarterly* 5, p. 627.
② Jung,"Wang Yangming and Existential Phenomenology", *International Philosophical Quarterly* 5, p. 636.
③ Ching,"'Authentic Selfhood':Wang Yang-ming and Heidegger", *The Monist* 16, p. 7.
④ Ching,"'Authentic Selfhood':Wang Yang-ming and Heidegger", *The Monist* 16, p. 21.
⑤ Ching,"'Authentic Selfhood':Wang Yang-ming and Heidegger", *The Monist* 16, p. 22.

特征。此处我指的是埃克哈特大师,库萨的尼古拉和黑格尔本人,同时也指海德格尔的同时代人,神秘主义者泰亚尔·德·夏尔丹和哲学家 A. N. 怀特海。"①当然,在中国,所有主要传统,如道教、佛教和新儒学都可以找到类似的推测(如体用、本体工夫)。②

在会议上发表有关王阳明论文的华裔美籍学者,同样可以说明 20 世纪下半叶的历史模式。他们也是该领域学术研究的重要贡献者,至少就数量而言如此。到 1972 年,陈荣捷的贡献最大。由于他的《陈荣捷(1901—1994):一份口述自传的选录》已由彭国翔翻译成中文,此处便不再详述。③ 但是一些重要观点还是应该强调。和其他移民到西方并出版英语论文的中国学者一样,他生长在 20 世纪初中国的半殖民地环境中,被迫在东方和西方之间生活。20 世纪 30 年代和 40 年代的动荡也是他决定移居美国的重要原因。因此,在 1929 年到哈佛学习并获得博士学位之前,中国传统教育的影响,以及对其所在的一所基督教传教学校(广州教会学院,后来更名为岭南大学)的美国人或西方训练的教师所教授的现代科目的研究,都对陈荣捷思想的形成发挥了重要作用。

1935 年,继在岭南大学担任了 6 年的教务长之后,陈荣捷在夏威夷大学任客座教授一职。回到岭南后,他接受了夏威夷的全职职位,并在 1937 年夏天日本全面入侵之前离开中国,从此开启了他在美国的漫长职业生涯。正如他在访谈中解释的那样,战争阻止他回到中国,所以"我决定留下来,全家人都会永久留在这里"④。他还解释说,这些决定让他觉得他在某种程度上有负于中国,因为他没有参加抗日,也没有为中国的重建做出贡献。然而,他在学术中找到了一些安慰:"当然,我可以说在美国传播了中国文化,并且实在说起来,我认为自己也是在做一项很好的工作。"⑤

陈荣捷确实做得很出色。其工作的出色之处在于他出版的非常多的

---

① Ching, "'Authentic Selfhood':Wang Yang-ming and Heidegger", *The Monist* 16, p. 24.
② Ching, "'Authentic Selfhood':Wang Yang-ming and Heidegger", *The Monist* 16, pp. 24-25.
③ Irene Bloom, "Wing-tsit Chan, 1904-1994:Excerpts from an Oral Autobiography", *China Review International* 2, no. 2(Fall 1995), pp. 327-347;彭国翔译《陈荣捷(1901—1994):一份口述自传的选录》,载《中国文化》1997 年第 15—16 期。
④ Bloom, "Wing-tsit Chan, 1901-1994:Excerpts from an Oral Autobiography", *China Review International* 2, p. 343.
⑤ Bloom, "Wing-tsit Chan, 1901-1994:Excerpts from an Oral Autobiography", *China Review International* 2, p. 342.

高质量教育资料,所有这些资料对于本科和研究生教育都非常重要,并且使中国哲学更广泛地向公众开放。因此,虽然他在东亚以关于朱熹的大量学术著作最为知名,但美国学生对陈荣捷的了解更有可能通过他对中国哲学的指导性翻译,以及百科全书贡献来实现。关于后者,陈荣捷笑言:"我大概垄断了百科全书中关于中国哲学的撰写。"①

20世纪60年代是陈荣捷撰写大部分译文的10年,其中包括被广泛使用的《中国哲学资料》(1963)。此时,他是查塔姆学院哲学教授和达特茅斯学院的中国文化哲学荣誉教授。同年,他还翻译了一些个体文本,如《传习录》《道德经》《六祖坛经》和《近思录》。陈荣捷的翻译文本选择取决于20世纪50年代中国哲学的英语学术研究状况。据崔玉军介绍,这10年是他"学术生涯的转折期"②。他看到,在欧洲和美国,关于唐代佛教和宋明理学的研究不足,因此试图更全面地介绍这些文献,特别是新儒学和朱熹哲学。这就是美国学术状态引导他要去的方向。③

陈荣捷的所有关于王阳明的出版物几乎都可以追溯到20世纪60年代和70年代初。对于更广泛的公众,他在三大百科全书——《大英百科全书》(*Encyclopedia Britannica*, 1960, 1967)、《哲学百科全书》(*The Encyclopedia of Philosophy*, 1967)和《大美百科全书》(*Encyclopedia Americana*, 1969)中发表了有关王阳明的条目。对于中国哲学的学生来说,他进行了王阳明作品的重要翻译,也成为用英文写作的学者的标准参考资料。他的《中国哲学资料》的第三十五章"王阳明的动态唯心主义",包括《大学问》和《传习录》精选。④ 第一版(1963)的版权页显示了他为这个重大项目找到的机构支持。由普林斯顿大学出版社出版,主要支持来源是福特基金会对通过大学出版社出版的人文和社会科学作品的资助。

陈荣捷还与狄百瑞合作,创作出注定要成为研究中国历史最广泛使用的原始资料读本《中国传统资料选编》。该书于1960年首次出版,其中包括一章对王阳明作品选集的介绍。这本书只是这两位学者之间不断合作

---

① Bloom, "Wing-tsit Chan, 1901-1994: Excerpts from an Oral Autobiography", *China Review International* 2, p. 334.
② 崔玉军《陈荣捷与美国的中国哲学研究》,第244页。
③ 崔玉军《陈荣捷与美国的中国哲学研究》,第244—246页。
④ Wing-tsit Chan, *A Sourcebook in Chinese Philosophy* (Princeton, N. J. : Princeton University Press, 1963), pp. 654-691.

的众多成果之一。众所周知,从20世纪60年代开始,他们在将儒学引入英语世界中发挥了关键作用。崔玉军指出:"美国的新儒学研究的兴起,与陈荣捷有着不可分割的关系。除了陈荣捷等华人学者之外,在美国还有一些学者也意识到新儒学在理解中国哲学发展方面的重要性。这些学者中最主要的代表是陈荣捷的学术同行,哥伦比亚大学的狄百瑞。"①

陈荣捷与狄百瑞于1949年在岭南大学首次见面。然后,狄百瑞在1964年带领陈荣捷去哥伦比亚担任教师,并在1966年担任客座教授。② 他们一起在哥伦比亚大学安排研讨会和会议,并发表了许多关于宋明思想史的学术报告。崔玉军解释道:

> 狄百瑞1953年获得哥伦比亚大学中国学博士学位,并继续任教于哥伦比亚大学,后任教授,并于1971—1978年担任副校长和教务长,还曾担任过美国中国学会副会长(1964—1968),亚洲研究协会主席(1969—1970)等。从1960年起,他担任哥伦比亚大学东方思想和宗教研讨班主任,和陈荣捷一起讲宋明理学。从70年代开始主持宋元明儒学与中日韩新儒学研究出版项目,该项目涵盖12到18世纪中日韩新儒学思想研究,出版了一系列的东亚新儒学著作,并多次召开关于新儒学方面的会议,在美国颇具影响力。与陈荣捷志趣相似,狄百瑞因为研究黄宗羲而对宋明新儒学产生兴趣,以至于将之作为终生的研究对象。这为两人之后的学术合作打下了坚实的基础,比如在狄百瑞组织之下,包括陈荣捷在内的一些在美学者编译的《中国传统资源》和两人在哥伦比亚大学共同主持的新儒学研讨班……1960年在狄百瑞等学者的倡导之下,美国亚洲学会(AAS)启动明代项目。该项目的动机如狄百瑞所说,为了激发西方学界重视这一被忽视的重要历史时期,并对之后的明代研究提供帮助。③

因此,陈荣捷关于王阳明的学术著作是他们在20世纪六七十年代更广泛努力的一个组成部分,旨在使美国大学的学生更广泛地接触和理解新

---

① 崔玉军《北美阳明研究概述》,载《第三届国际阳明学研讨会论文集》(国际阳明学研究中心,2014),第48—49页。
② 崔玉军《陈荣捷与美国的中国哲学研究》,第270—271页。
③ 崔玉军《北美阳明研究概述》,载《第三届国际阳明学研讨会论文集》,第49页。

儒学。毫无疑问,他最重要的出版物是王阳明的《传习录》。① 本书包括《传习录》《大学问》完整译本,以及代表王阳明社会政治思想政策的文献资料。其中还包括关于王阳明研究的英国、中国和日本学术书目,从而囊括了截至1963年该领域的所有学术研究。在他的翻译中,他使用了《王文成公全书》的《四部丛刊》版本。《传习录》是由卡内基基金会授予的基金所资助的大量亚洲历史资料译本中的一卷。本系列专著《文明记录:来源与研究》由哥伦比亚大学历史系编辑,该书由哥伦比亚大学出版社出版②。狄百瑞负责编辑东亚出版物。事实上,《中国传统资源》也是该出版社出版的。

除了为英语国家的学生提供王阳明作品的翻译之外,陈荣捷和狄百瑞还写了关于王阳明的文章。然而,陈荣捷发表了 4 篇期刊文章,包括一篇对王阳明哲学中的佛教因素的研究③,一篇关于王阳明和湛若水的比较研究④,一本简短的传记⑤以及一本带注释的参考书目⑥,狄百瑞却没有创作单独针对王阳明的学术研究成果。众所周知,他对宋明理学,或者更具体地说是关于明末王阳明学派和黄宗羲,从人文主义的角度做了广泛的解读。

两位学者都对王阳明表示了赞赏。毫无疑问,他们非常钦佩这位伟大的明代人物,认为他的生活故事非常引人入胜,他们将这种感受传达给了读者。他们也正确强调了王阳明对中国思想史的重要性。在《传习录》的序言中,陈荣捷写道:"选择翻译《传习录》的原因很简单:没有通读此书的人不可能对中国的思想有透彻的了解。它集中体现了王阳明的思想,它无疑是 13 世纪以来中国哲学的里程碑。"⑦在《中国传统资料选编》中,狄百

---

① Wang Yangming, *Instructions for Practical Living and other Neo-Confucian Writings*, trans. Wing-tsit Chan(New York:Columbia University Press,1963).

② 有关本系列书籍的列表参看 http://ci.nii.ac.jp/ncid/BA03739008? p=6。

③ Wing tsit-Chan,"How Buddhistic was Wang Yang-ming", *Philosophy East and West* 12,no. 3 (Oct.1962), pp. 203-216.

④ Chan,"Chan Jo-shui's Influence on Wang Yang-ming", *Philosophy East and West* 23, pp. 9-30.

⑤ Chan,"Wang Yang-ming:A Biography", *Philosophy East and West* 12,no. 1(Jan.1972), pp. 63-74.

⑥ Chan,"Wang Yang-Ming:Western Studies and an Annotated Bibliography", *Philosophy East and West* 22, pp. 82-87.

⑦ Wang, *Instructions for Practical Living*, p. xi.

瑞写道,在明代知识和文化活动的活跃发展中,"王阳明的教导和个人榜样具有最大的爆炸效应"。① 狄百瑞写道,王阳明自己对自我和圣人的动态概念,以及他对"心学"的重组带来近乎一场"圣学的革命",在16世纪统治了知识界,仿佛它们代表了一种新的正统观念。②

两位学者都强调他的人文主义、重视主体性、强调伦理行为以及强调个人的终极目标:实现自我与体会到万物一体的精神境界。他们也发现了王阳明思想中的解放性。关于王阳明的哲学,陈荣捷说:"它使中国思想自由。它创造了一种新的哲学,并使儒家思想恢复到主要强调目的和行动。"③狄百瑞发现,王阳明的主观方法"为个人发展和自我表达开启了几乎无限的可能性"④。因此,王阳明的圣人观念"开辟了一条'普及'运动的道路,让普通人更多地参与儒家理想的实现"⑤。

另一方面,两位学者都不时对王阳明持批判态度。陈荣捷认为,从其知识论的角度而言,他把知识领域的探究严格缩小至道德探究。在格物方面,王阳明改变了朱熹的本意。朱熹把格物解释为理性和客观探究,而王阳明仅将其重新定位为道德内省。对于他来说,一个人应该专注于领会起心动念的道德特征,以便他们能够主动地为善去恶。陈荣捷总结道:"从哲学的角度而言,王阳明的立场是不太能站得住脚的,因为它完全忽视了客观的研究,并将现实与价值混为一谈。"⑥他将王阳明的哲学描述为一种天真的理想主义。

狄百瑞认为,尽管王阳明的思想在明后期培育了个人主义,但他对良知的理解是"基于共同道德本质的假设",这"几乎是王阳明的基本信条"。出于这个原因,"个人差异对他而言是次要的,个人独特的价值并不为王阳

---

① William Theodore de Bary, *Sources of Chinese Tradition*, vol.1(New York:Columbia University Press,1999), p. 842.
② William Theodore de Bary, *Sources of Chinese Tradition*, vol.1, p. 843.
③ Wang, *Instructions for Practical Living*, p. xi.
④ William Theodore de Bary, "Individualism and Humanitarianism in Late Ming Thought", in *Self and Society in Ming Thought*, ed. William Theodore de Bary(New York:Columbia University Press, 1970), p. 151.
⑤ William Theodore de Bary, "Individualism and Humanitarianism in Late Ming Thought", in *Self and Society in Ming Thought*, p. 150.
⑥ Chan, *Sourcebook in Chinese Philosophy*, p. 655.

明所关注"①。因此,尽管王阳明试图通过指出道德意识的自主来源来解放个人,但他并不认为采取这种行动会导致激进的社会改革或任何对传统社会关系和义务的重组。因此,他着重强调社会而不是个人,有时似乎是一个"不可救药的传统主义者和理想主义者……天真沉迷于复杂文化问题的道德解决方案"②。

随着时间的推移,陈荣捷的翻译努力不断推动着王阳明的学术研究的发展。评论总体上是积极的,他对《传习录》的翻译超过了亨克。③ 不管是否具有中文阅读能力,专家和学生都能够经常翻阅参考并在自己的作品中对其进行引用。这种情况在 20 世纪 80 年代以后出现最多,当时有大量的文献涌现。但也有一些早期的出版物从中受益。例如,圣巴巴拉加利福尼亚大学的哲学教授 Paul Wienpahl(1916—1980)写了两篇文章,一篇题为《王阳明与静思》,另一篇题为《王阳明与斯宾诺莎》。Wienpahl 的大部分生涯都在进行日本禅宗佛教和斯宾诺莎方面的写作。由于无法读懂中文,他完全依赖陈荣捷的英译本,即使对其中的一些翻译有所不满。例如,他认为将"良知"译为"innate knowledge"会让人联想起柏拉图和笛卡尔提出的知识理论。他发现张君劢用"intuitive knowledge"更正确地传达了这个意思。

在《王阳明与静思》一文中,Wienpahl 认为,对《传习录》的仔细阅读表明他是一个有经验的静思者,而静坐是他一生中所要教授的一个关键要素。Wienpahl 声称静思的目标是实现精神统一:"目标是非二元性。"④这个目标有时也被形容为"渴望与万事万物融为一个整体"。此外,尽管王阳明发现了许多静思的隐患,但对他来说,这是一种生活方式。Wienpahl 对王阳明的"生命的全部是静思"印象深刻,因为一个人无论是宁静还是

---

① William Theodore de Bary, "Individualism and Humanitarianism in Late Ming Thought", in *Self and Society in Ming Thought*, p. 151.

② William Theodore de Bary, "Individualism and Humanitarianism in Late Ming Thought", in *Self and Society in Ming Thought*, p. 153.

③ 倪德卫在评论中指出,陈荣捷的翻译是"流畅、正确"以及"准确"的。他将亨克和陈荣捷的翻译进行了比较。参照 David S. Nivison, Review of *The Philosophy of Wang Yang-ming* by Frederick Goodrich Henke, *Journal of the American Oriental Society* 84, no. 4(1964), pp. 436-442. For a complete comparative study, 参看李初生《〈传习录〉两个英译本之比较研究》,福建师范大学硕士论文,2012 年。

④ Paul Wienpahl, "Wang Yang-ming and Meditation", *Journal of Chinese Philosophy* 1, no. 2 (Mar.1974), p. 210.

活跃时,都在这样做。①

关于斯宾诺莎和王阳明,Wienpahl 提出了许多比较,即使只是以探索性的方式。也许最令人感兴趣的,是"良知"和斯宾诺莎关于直觉知识的概念之间的比较。对斯宾诺莎来说,在直观的理解层次上,思想和对象之间的区别就消失了。观念从书本知识转变为有效的知识,观念有多充分,我们便有多自由。这种直觉知识也引起了普遍的爱和智慧地对神的爱。那种爱是永恒的,没有开始,并拥有爱的一切完美特征。最后,品德高尚的人是凭直觉进行认知的,他是一个依照理性生活的人,因此,是根据他的真实本性而生活的。Wienpahl 相信,所有这些想法都与王阳明对良知和万物一体之心的理解相类似。②

L. Stafford Betty 的论文《良知:开启阳明学伦理一元论的钥匙》,1980 年发表在《中国哲学杂志》上,也是一篇阳明学研究的力作,主要靠深挖丰富的王阳明研究英文文献和王昌祉的专著而写成的。他的论文灵感来源于他阅读了冯友兰、张君劢、陈荣捷、杜维明、成中英和倪德卫的英文著作。③

L. Stafford Betty 解释说,"良知"和其道德推论"致良知","被称为解开王阳明哲学的钥匙"。④ 因此他论文的目的是要探讨这两个术语的用法,针对王阳明哲学围绕"良知"的原因,以及"良知"的宗教和神话维度,得出他的哲学是一种伦理一元论的结论。Betty 认为,与孟子相似,王阳明理解"良知"为"绝无错误的良心之声"。然而,对王阳明来说,"良知"也是"富有本体论的意义",这和孟子的用法完全不同。⑤ 王阳明赋予"良知"诸如永恒、绝对可靠、至善和极乐的属性,这和超验主义的神性类似。孟子把"良知"视为内在的精神特质,而对王阳明来说,良知"是内在的绝无错误的良心","超越性的绝对精神",以及"一元实在,可以说是所有

---

① Paul Wienpahl,"Wang Yang-ming and Meditation", *Journal of Chinese Philosophy* 1, p. 22.
② Paul Wienpahl, "Spinoza and Wang Yang-ming", *Religious Studies* 5, no. 1 (Oct. 1969), pp. 22-27.
③ L. Stafford Betty, "*Liang-chih*, Key to Wang Yang-ming's Ethical Monism", *Journal of Chinese Philosophy* 7(1980), pp. 127-129.
④ L. Stafford Betty, "*Liang-chih*, Key to Wang Yang-ming's Ethical Monism", *Journal of Chinese Philosophy* 7, p. 115.
⑤ L. Stafford Betty, "*Liang-chih*, Key to Wang Yang-ming's Ethical Monism", *Journal of Chinese Philosophy* 7, p. 116.

事物的本体"。①

据他了解,王阳明的观念是对朱熹哲学二元论的反动。对于朱熹来说,心是内在的,理是内在的也是超越的,"换言之,在某种意义上心和理这两个存在是两极分化的,是不同层次的存在"②。王阳明觉得朱熹的二元论哲学和他那个时代的伦理缺失有直接的关系。因此,他提出"彻底完全的一元论"作为解决的办法。王阳明提倡"合一的一元论",也就是"万物一体",以及他的"心即理"的概念,这是解决他那个时代道德和思想问题的药方。③ 在王阳明的伦理一元论中,良知"不仅是我们内心绝对的是非之声,也是最高实在",因此包含了理学中的超验模式。"王阳明坚信良知的力量和无处不在,"Betty总结说,"我认为他把良知超越化了,这是理所当然的。"④

另外一位在1972年会议上发表过有关王阳明的重要英语作品的学者是杜维明。考虑到有关杜维明的学术成果广泛且容易获取,此处就不再对他深入讨论。⑤ 1961年从东海大学获得学士学位毕业后(他曾在牟宗三和徐复观等现代新儒家学者的指导下学习),杜维明获得了哈佛燕京学社奖学金,后远赴美国。他于1968年获得历史和东亚语言与文明博士学位,并于1967年至1971年在普林斯顿大学首次任教。他的论文《自我实现的追求:对王阳明思想形成时期的研究》,记录了王阳明的青年时期,其目的在于阐明其哲学产生的思想影响,以及他在经历了1509年贵州悟道后如何完成他的第一套基本教义。⑥ 他对论文进行了修改并于1976年将其作为一本书出版。⑦

在解释这个项目的起源时,杜维明写道:"经过研究,我相信,王阳明在

---

① L. Stafford Betty,"*Liang-chih*, Key to Wang Yang-ming's Ethical Monism", *Journal of Chinese Philosophy* 7, p. 117.

② L. Stafford Betty,"*Liang-chih*, Key to Wang Yang-ming's Ethical Monism", *Journal of Chinese Philosophy* 7, p. 119.

③ L. Stafford Betty,"*Liang-chih*, Key to Wang Yang-ming's Ethical Monism", *Journal of Chinese Philosophy* 7, pp. 122-123.

④ L. Stafford Betty,"*Liang-chih*, Key to Wang Yang-ming's Ethical Monism", *Journal of Chinese Philosophy* 7, p. 125.

⑤ 可在以其名字命名的网站"tuweiming.net"获取简短传记和完整参考书目,参见 http://tuweiming.net/publications/books/。

⑥ Tu Wei-ming,"The Quest of Self-Realization:A Study of Wang Yang-ming's Formative Years"(Ph.D. Diss.,Harvard University,1968).

⑦ Tu Wei-ming, *Neo-Confucianism in Action:Wang Yang-ming's Youth*(1472-1509)(Berkeley:University of California Press,1976).

思想成长的年代始终关心的一个最重要的问题,是寻求用儒学概念体系来定义的内圣。"①因此,杜维明发现有必要探索"内圣的真正含义,以及如何成圣"②。杜维明认为内圣主要是一种伦理宗教理想,并将成圣视为一个动态的转变过程。因此,杜维明的"王阳明寻求内圣过程中第一个思想结晶的分析"③,包括对宗教和心理层面的探索。毫无疑问,这些关注点归功于他在东亚现代新儒家学者的指导下对新儒家形而上学的研究,以及在哈佛大学罗伯特·贝拉(Robert Bellah)、埃里克森(Erik H. Erikson)和史华慈(Benjamin Schwartz)的指导下对西方心理学理论的了解。④

另外一位无法参加1972年大会但在对王阳明的研究方面与其他人享有同样话语权的学者是秦家懿。当时,她很可能在澳大利亚,在澳大利亚国立大学担任终身讲师。她在澳大利亚国立大学获得了博士学位。她1971年的答辩论文题目为《获取智慧:王阳明之道》,1976年该论文的同名书籍出版。

她的博士学位之路漫长而曲折。她1934年出生于上海,她生命中最初的15年在上海和香港两地度过。毫不奇怪,谈到上海的空袭,她回忆说:"我最早的记忆是战争。"⑤她全家人在日本入侵后逃到了香港,回到上海之后,1949年共产党接手时,因为她父亲与国民党的亲密关系而被迫逃离。⑥ 然而,在那段时间里,她得以在两个城市的天主教学校学习,这使得她做出了一个重大的人生决定。秦家懿搬到美国,并于1951年开始加入天主教女子大学新罗谢尔学院。她在自传中两次谈到了这些早年经历对其的影响。秦家懿强调了"出生和环境如何将其置于东西方两种文化之间"⑦,并称

---

① Tu Wei-ming, *Neo-Confucianism in Action: Wang Yang-ming's Youth (1472-1509)*, "Preface", p. xi. For a Chinese translation, see 杜维明、朱志方译《青年王阳明(1472—1509):行动中的儒家思想》,生活·读书·新知三联书店,2013年,第3页。

② Tu Wei-ming, *Neo-Confucianism in Action: Wang Yang-ming's Youth (1472-1509)*, "Preface", p. xii;杜维明、朱志方译《青年王阳明(1472—1509):行动中的儒家思想》,第4页。

③ Tu Wei-ming, *Neo-Confucianism in Action: Wang Yang-ming's Youth (1472-1509)*, "Preface", p. xii;杜维明、朱志方译《青年王阳明(1472—1509):行动中的儒家思想》,第6页。

④ Tu Wei-ming, *Neo-Confucianism in Action: Wang Yang-ming's Youth (1472-1509)*, "Acknowledgements", p. xv;杜维明、朱志方译《青年王阳明(1472—1509):行动中的儒家思想》,第7页。

⑤ Julia Ching, *The Butterfly Healing: A Life between East and West* (Maryknoll, NY: Orbis Books, 1998), p. 11.

⑥ Julia Ching, *The Butterfly Healing: A Life between East and West*, p. 16. 他是上海的执业律师,上海律师协会主席,国民议会议员。他还参与了中华民国宪法的起草工作。

⑦ Julia Ching, *The Butterfly Healing: A Life between East and West*, p. 9.

"不断流浪,连根拔起和重新扎根,成为我生命中的主题"①。在几个大陆之间的穿梭使她"始终意识到我在人类海洋中的渺小和孤独,它们的波涛威胁着要将我吞噬"②。显然,其早年生活经历奠定了她非凡的跨文化写作能力。此外,从事比较宗教和哲学研究激发了她对意义的强烈追求。

在接下来的20年中,秦家懿主要从事宗教职业,这也塑造了她的生活。她于1953年作为初学修女进入了天主教乌苏尔教团,并相信这是"来自上帝的呼唤"③。然后,在获得学士学位后,她进入美国天主教大学,并于1960年获得硕士学位。1963年,在巴黎担任了一段时间的私人教师后,秦家懿前往台湾地区以见习修女的身份从事教育工作。她被安排在花莲的一所传教学校任职,花莲是当时台湾地区的一个不发达地区,大部分是台湾本地人。

熟悉秦家懿作品的人都知道,她写过很多关于中国宗教、中国哲学的宗教层面,特别是王阳明和朱熹的哲学这些方面的文章。她的学术研究方法受到她对生命意义和至高无上者的终生追求的影响。秦家懿在其见习生阶段对其宗教召唤有热烈的追求。她以"灵魂渴望共融"为题,非常认真地"寻找上帝",做正确的阅读和默想,并将自己浸入"礼拜仪式的奥迹"中,直到她变得"精神陶醉","强烈的精神情绪脱颖而出"。④

1963—1967年,她在台湾地区度过,这段时间里她获得了中国哲学的博士学位,然后在第二年,她彻底离开了修会,开始了学术生涯。总之,由于当时台湾地区的特殊环境,来自比利时、加拿大和法国的说法语的修女用一种秦家懿难以理解的语言向台湾地区的孩子传道,这令她感到困扰。她指出,这种经历使她"在那里时一直都处于文化冲击之中"⑤。她目睹了另一位中国修女,虽然会法语,但并不开心,茶饭不思,她因此确定这不是她想做的职业,于是选择了离开。⑥ 秦家懿感到自己被孤立了。她与她的修道院院长发生了冲突,她曾向院长坦诚地表达她的担忧,并在她面前"忏悔"。

这是她生命中的一个重要转折点。秦家懿回忆说,离开她的办公室后,她"感受到了一种心理上的释放",使她平静下来,仿佛她"被一种奇怪

---

① Julia Ching, *The Butterfly Healing: A Life between East and West*, p. 19.
② Julia Ching, *The Butterfly Healing: A Life between East and West*, p. 19.
③ Julia Ching, *The Butterfly Healing: A Life between East and West*, p. 20.
④ Julia Ching, *The Butterfly Healing: A Life between East and West*, pp. 34-36.
⑤ Julia Ching, *The Butterfly Healing: A Life between East and West*, p. 43.
⑥ Julia Ching, *The Butterfly Healing: A Life between East and West*, pp. 43-44.

的内在神圣存在感所鼓舞,并且与外在山脉和树木的世界交融"。① 这种快乐的状态持续了好几个月,在这段时间里,秦家懿利用空闲时间在学校图书馆阅读中国文学、历史和哲学。她对她生命中这一时刻的回忆清楚地揭示了其思想发展方向,揭示了她为什么选择在澳大利亚国立大学研究王阳明:

> 我整个周末都在看书,有时太投入,晚上也几乎不休息。早些时候我接受过中文教育。我现在正在进行复习,同时也加深我的理解。
>
> "大人者以天地万物为一体者也。"我被中国哲学中的这些句子所吸引,这反映了我自己的精神体验。
>
> "以天地万物为一,甚至天地万物为一体。"灵魂与肉体之间是统一的,人与自然的界限是交叉的。人体是微观世界,而宇宙是宏观世界。
>
> 有些伟大的哲学家立志要成为圣人。这与我对圣洁的追求没有什么不同。他们的哲学与他们的生活是不可分割的。他们的生活并没有与灵魂和肉体分离。
>
> 从我的阅读中,我获得了对孔子和他的追随者,特别是孟子和王阳明的一种新的尊重。这些人致力于改善社会。他们中的一些人是神秘主义者,"天人合一"。
>
> 中国古典文学对鸟飞鱼跃有着隐含的含义,我自言自语道。这些生物正在展现它们对生活的热爱。我常常默念自己最喜欢的哲学家王阳明的诗句:"正须闭口林间坐,莫道青山不解言。"
>
> 中国思想的核心在于天人合一之德。所以如果我们说中国文化限于外在的人际关系或行为,而没有内在的精神生活或宗教或形而上学的观点,那便是对中国的误解。
>
> 中国文化的塑造者一直心系"天下",以伟大而广泛的世界为背景进行思考。这就是中国文化和其他国家的特定文化之间界限分明的区别,它构成了其中的一部分。但它仍然是使宇宙的其他部分具有意识的最重要的部分。
>
> 即使在许多中国人流亡的台湾地区,我们也可以将我们的思想拓展到伟大的世界。就像柏拉图所说的那样,即使我们生活在地球上的一个小地方,就像海边沼泽地的蚂蚁和青蛙一样。或者有人会认为我

---

① Julia Ching, *The Butterfly Healing: A Life between East and West*, p. 44.

们就像中国谚语的青蛙一样,从井底看天空。但是,这口井其实是很深的并且可以看到月亮,如果不是太阳本身。

我回归了中国文化。①

另一个重要事件将她的生活推向新方向。1966 年,秦家懿的乳房发现肿块,病情严重。年仅 32 岁的她患上了乳腺癌。为了治疗,她去了台北,在那里她和亲戚住在一起,同时接受手术和放射治疗。1967 年,在高雄新建的文藻女子外国语文专科学校担任了一段时间的教务处长后,她于 1967 年离开台湾地区,在罗马、维也纳(她曾在维也纳大学学习德语)、以色列、泰国和澳大利亚进行旅游和学习。她在澳大利亚潜心攻读博士学位并开始任教。1969 年,她被任命为终身讲师。

秦家懿在她的自传中问道:"为什么我选择中国研究?"

我开始远离中国元素,走向西方文明中的引人注目之处。我对中国的研究仅仅是作为一名被收养的孩子对其亲生父母的追寻。我对中国思想的精神和宗教层面非常感兴趣。当"文革"令众人担忧之时,当中国文明的生存受到威胁的时候,我感到个人的使命在于让火焰保持活力。那是在 60 年代末。我最终获得了大学的博士学位。②

在 1976 年出版有关王阳明的专著之前,秦家懿在澳大利亚国立大学担任讲师的工作直到 1974 年,1974—1975 年她担任哥伦比亚大学客座副教授,并于 1975 年迁至耶鲁大学,被任命为耶鲁大学东亚研究与哲学系副教授。这些年来,她的大部分出版物都是关于王阳明的。她出版了一本书,其中包含对许多王阳明书信的翻译③,还在 Numen(1973)④、《远东》

---

① Julia Ching, *The Butterfly Healing:A Life between East and West*, pp. 44-45.
② Julia Ching, *The Butterfly Healing:A Life between East and West*, p. 60.
③ Julia Ching,ed.and trans., *The Philosophical Letters of Wang Yang-ming* (Canberra:Australian National University Press,1971).
④ Julia Ching, "Beyond Good and Evil:The Culmination of the Thought of Wang Yang-ming (1472-1529)", *Numen* 20,no. 2(1973), pp. 125-134.

(1973)①和《思想史杂志》(1974)上发表了文章。② 这些文章是修订博士论文的成果。在书籍出版之后,她写了一篇比较马丁·海德格尔和王阳明思想的文章。③ 在完成所有这些工作的同时,她也因与冈田武彦、狄百瑞、牟宗三、唐君毅、陈荣捷、刘纯燕等成功学者的对话而受益匪浅。

《获取智慧:王阳明之道》是美国如今唯一脉络较完整且辩证分析王阳明哲学的学术专著。至于她写这本书的原因:

> 本课题的重要性在于不大需要解释我为什么对研究《王阳明的智慧之路》感兴趣,以及我怎样对其感兴趣。然而,作为女性作家——因此使用更多私人的加注——也许这样表述对我可能有用:我为什么对研究王阳明产生兴趣,以及我怎样对他感兴趣。王阳明精力充沛,参与活动,尽社会责任,对静思有不可抑制的渴望,这些都长久而有力地吸引着我。作为15世纪的一位中国人,王阳明不可能解决当代问题。但是,他指出了一条路,既人性又意义重大。他告诉我们怎样深入地把握人生的种种问题,让这些问题成就更圆满且更有意义的人的存在。④

秦家懿的书以及她为此撰写的所有文章的优点在于清楚地表达了复杂的哲学思想,她对宗教观念的敏感性,以及深刻的有关意义的问题。不言而喻,她对多种语言的掌握以及对东方和西方哲学和宗教传统的了解,意味着她能够在几乎无人能及的水平上写作。此处由于无法总结她的书所涵盖的丰富领域,所以仅呈现她的一些重要见解。

在题为《真理与意识形态:儒家之道与道统》的导言中,秦家懿说明了在宋至明初儒学思想演变过程中的王阳明思想的背景。她在这种进化过程中看到儒家伟大的哲学家所确立的哲学真理与国家当局对这种哲学的

---

① Julia Ching, "All in One: The Culmination of the Thought of Wang Yang-ming(1472-1529)", *OriensExtremus* 20, no. 2(Dec.1973), pp. 137-159.

② Julia Ching, "Truth and Ideology: The Confucian Way and Its Transmission", *Journal of the History of Ideas* 35(1974), pp. 371-378.

③ Julia Ching, "'Authentic Selfhood': Wang Yang-ming and Heidegger", *The Monist* 16, no. 1(Jan.1978), pp. 3-27.

④ Ching, *To Acquire Wisdom*, p. xix.

制度化之间的相互作用,这种制度化是由想借此寻求意识形态的合法化的政府官员实施的。在明初,"政府支持和全国官方颁布(《朱熹的四书集注》)"的代价是使儒家内在活力丧失,变得"僵化和停滞"。① 和他之前的其他人一样,王阳明反对这种流行的正统观念,即将宋代理学思想意识形态化,而应"以真理而不是意识形态的名义回到儒家启发灵感的源泉"②。

  在第一章"王阳明:人与哲学家"中,秦家懿提供了一个简短的个人传记,同时特别关注了王阳明的个性和性格。她说:"王阳明一生特点即是狂士表现。他为人勇敢、宽宏大量,在无止歇的精力驱动下,实现无限的抱负,不是为了世俗的成功,而是为了达到绝对的价值。"③他经受住了考验和反对,这是贯穿他一生的激情,无论是在他的哲学旅程中,还是在坎坷的政治生涯中。还从他的朋友湛若水所描述的"五溺"和他的主要学生兼传记作者钱德洪解释的"为学三变"中解释了他的智慧之旅。"五溺"指的是王先生在正德元年(1506)34岁时致力于学习圣人之前,在任侠之习、骑射之习、辞章、神仙、佛学方面的涉猎。④ "三变"是指他的主要行为准则的发展:知行合一、静坐、致良知。⑤ 秦家懿总结道,王阳明无止歇的精力和抱负最终将他引向更高的目标,"他所学的,在于超狂入圣"⑥。

  在第二章"入学的起点:'心'"中,秦家懿解释了为什么心学是王阳明哲学的核心。心是出发点,因为"阳明认为,心与性一体,是众善之源,也是知觉与道德的根,并拥有使人成圣的能力"⑦。也就是说,心具有超越人心自善的能力。在其原始的、纯洁的状态,心即理,而理是"所有存在与美德的源泉","宇宙乃至人类中所有善的整体"。⑧ 但除了圣人之外,每个人的心处于被遮蔽的状态,有不善,无法完全显现和实现;它的纯洁和简单的善,以及充分体现天理的能力受私欲所蔽。回到心之本体的原始状态,从而充分表现和实现至善,需要找到正确的方法。这正是王阳明所无休止寻求的。幸运的是心的自我超越的能力促成了美德的实践:"这是心的道德

---

① Ching, *To Acquire Wisdom*, pp. 20-21.
② Ching, *To Acquire Wisdom*, p. 21.
③ Ching, *To Acquire Wisdom*, p. 27.
④ Ching, *To Acquire Wisdom*, p. 36.
⑤ Ching, *To Acquire Wisdom*, p. 43.
⑥ Ching, *To Acquire Wisdom*, p. 50.
⑦ Ching, *To Acquire Wisdom*, p. 56.
⑧ Ching, *To Acquire Wisdom*, p. 59.

或者良性本质,它表现出对人际关系的道德本性的自然知识的存在以及根据这些知识行事的自然能力。"凭借此心,人人都能够充分认识到自身内在的善,能够成为完美的生命:"心灵是自我,既是既有的,又是被创造的,拥有完美的种子,但也需要不断完善,通过在构成整个生命的静止和活动的潮起潮落中进行自我测试来发现和实现自己。"①

第三章"论学的焦点:'格物'"和第四章"'道'的发现:致良知"深入到王阳明所倡导的成圣的方法。众所周知,王阳明不接受朱熹对《大学》的编排,而宁愿选择旧版《大学古本》。他相信朱熹确定的格物致知的实践方式过于烦琐、无重点、线性和渐进。如果目标仍然是通过恢复心灵的本真来实现天理,即获得智慧和照亮美德,那么方法必须适应心自我完善的动态能力。因此,王阳明将"诚意"作为《大学》的主要信息和自我修养的起点。同时,他也把格物解释为"正事"②。重点是面前的事物与每个起心动念,使其合乎良知之声。无论如何,由于心具有这种动态的自我完善和自我决定的能力,通过这种能力,可以实现其基本的善,权威的典籍和人物,如宋儒注释、经典,甚至儒学,以其精神之丰富,也只能作为对个人的初步指导。最终,智慧只能从源头上,即在自己的心中,被重新发现。③

秦家懿在第四章中介绍了王阳明的"致良知"理论。通过"致良知",王阳明终于形成了自己长久以来寻求的成圣之学的普遍方法。所寻求的知是良知,是一种天生的,但也是通过实践获得的基础性道德意识,是心之本体,是纯净的心,是诚爱恻怛,是道心,是天理的明智与灵性的表达,也是辨别是非的内在论坛。"致良知",是为了开发个人天生拥有的美德,使其能够"通过美德的实践,按照本性之善行事,实现完全的自我超越"④。

这主要是通过让一个人的善融入社会责任中来实现的。道德教义需要道德行动。但"致良知"不仅仅是坚持原则或履行道德义务,相反,"这是一个伟大的原则,是指一个人总是在生活中做其心灵认为是正确的和好的事情"⑤。只要一个人行事遵从道德,那么无论他是活跃于社会和政治事务还是退回到沉思中,心都会保持平静。心之本体在正行中,在孟子所

---

① Ching, *To Acquire Wisdom*, p. 73.
② Ching, *To Acquire Wisdom*, pp. 76-77.
③ Ching, *To Acquire Wisdom*, pp. 102-103.
④ Ching, *To Acquire Wisdom*, p. 106.
⑤ Ching, *To Acquire Wisdom*, p. 114.

说的"集义"里被了知(见到)。这就是"致良知"所需要的。直至王阳明生命的最后时刻,这个简单的方法仍然是他实现内圣的绝好起点。王阳明把它看作是古代圣贤真正的正统教导。

第五章"终极目标:良知本体"和第六章"终极目标:无善无恶"探讨了王阳明晚年教义的巅峰成就。秦家懿在王阳明的论述中发现了一种神秘主义,其根源在于他实现了一种持久的心的状态,所有的现实都被视为动态的一体。① 心不仅是道德活动的源泉,也是将个人与宇宙联系在一起的生机勃勃的知觉。随着心变得越来越纯粹和透明,它本质的善和诚爱恻怛,也就是良知本体,自然地和自发地显露出来,最终形成一种"天地万物一体"的精神境界之直接经验,换句话说,就是真正的圣人。② 他最后的教义即是这种自我超越的心体或良知本体。③ 作为终极现实和至善,"良知"为统一性、普遍性和包容性提供了路径,重新界定了正统与异端之间的传统分歧,超越了对善恶的常规理解,并且泛化为社会和政治责任。

对于在1950—1980年期间出版有关王阳明的英语学术研究方面,另外一位做出重要贡献的学者是张君劢。如果他没有于1969年在旧金山去世,那么1972年的会议将会因他而完整。张君劢1955年在《东西方哲学》发表了一篇关于王阳明的论文④,1962年出版了一本书⑤,同一年出版的《新儒家思想史》第二卷中有一章广泛涉及王阳明⑥。

张君劢将这一学术研究作为可追溯到20世纪50年代的更广泛的关于儒家思想的英语学术著作中的一部分。1949年,63岁的张君劢离开中国。由于他与国民党政权的关系,他在中华人民共和国即将成立之前离开。应印度教育部的邀请,他的讲座之旅首先在印度展开。在1952年短暂返回香港后,他于同年迁居美国,直到1969年去世,期间他经常在世界

---

① Ching, *To Acquire Wisdom*, p. 126.
② Ching, *To Acquire Wisdom*, pp. 126-127.
③ Ching, *To Acquire Wisdom*, p. 159.
④ Carsun Chang, "Wang Yang-ming's Philosophy", *Philosophy East and West* 5, no. 1(1955), pp. 3-18.
⑤ Carsun Chang, *Wang Yang-ming:Idealist Philosopher of Sixteenth-Century China* (New York: St.John's University Press, 1962).
⑥ Carsun Chang, *The Development of Neo-Confucian Thought*, vol. II (New York: Bookman Associates, 1962), pp. 30-73.

各地巡回演讲。① 随着政治活动的减少,他把更多的时间花在学术研究和出版上,特别关注解释和推动儒家思想。

众所周知,张君劢被公认为第一代或第二代现代新儒家。因此,他被认为是对这一传统起到了推动作用的人之一,因为他们认为这是中国知识和文化传统的精髓,并有可能带来中国的道德重生和现代化。出于这个原因,他也被贴上了文化保守派的标签,他对中国的看法与接受自由主义或激进政治意识形态的人不同。②

自1953年开始,唐君毅多次前往美国访问张君劢。他们一致认为,西方的中国研究发展不良,并且受到传教士对中国传统的理解和传播,外交专家的实用主义强调的影响,以及被他们认为的汉学家倾向于把他们的研究对象视为历史的好奇心所扭曲。③ 对他们来说,中国的历史文化是对现代中国和世界具有精神意义的活生生的传统。在《新儒家思想史》的"前言"中,张君劢写道,中国文化仍是一个充满勃勃生机的生命体。西方学者对中国的研究仅限于孔子、老子及其同时代思想家及继承者的基本思想,而对于近来1500年的思想系统,却未做过任何研究,这是片面而错误的。④

最重要的是,张君劢认为儒家传统,尤其是新儒家心性学提供了一种道德和形而上学,解决了经验主义、科学主义和实证主义无法解决的意义和价值观问题。他与牟宗三和徐复观合作,将思想凝结成著名的《为中国文化警告世界人士宣言》。《宣言》包含的部分内容,解释了他们认为西方应该从东方学到的东西。最后一部分,即"我们对于世界学术思想之期望"中,他们写道:"人类应当还有一种学问,这不是只把自然与人类自己所有之一切客观化为对象,而加以冷静的研究之学问,而是把人类自身当作一主体的存在而求此主体之存在状态,逐渐超凡入圣,使其胸襟日益广大,智慧日益清明,以进达于圆而神之境地,情感日益深厚,以使满腔子存有恻怛之仁与悲悯之心的学问。这种学问不是神学,亦不只是外表的伦理规范之学,或心理卫生之学,而是一种由知贯注到行,以超化人之存在自

---

① 刘义林、罗庆丰《张君劢评传》,百花洲文艺出版社,1996年,第232—241页。
② 郑大华《张君劢学术思想评传》,北京图书馆出版社,1999年,第334页。
③ 郑大华《张君劢学术思想评传》,第346—348页。
④ 刘义林、罗庆丰《张君劢评传》,第286页。作者转述张君劢的话,See Carsun Chang, *The Development of Neo-Confucian Thought*, vol.1(New York:Bookman Associates,1957), p. 7。

己,以升进于神明之学。此即中国儒者所谓心性之学,或义理之学,或圣学。"①

正如刘义林和罗庆丰所指出的那样,张君劢认为王阳明在这方面发挥着特别重要的作用,"给予了他最高的评价","说他'不但是中国的伟大思想家,也是世界的伟大思想家。在东西方哲学史上都占有非常重要的地位'"。② 他们也指出,由于张君劢对王阳明的崇敬,以至他例外地不称其名,而直接称"先生",俨然张君劢就是"王阳明的受业弟子"。③

《新儒家思想史》的一章、《东西方哲学》的一篇文章,以及他的专著很大程度上贯穿了王阳明的相同信息。《王阳明:16世纪中国的唯心主义哲学家》作为中国哲学家系列研究中的第一部,由圣约翰大学亚洲研究学院出版。"如果宋代的朱熹把儒家思想带到了宇宙学领域的最高水平,"研究学院主任薛光前写道,"王阳明则在认识论,可能还有本体论领域,实现了这一传统的最好表达。然而,任何西方语言对王阳明的研究都很少。"④

在简要介绍了王阳明的生平之后,张君劢概述了他所认为的王阳明的基本教义。张君劢发现王阳明是一个坚信世界可理解的本体论唯心主义者,他持有如下观点:

1. 人心即宇宙之心。
2. 心之知为本体,即本体含于明觉之中。
3. 知可以发见万物之理。物并非吾心之外,而是明觉之所对。
4. 宇宙为一整体,人为宇宙之心或中心。人与人间相亲相爱,物与心间也关系密切。
5. 若无心或良知,宇宙将不会运行。
6. 物或自然世界乃吾心运用之材料。⑤

---

① 牟宗三、徐复观、张君劢、唐君毅合撰《为中国文化警告世界人士宣言》。
② 刘义林、罗庆丰《张君劢评传》,第293页。引用张君劢《新儒家思想史》,中国人民大学出版社,2006年,第251页。
③ 刘义林、罗庆丰《张君劢评传》,第293页。
④ Carsun Chang, *Wang Yang-ming: Idealist Philosopher of Sixteenth-Century China* (New York: St. John's University Press, 1962), pp. v-vi.
⑤ Carsun Chang, *Wang Yang-ming: Idealist Philosopher of Sixteenth-Century China*, p. 13.

接下来,张君劢介绍了王阳明的"心学"和"致良知",并提供了大量的《大学问》和《传习录》的引语。他说明王阳明如何试图解决个人与宇宙、心与世界以及知与行的二元论的问题,借此来解释其唯心主义体系。张君劢还解释了王阳明对儒家前辈的态度,其思想随着时间的推移如何发展以及其追随者之间出现的分歧。张君劢将对王阳明的思想与他所认为的"知觉论"的关系的分析作为结语。[1]

1950—1980年是关于王阳明研究的英文文献发表的转型时期,本文以张君劢的著作,结束对该时期的历史概述。正如我们所看到的,这个充满活力的学术研究表象的背后有很多因素:那几十年之前的中国历史发展的整体局面,冷战时期对中国研究的资助,撰写王阳明并分享对王阳明引人注目的人生故事的重要性,以及对其哲学的普遍意义的信仰的学者及他们的独特传记。这些学者提供了基础翻译工作、对王阳明的生平和哲学的重要研究以及从比较哲学的角度对其进行研究的可能途径。20世纪80年代以后,拥有多元化学术生涯背景的新一代学者们,使更分散、更广泛的学术研究涓滴成溪,从而发展起了王阳明哲学研究的新阶段。

---

[1] Wing-tsit Chan, Review of *Wang Yang-ming: Idealist Philosopher of Sixteenth-Century China* by Carsun Chang, *Journal of the American Oriental Society* 82, no. 3 (Jul.-Sept., 1962), pp. 458-459.

第四章
1980—2018年间阳明学研究的历史背景

本书第一章到第三章中将王阳明研究按年代顺序排列,这样做有其合理性。亨克1916年出版的王阳明文集中相当部分的英文翻译和陈荣捷1963年出版的《传习录》英译都标志着王阳明研究中转折时期的到来:历史背景促成了关于这位优秀明代士大夫的一系列新的学术研究成果。亨克身处的19—20世纪之交,是王阳明思想对日本明治时期思想界产生影响,而中国国内重拾对王阳明兴趣的时期。而陈荣捷作品出现的背景则是20世纪中国的革命导致部分知识分子移民到西方并在那里开展学术研究。但要把千禧年来临之际的王阳明研究细分阶段是很不容易的。没有哪本翻译或学术专著可以成为汇集了所有历史因素的象征性存在。这一时期王阳明研究成果的出版总量远超以前,研究的背景也更加国际化,世界各地的研究者加入了这一研究。其中最直接的原因就是全球一体化程度的不断深入,交通工具的发达与通信技术的突飞猛进让研究者能够更便捷、更经济地借鉴前人的学术研究成果,把自己的研究国际化,与全球读者沟通。诚然,至少在我写作此文时,英语还是最主要的国际语言,所以希望和全球英语读者沟通的学者选择以英语发表研究成果。然而,德语和法语仍然是重要的国际化交流媒介。

从20世纪70年代至今,大约半个世纪的王阳明心学研究不适合按照时间顺序来分阶段回顾,所以在此采用专题的形式。首先,本章将简述西方王阳明学术出版的历史和人物背景,后面的章节相应地按照话题展开。有关王阳明的学术研究中,有些侧重其本人的政治事功和思想,以及阳明学派的历史,有些是宗教比较研究,还有些是纯粹的比较哲学研究。其次,本文的主要关注点是英语学术研究史和机构背景,同时也会涉及一些重要的德语和法语的学术研究成果。

要了解过去几十年王阳明研究的情况,我们有必要回到20世纪70年代。第三章力图摸清20世纪六七十年代主要的王阳明研究专著和论文中的历史和人物脉络,而那些自20世纪80年代以来影响了王阳明研究的,在明史和明代哲学领域的更广泛的发展则暂时被放到一边,留待更进一步的讨论。对于这段历史,何义壮(Martin J. Heijdra)发表过具有参考价值的文献学评论《明史:有待承认的三百年历史》①,我参照了文中的框架进行阐述。

早在20世纪六七十年代,有些学者已经意识到西方明史研究存在很大的欠缺。1980年,作为对傅吾康(Wolfgang Franke,1912—2007)欧洲明代研究文献目录和山根幸夫(Yamane Yukio)明代研究文献目录的补充,一些美国学者出版了一部明史通信录——一部收录了所有美国明史学者通信信息的作品,以推动同行学者间的沟通。"此类研究已经在日本盛行,并扩展到美国,"何义壮指出并写道,"通信录中20世纪30年代前出生的只有几位最近发表过明代的研究作品。"他们中的一些人可以被称为"美国明史研究的奠基人。"②密西根大学的贺凯(Charles O. Hucker,1919—1994)发表了两篇颇有影响的明代政治制度研究的作品。牟复礼(Frederick W. Mote,1922—2005)在普林斯顿大学指导博士生,并写作了一部关于明代诗人高启的专著。后来,两位学者分别出版了影响很大的介绍中国历史的书:《帝制时期之中国:中国历史文化概论》(*China's Imperial Past:An Introduction to Chinese History and Culture*)③和《帝制中国:900—1800》(*Imperial China*:900—1800)。④ 书中,他们都简单介绍了王阳明和阳明学派对16世纪的影响。

对明代思想史的研究具有深远学术影响的是1963年陈荣捷出版的《传习录》英译本。同时期狄百瑞(William Theodore de Bary)于1966年组

---

① 这篇论文被收录在《北美汉学研究学术评论》一书,参见 Zhang Haihui et al., eds., *A Scholarly Review of Chinese Studies in North America* (Ann Arbor, MI:Association for Asian Studies, 2013),何义壮现任耶鲁大学东亚图书馆主任。

② Martin J. Heijdra, "Ming History:Three Hundred Years of History still Searching for Recognition", in *A Scholarly Review of Chinese Studies in North America*, ed. Zhang Haihui et al.(Ann Arbor, MI:Association for Asian Studies, 2013), p. 80.

③ Charles O. Hucker, *China's Imperial Past:An Introduction to Chinese History and Culture* (Stanford:Stanford University Press, 1975).

④ Frederick W. Mote, *Imperial China*, *900-1800* (Cambridge:Harvard University Press, 2000).

织了明代思想研讨会,这次研讨会的相关论文都被收录于《明代思想中的自我和社会》(Self and Society in Ming Thought)一书中。他们都致力于培养学生研究明代思想史,尤其是理学研究,他们的努力促成了诸多学术成果20世纪七八十年代相继发表,这一时期英语世界的明代思想史研究达到了顶峰。

回到20世纪60年代,与中国史的其他断代研究相比,明史研究的作品数量是很少的。何义壮在《明史:有待承认的三百年历史》中指出:"这一时期明史研究出版尚未流行。"①而这种情形很快就将发生改变。陈纶绪(Albert Chan,1915—2005)于1982年出版《明代的兴衰》(The Glory and Fall of the Ming Dynasty)时写道:"过去近半个世纪见证了明史研究的复兴。"②然而明史研究尚存在很多空白,陈纶绪在说这句话时是将东亚和欧洲的学术研究也包括了进来,他认为中国和日本学者做出了最突出的贡献,而明史研究在西方是新事物,并指出:"1952年我写博士论文时……出版的中国通史都不曾详论明史。"③"欧美汉学研究中的明史研究比其他朝代少,"他写道并补充说,"第二次世界大战结束以后,年青一代学者对明史研究越发感兴趣。"④

这一代年青学者对明史研究的发展至关重要。何义壮说:"通信录中列举的这些20世纪30年代出生的学者数量不容小觑,他们正在写作或者已经完成了博士论文,这表明明史开始有了自己的研究者。"⑤除了丁博(Ronald Dimberg)以外,绝大部分学者都不是专门研究阳明学或阳明后学的。然而,重要的是,从20世纪70年代开始,他们中一些人的研究开始涉及明朝中期的思想史。其中,窦德士(又译:达第斯,John W. Dardess,1937—2020)、卫思韩(John E. Wills,1936—2017)和穆四基(John T. Meskill,1925—2017)出版的历史专著中都直接谈到了王阳明和他16世纪的学派。

1975年,西方明代研究学者们在中国与内亚区域协会(China and

---

① Heijdra,"Ming History", p. 80.
② Albert Chan, The Glory and Fall of the Ming Dynasty (Norman, OK: University of Oklahoma Press,1982), p. xv.
③ Chan, The Glory and Fall of the Ming Dynasty, p. xvi.
④ Chan, The Glory and Fall of the Ming Dynasty, pp. xvii-xviii.
⑤ Heijdra,"Ming History", p. 81.

Inner Asia Regional Council)和亚洲研究协会(Association of Asian Studies)的资助下,创办了《明史研究》杂志,以适应明代研究迅猛发展的需要。① 到杂志第一期出版时,范德(Edward Farmer,1935—)才有把握地说:"学者研究明代的热情已经证明,终于可以按照《清史问题》(*Ch'ing-shih wenti*)、即《帝制晚期中国》(*Late Imperial China*)和《宋代研究通讯》(*Sung Studies Newsletter*)两本杂志的思路定期发表相关研究论文了。"②

《明史研究》第一期综述了明代研究的情况。卜爱莲(Irene Bloom,1939—2010)担任执行秘书,负责就理学研究区域研究会(Regional Seminar in Neo-Confucian Studies)的活动进行汇报。1974年,在美国学术团体协会(American Council of Learned Societies)创立的中国文化研究会(Committee on Studies of Chinese Civilization)的资助下,区域研究会在哥伦比亚大学建立,会员有来自美国东部各个机构的26位学者,还有来自美国、欧洲和东亚其他机构的17位通信学者(corresponding scholars)。区域研究会旨在组织召开有关中国、朝鲜和日本近代思想史研究的研讨会、讨论会和讲习班。③ 1974年6月,大会成员参加了他们在夏威夷组织召开的"明朝和德川幕府早期'实学'的理学渊源会议"(Neo-Confucian Sources of "Practical Learning" in the Ming and early Tokugawa Periods)。其中成中英提交了关于颜元、朱熹和王阳明实学研究的论文。④ 而绝大多数的会议论文是关于日本理学研究和阳明学派在日本的影响。与之前有关近代中国思想研究的会议论文一样,1979年这些论文以系列论文集的形式出版,比如1970年的《明代思想中的自我和社会》和1975年的《新儒学的展开》(*The Unfolding of Neo-Confucianism*)。

当时,会议成员和通信会员都已经或将要发表有关明代思想史的各类论文、专著,有的学者已经在《中国哲学杂志》(*Journal of Chinese Philosophy*)和《东西方哲学》(*Philosophy East and West*)等杂志上发表论文。有的学者则正在筹划撰写王阳明研究,比如倪德卫、冈田武彦、杜维

---

① Heijdra,"Ming History",p. 81.
② Edward L. Farmer,"News of the Field",*Ming Studies* 1(Fall 1975),p. 1.
③ Farmer,"News of the Field",*Ming Studies* 1,pp. 4-5.
④ Cheng Chung-ying,"Practical Learning in Yen Yuan, Chu Hsi, and Wang Yang-ming",in *Principle and Practicality: Essays in Neo-Confucianism and Practical Learning*, ed. Wm. Theodore de Bary and Irene Bloom(New York: Columbia University Press,1979),pp. 37-68.

明、陈荣捷、秦家懿、丁博和成中英。① 罗德尼·泰勒（Rodney L. Taylor）在完成有关高攀龙的博士论文后，开始着手研究理学的宗教性问题。穆四基的明代书院研究非常精彩，其中王阳明和湛若水的教育和书院活动研究是该书的一大亮点。② 其他研究专著还有：裴德生（Willard J. Peterson）1979年的方以智研究③，柏玲（Judith Berling）1980年的林召恩研究④，钱新祖（Edward T. Ch'ien）1986年的焦竑研究⑤和韩德琳（Joanna Handlin）的吕坤研究⑥。1987年，卜爱莲发表了罗钦顺《困知记》的翻译和介绍。⑦ 这个清单还可以扩展到其他重要的宋元理学和儒学思想家研究。

20世纪七八十年代可以说是深入有关明代名儒的学术研究深入开展的全盛时期，因此可能有人会问：之后发表的明代思想史研究成果，尤其是儒家思想研究成果是否达到了同样的水平？《明史研究》第一期也发表了用西方语言写作的有关明代中国研究的文献目录，包括最新的学术成果和博士论文。最新学术成果的目录包括了1973年和1974年，在63个条目中，有21个条目的题目是关于明代思想史的，其中16个条目是关于王阳明和阳明学派的。⑧ 本书的第三章已经介绍了这些对王阳明的研究。140篇博士论文的时间跨度是从1945年到1975年。其中12篇如何义壮所说是"最新流行的思想史研究"⑨。有意思的是，其中单列出了33篇当时正在写作的博士论文，这些论文大多涉及思想史研究，比如柏玲（Judith Berling）的林召恩研究，卜爱莲的罗钦顺研究，毕来德（Jean-François

---

① For the list of members, see Farmer, "New of the Field", *Ming Studies* 1, pp. 7-8.
② John Meskill, *Academies in Ming China* (Tucson: University of Arizona Press, 1982).
③ Willard J. Peterson, *Bitter Gourd: Fang I-chih and the Impetus for Political Change* (New Haven, CT: Yale University Press, 1979).
④ Judith Berling, *The Syncretic Religion of Lin Chao-en* (New York: Columbia University Press, 1980).
⑤ Edward T. Ch'ien, *Chiao Hung and the Restructuring of Neo-Confucianism in the Late Ming* (New York: Columbia University Press, 1986).
⑥ Joanna F. Handlin, *Action in Late Ming Thought: The Reorientation of Lü K'un and other Scholar-Officials* (Berkeley: University of California Press, 1983).
⑦ Irene Bloom, *Knowledge Painfully Acquired: The K'un-chih chi by Lo Ch'in-shun* (New York: Columbia University Press, 1995).
⑧ Thomas T. Allsen, "Current Ming Bibliography in Western Languages", *Ming Studies* 1 (1975), pp. 60-65.
⑨ 根据何义壮的统计，有18篇学位论文的主题是文学，16篇为政治历史，15篇为东西关系史，8篇为历史，8篇为社会历史，还有7篇是经济史。

Billeter)和 Edmund M. Frederick 的李贽研究,布莱克(Alison Black)的王夫之研究,梅乐安(Anne M. Ch'ien)的胡居仁研究,钱新祖(Edward T. Ch'ien)的焦竑研究,此外还有余蓓荷(Monika Übelhör)的中国16世纪文学方面的论文(之后他出版了一本关于王艮研究的书),Rudiger Matchetzki 的王畿研究以及韩德琳的吕坤研究。①

在《明史研究》创刊前后,有两个重大的研究项目把研究者们团结起来,群策群力,推动明代思想研究。第一个研究项目是1976年出版的《明人传记辞典》(Dictionary of Ming Biography),共两卷,何义壮称之为"北美汉学家明史研究的第一大成就"。此书在学术研究和行文上超过恒慕义(Arthur W. Hummel,1884—1975)的《清代名人传略》(Eminent Chinese of the Ch'ing Period)。② 何义壮指出:"传记是建立在广泛的原始资料发现和研究基础上的。"③

《明人传记辞典》是将近20年的研究和写作成果,是在1960年成立的亚洲研究协会委员会的指导下进行的,基金主要来源于20所大学和洛克菲勒基金会的资助。来自17个国家的125位学者书写了650个条目。④ 1976年出版时,狄百瑞解释说:"20世纪60年代,当亚洲研究协会明代传记史研究项目启动的时候,西方几乎还没有明代思想研究。当然明代研究的其他方面也是如此。这个研究项目的初衷是通过编写这样大部头的参考书激励和推动尚未得到重视的明代研究得以健康发展,就像《清代名人传略》(Eminent Chinese of the Ch'ing Period)开启20世纪40年代末和50年代的清代研究一样。"⑤狄百瑞解释说,由于"西方明代研究还处在起步阶段",他希望这部《明人传记辞典》可以提供"给新一代的明代思想研究学者可靠的参考工具"。⑥再加上"陈荣捷的王阳明作品翻译对明代思想史研究的推动",狄百瑞相信,新的一代学者将"能够进入一个哲学讲论的世界,这一领域之前曾隐晦难解,对其把握也极不确切,以致只有寥寥无

---

① Allsen,"Current Ming Bibliography in Western Languages",*Ming Studies* 1(1975),pp. 60-65.
② Heijdra,"Ming History",pp. 82-83.
③ Heijdra,"Ming History",p. 81.
④ Heijdra,"Ming History",pp. 82-83.
⑤ William Theodore de Bary,"The Ming Project and Ming Thought",*Ming Studies* 1(1976),p. 20.
⑥ De Bary,"The Ming Project and Ming Thought",p. 20.

几的学者能胜任在其中开展研究"。①

在王阳明研究方面,《明人传记辞典》也提供了崭新的、大有裨益的内容。这不单是因为其中的王阳明传记(1972年陈荣捷已有详细的王阳明传记),更是因为其中谈及的追随王阳明的文人。传记对象有张元忭(卷一,110—111页,L. C. Goodrich, C. N. Tay编写)、蒋信(卷一,227—230页,秦嘉懿编写)、钱德洪(卷一,241—244页,秦嘉懿编写)、周汝登[卷一,271—274页,房兆楹(Fang Chao-ying,1908—1985)、秦嘉懿编写]、罗汝芳(卷一,975—978页,秦嘉懿编写)、罗洪先(卷一,980—984页,Stanley Y. C. Hughes编写)、聂豹(卷二,1096—1098页,D. W. Y. Kwok编写)、欧阳德(卷二,1102—1104页,杜维明编写)、唐顺之(卷二,1252—1256页,黄仁宇编写)、邹守益(卷二,1310—1312页,秦嘉懿编写)、邹元标(卷二,1312—1314页,贺凯编写)、王畿(卷二,1351—1355页,秦嘉懿编写)、王艮(卷二,1382—1385页,秦嘉懿编写)、王廷相(卷二,1431—1434页,房兆楹编写)以及杨起元(卷二,1505—1506页,秦嘉懿编写)。

另一个研究项目把阳明后学从遗忘的角落带到英语世界研究的视线中。1975年,卜爱莲在报告中讨论了翻译黄宗羲《明儒学案》的研究项目。她说这个项目"由(区域)研究会成员合作完成"②。秦嘉懿参与了《明人传记辞典》中的大量编写工作,因此她成了领导这个翻译项目的合适人选。然而,由于各种原因,译本直到1987年才得以出版。参加翻译的人员中,很多都是20世纪70年代以来从事明代思想和史学研究的学者,比如卜爱莲、梅乐安、钱新祖、丁博、房兆楹、韩德林、罗德尼·泰勒以及蓝德彰(John D. Langlois,1942—2010)。

秦嘉懿向《明儒学案》的读者解释说此书记叙的是这些"寻找智慧的人","智慧是他们永恒的追求,与高尚生活密不可分"。③ 对于他们每个人来说,智慧永远与生活联系在一起,是"人生哲学真实性的终极证明"。④ 这就是为什么传记对于儒者来说如此重要。传记不但展示了他们的人生如何成为其道德哲学发展的背景,也展示了人生如何促成他们下决心改善社会秩序。事实上,收录在《明儒学案》中的许多明代学者生活环

---

① De Bary,"The Ming Project and Ming Thought", p. 20.
② Farmer,"News of the Field", p. 5.
③ Ching, The Records of Ming Scholars, p. xiii.
④ Ching, The Records of Ming Scholars, p. xiii.

境非常困难,这需要英雄气概和个人牺牲,因此他们的传记是对时代的控诉。秦嘉懿认为,黄宗羲的《明儒学案》与《明夷待访录》在"对政治专制的公然控诉"方面是互补的。①

《明儒学案》原文有 200 个明儒传记以及书信和语录。秦嘉懿选择了最有时代创新性的思想家,每个学派或支派至少有一个代表人物(涵盖整个明代)。每个学派有一篇完整的序,翻译并注释了 42 篇传记,其中 24 篇传记是王阳明和阳明学各派门徒的,即:王阳明(姚江学派),徐爱、钱德洪和王畿(浙中王门),邹守益、欧阳德、聂豹、罗洪先和胡直(江右王门),唐顺之(南中王门),蒋信(楚中王门),穆孔晖(北方王门),薛侃(闽粤王门),李材(止修王门),王艮、王襞、韩贞、徐樾、罗汝芳、耿定向、耿定力、焦竑、周汝登(泰州王门)。这不单表明了阳明学派在《明儒学案》中的比重,也证明了 16 世纪阳明学派的统治地位。

《明儒学案选译》(*The Records of Ming Scholars*)的出版具有重要的意义,因为除了《明人传记辞典》的条目外,西方鲜有王门后学的相关文献。20 世纪 70 年代前,除了佛尔克(Alfred Forke)的《中国哲学通史》第三册[即《中国近世哲学史》(*Geschichte der neueren chinesischen philosophie*)]外,明代哲学研究几乎仅限于王阳明。在第三册第四部分"王阳明和王门学派"中,佛尔克对王艮、徐爱、邹守益、钱德洪、王畿和罗洪先做了简单的介绍。另外,冯友兰在《中国哲学简史》中,也介绍了王畿和王艮,但陈荣捷的《中国哲学文献选编》则没有提及这两个人。②

在 20 世纪七八十年代,有关王阳明后学的研究论文大都出自参加在美国召开的明代思想和王阳明研究会议的华裔学者(不同国籍)。其中有张钟元的《王龙溪哲学中的"身份本源"》("The 'Essential Source of Identity' in Wang Lung-chi's Philosophy")、牟宗三的《王阳明的亲传弟子:王龙溪和他的四无理论》("The Immediate Successor of Wang Yang-ming: Wang Lung-hsi and his Theory of ssu-wu")、冈田武彦的《晚明和幕府时期的朱熹和王阳明学派》("The Chu Hsi and Wang Yang-ming Schools at the End of the Ming and Tokugawa Periods")、唐君毅的《王阳明年代对其教义的批

---

① Ching, The Records of Ming Scholars, p. xiv.
② 值得指出的是,柯利瑞(J. C. Cleary)曾出版了《明儒学案》的摘译本,这是一部通俗读本。他的译本中有黄宗羲著作中提到的 37 位新儒家的传记和言论摘要。参见 J. C. Cleary, trans., *Worldly Wisdom: Confucian Teachings of the Ming Dynasty* (Boston: Shambhala, 1991)。

评》("The Criticisms of Wang Yang-ming's Teachings as Raised by his Contemporaries")、成中英的《〈明儒学案〉中"四句教"的一致性和意义》("Consistency and the Meaning of the Four Sentence Teaching in the *Ming ju hsueh-an*")和 Ian Mcmorran 的《晚明的王阳明批判：以王夫之为例》("Late Ming Criticism of Wang Yang-ming: The Case of Wang Fu-chih")。① 还有两部关于王门后学的专著很值得一提，两者都是在原来的博士论文基础上写成的：丁博的何心隐研究②和莫尼卡·于贝勒（Monika Übelhor）的王艮研究。③ 具体内容将在下一章中详论。

显而易见，20 世纪七八十年代是明代史研究，也是明代思想研究富有成效的时期。早在 1976 年，狄百瑞就饶有兴趣地提到和他合作的学者正在积极开拓"目前对美国来说还是崭新的研究领域"，而这项研究在韩国和日本已经很深入。④ 全球召开了一系列的会议，比如伊利诺伊、意大利和夏威夷的会议，会议论文触发了相关的研究。许多原来并不研究明代的专家看到了明代研究的重要性，开始积累相关研究的专门知识。他们达成了一个共识，那就是明代研究对于构建中国哲学和宗教传统十分关键。狄百瑞说："结果就是，学者们在短时间内快速地提高了学术水平。"⑤他认为明代研究对于向前追溯到宋元时期、向下延及清朝"对挖掘中国历史和文化领域的广阔发展"来说，是不可或缺，"这些发展之前仅被作为一场显赫的古典运动的脚注或反思而受到忽视"⑥。简言之，他觉得会议和会议论文的效果就是"人们对明代思想的看法转变了"⑦。

我们还必须看到转变的另一个重要原因，那就是成中英推动了西方对中国哲学的研究。成中英毕业于台湾大学，1956 年到华盛顿大学哲学系学习，1958 年获得硕士学位后，他到哈佛大学开始广泛研究欧美哲学，于1963 年获得博士学位。之后，他被夏威夷大学哲学系聘用，并开始了他备

---

① 论文的具体信息请参看目录。
② Ronald Dimberg, *The Sage and Society: The Life and Thought of Ho Hsin-yin* (Honolulu: University of Hawaii Press, 1974).
③ Monika Übelhör, *Wang Gen (1483-1541) und seine lehre: eine kritische position imspäten konfuzianismus* (Berlin: Dietrich Riemer, 1986).
④ De Bary, "The Ming Project and Ming Thought", *Ming Studies* 2, p. 21.
⑤ De Bary, "The Ming Project and Ming Thought", p. 21.
⑥ De Bary, "The Ming Project and Ming Thought", p. 21.
⑦ De Bary, "The Ming Project and Ming Thought", p. 21.

受瞩目的长期事业,那就是把中国哲学介绍到西方,以得到现代西方读者的接纳。

1986年,成中英在《中国哲学与美国(1965—1985):回顾与展望》("Chinese Philosophy and America, 1965—1985: Retrospect and Prospect")一文中,解释了他创办《中国哲学杂志》(1973)和国际中国哲学会(International Society for Chinese Philosophy)的动机。一方面,他"来到美国寻找西方的智慧来拯救东方"①。中国古老的哲学传统与现代社会中的科学、技术、民主和人权不匹配。但是这些传统是他身上的一分子,他深知它们是在用富有指称意义的语言表达"一种人道主义和理性"。中国哲学传统中的危机可以表述为"指称意义的丢失,不管是儒家、道家还是中国佛教"②。"像一棵久经风霜的古木,"成中英说,"中国哲学外表有伤,但内在生命生生不息。"③《中国哲学杂志》于1973年创刊,成为发表许多新儒学研究论文以及一些王阳明研究专题论文的园地。

成中英深信中国哲学的内在生命可以经由"西方哲学有力的方法论和优美的形而上学",通过他所谓的"中国哲学的分析重构"来重新得以焕发。④ 这种内在生命和其中所蕴含的理性和认知可以被表述出来,造福当今世界。1963年他来到夏威夷时,发现别的学者也在关注中西哲学的对话。为此,在诸如1964年的第四届东西方哲学等会议上,他和其他学者一起计划推动中西哲学对话。其中有他的老师方东美、唐君毅、谢幼伟、吴经熊、陈荣捷、刘述先和黄秀玑。值得一提的是,除了成中英外,还有5位学者在撰写有关王阳明和阳明后学的英语文章。"在会议上,"成中英解释道,"我们意识到有这么多的中国哲学家分布在中国之外的世界各地。"⑤为了便于沟通,他开始出版通信录,同时,他也在寻觅他的同行并鼓励他们"探索心灵,复兴中国哲学的传统",以便"把中国哲学移植到海外"。⑥

成中英的计划中还有另一层深意。他认为西方哲学同样面临危机。他看到西方哲学家们也在寻找新的范式,西方传统也无法平衡科学技术与

---

① Cheng Chung-ying, "Chinese Philosophy in America, 1965-1985: Retrospect and Prospect", *Journal of Chinese Philosophy* 13(1986), p. 155.
② Cheng, "Chinese Philosophy in America, 1965-1985", p. 155.
③ Cheng, "Chinese Philosophy in America, 1965-1985", p. 156.
④ Cheng, "Chinese Philosophy in America, 1965-1985", pp. 156-157.
⑤ Cheng, "Chinese Philosophy in America, 1965-1985", pp. 156-157.
⑥ Cheng, "Chinese Philosophy in America, 1965-1985", pp. 156-157.

人性、人生。他认为西方文化向别的传统开放视野,或许可以实现范式的更新与转变。因此,"鉴于我对中国和西方哲学传统的思考,"成中英回忆说,"《中国哲学杂志》应运而生了。"① 杂志的目的是搭建东西方对话的桥梁,同时也是"把中国哲学移植到新的领域,为东西方哲学的发展做出贡献"②。

无论是回顾传统还是展望未来,成中英的思考都令人钦佩。就像狄百瑞在美国东北的哥伦比亚大学思考明代思想,让我们明白他们虽然身处异地,但同样写出了关于中国哲学、新儒家和王阳明的文章。促进具有悠久历史的中西方哲学对话也是《东西方哲学》和《道:比较哲学杂志》(*Dao: A Journal of Comparative Philosophy*,2000 年创刊)的主要目的。加上《中国哲学杂志》,这 3 份期刊成为中国哲学在英语世界学术研究的中心,在英语这一国际主导语言视域下,重构具有 3000 年历史的中国哲学思考。此类学术期刊还有《亚洲哲学》(*Asian Philosophy*,1991 年创刊)和《中国哲学前沿》(*Frontiers of Philosophy in China*,2006 年创刊)。③ 这些期刊成为学者们发表文章的中心,他们有不同的种族、民族和学术背景,不同的动机、学术兴趣和理论导向,文章也满足了他们个人和机构的需求。

从 1985 年开始,西方明代研究发生了一些变化,这对王阳明和 16 世纪阳明后学的研究具有一定的影响。何义壮将此概括为"有了更多的研究者,也有更多面化的研究方法"④。也许更重要的是,他认为"现在,哥伦比亚式的新儒家研究模式已经开始消退"⑤。思想史和哲学研究仍然是重点,但其他研究话题变得活跃起来。这种情况一直延续到 21 世纪。研究明代的年青学者开始更多地探讨诸如社会文化历史方面的话题。从学位论文和明代研究会议讨论的内容来看,何义壮发现明代历史研究的一个发力点是非政治和非思想的历史元素。虽然明代思想史研究仍在继续,但文学和艺术方面的研究开始占据主导地位,并出现了一系列的新话题,比如社会史、文化史、科学史、性别史以及物质文化史。⑥ 毫无疑问,这种研究

---

① Cheng, "Chinese Philosophy in America, 1965-1985", pp. 160-161.
② Cheng, "Chinese Philosophy in America, 1965-1985", p. 161.
③ 当然,涉及中国哲学和思想史的还有着为数众多的期刊。然而,大多数论文都发表在文中提到的这些期刊中。
④ Heijdra, "Ming History", p. 84.
⑤ Heijdra, "Ming History", p. 85.
⑥ Heijdra, "Ming History", pp. 85-86.

趋势反映了西方在历史研究中的"文化转向"。

这种"文化转向"呈现出两个发展趋势。第一个是狄百瑞在1976年时希望看到的明朝思想研究,尤其是他自己那种类型研究的蓬勃发展在后来的10年间只实现了一部分,且以失败告终。在狄百瑞的时代这种类型的明代思想研究,之后只有少数零散地存在于学位论文数据库和明代研究期刊中,比如《明史研究》和《帝制晚期中国》。大部分有关王阳明的学术研究变为纯哲学和纯宗教学的研究,作者分布于全球各院校的哲学系和美国的神学院,作品发表在相关领域的期刊上。第二个趋势是20世纪80年代后,明代思想和哲学研究发表的文章寥寥无几,勉强延续到最近几年。

各种明代新儒学研究数据都指向了北美和欧洲的上述两个趋势。比如,在1980—1999年的文献目录中,詹富国(Dietrich Tschanz)列举了340篇北美、欧洲、澳大利亚和俄罗斯的明代研究学位论文,在34篇论述明代哲学和思想研究的文章中,有10篇是关于明代心学思想家和他们的活动的,大部分写于20世纪80年代。按照年代顺序排列,有郑培凯的《现实与想象:李贽和汤显祖对真实的追求》("Reality and Imagination:Li Chih and T'ang Hsien-tsu in Search of Authenticity",1980)、Joseph Kuang-su Chow的《王阳明哲学中的分离:良知的概念》("Detachment in the Philosophy of Wang Yangming:the Concept of *liang-chih*",1981)、Theresa M. Kelleher的《求圣的个人反思:吴与弼的人生与传记(日录)(1392—1469)》["Personal Reflections on the Pursuit of Sagehood:The Life and Journal(*jih-lu*)of Wu Yu-pi(1392—1469)",1982]、金安平(Ann Chinping Woo)的《湛甘泉和新儒学的心与理话语的发展》("Chan Kan-chuan and the Continuing neo-Confucian Discourse on Mind and Principle",1986)、郝康笛(Kandice Hauf)的《江右学派:十六世纪的中国文化与社会》("The Jiangyou Group:Culture and Society in Sixteenth-Century China",1987)、艾文贺(Philip Ivanhoe)的《明代的孟子:王阳明的道德哲学》("Mencius in the Ming Dynasty:The Moral Philosophy of Wang Yang-ming",1987)、李圣光(Lee Sheng-kuang)的《平民与圣人:王艮和晚明泰州学派》("Commoner and Sagehood:Wang Ken and the T'ai-chou School in Late Ming Society",1990)、Renate Soeders的《冯从吾(1556—1627):个人和公共道德,教义的征象》("Feng Congwu(1556—1627):Private und offentlïchemoral, Die aufzeichnungen zur unterscheidung der lehren",1995)、黄敏浩的(Simon Man-ho Wong)的《刘宗

周:其"慎独"教义》("Liu Tsung-chou: His Doctrine of Vigilant Solitude", 1996)、吕妙芬的《知行合一:阳明学和十六世纪中国的讲会》("Practice as Knowledge: Yang-ming Learning and Chiang-hui in Sixteenth-Century China", 1997)。①

另一方面,这一时期有关明代新儒学(理学和心学)的专题论文则数量惊人。1973—1999年,《中国哲学杂志》上共发表了47篇从汉代到清代的儒学相关研究论文,其中17篇以朱熹为题(有些和陆象山或陈亮进行比较),9篇是关于王阳明的,5篇是关于新儒学的,3篇是关于戴震的,2篇是关于清代儒家学派的,2篇是关于邵雍的,此外吴澄、陈献章、胡居仁、高攀龙、焦竑、黄宗羲、刘宗周和王夫之各有1篇。其中一半以上的论文发表在1985年之前。2000—2015年,有36篇关于宋代到清代儒家的论文,其中12篇是关于朱熹的,8篇是关于王阳明的,5篇是关于新儒学的。还有一个期刊就是《道:比较哲学杂志》,从2001年创刊到2015年,大约有120篇儒学专题论文,题目涉及先秦儒学、现代儒学或者儒学比较。然而,有关宋代到清代思想家的专题论文只有23篇,其中8篇是关于朱熹的,5篇是关于王阳明的,2篇是关于新儒家的,2篇是关于章学诚的,此外张载、"二程"(程颐、程颢)、李贽、刘宗周、王夫之和戴震各有1篇。显而易见,关于先秦和现代儒学的研究众多,但关于宋代到清代的相当少。

欧洲的研究情况也大致相同。就明代心学研究而言,何心鹏(Volker Heubel)的德国中国哲学研究文献目录中,截止到2006年,涉及王阳明的专题研究只有4部,包括一篇岛田虔次(Shimada Kenji)论文的译文②,有关陈献章和王艮的专著各1部,以及何安娜(Anne Gerritsen)的《宋元明时期的吉安士人与地方社会》(*Ji'an Literati and the Local in Song-Yuan-Ming China*, 2007)。2011年,宋汉理(Harriet T. Zundorfer)发表了一篇论文《欧洲明代研究综述》("The State of Ming Studies in Europe")③,其中综述了1995年以来欧洲明代研究的情况,一部分是学术研究合作项目,另一部分

---

① Tschaoz,"Doctral Dissertations on Ming Topics,1980—Present", pp. 86-112.
② Shimada Kenji 岛田虔次, *Die neo-Konfuzianische philosophie: die schulrichtungen Chu Hsis und Wang Yang-mings*, übersetzt von Monika Übelhör(Hamburg: Gesellschaft für Natur-und Völkerkunde Ostasiens,1979).
③ Zundorfer, Harriet T., "The State of Ming Studies in Europe: Current Trends and Recent Publications", *Ming Studies* 64(2011), pp. 1-6.

则是个人的专题论文,但没有一个是对明代思想史或哲学和思想的专题研究。当然也可以说思想史研究包含在其他专题中,比如艺术史、印刷文化、地方历史、性别研究和法制史。这在一定程度上体现了历史学界中的"文化转向",即把思想归在文化之下。但宋汉理的综述中没有一篇是关于明代新儒家思想或新儒学的。

虽然明代新儒家和王阳明研究方面的西方学位论文、书籍和文章不断面世,但是我们不禁要问:为什么从 20 世纪 80 年代以来,有关明代新儒学尤其是阳明学的研究出版物数量有限?其中有好几个原因。首先,在前面的章节中我们已经说明了为什么在 19、20 世纪之交明代儒家典籍鲜为人知,未能引起欧洲和北美学者的注意。宋代道学思想家的情况好点,因为朱熹的理学已然成了政治正统,他的评注是科举必考内容。因此,宋代道学思想家的文章经过几个世纪的沉淀,成了各种纲要,便于在新的语言环境中流传。

而对于明代理学,尤其是心学而言,16 世纪晚期的历史原因决定了他们的思想和著作不受政治力量和文化资本左右。而且除了周汝登、孙奇逢和黄宗羲编辑的学案以外,明代心学哲学家的著作基本上没有经过类似的筛选过程。《传习录》在许多方面都是很独特的记录,其译文让西方人能够写出关于王阳明思想和比较哲学的专著。但是王阳明后学的代表著作少之又少。而秦嘉懿在她编辑的《明儒学案选译》(*The Records of Ming Scholars*)中虽然收录了黄宗羲的序、传记和评论,但没有收录他所选择的书信和语录。再者,读者需要具有一定的明代思想史背景知识才能读懂《明儒学案》中黄宗羲的评论。总的来说,除了王阳明著作的翻译和研究外,欧洲和北美的本土学者能够接触的明代心学的翻译资料很有限,相关可参考的专著也屈指可数。

总之 20 世纪 80 年代后,思想史研究的热潮开始衰退。在我写作本书期间,宾夕法尼亚州立大学伍安祖(On-cho Ng)教授在同我的私人通信中谈到了他对思想史研究状况的看法:"我个人认为,明清思想史研究寥寥无几的一个很大的原因是就业市场。我们不能再鼓励学生去研究思想史了,因为好像没有什么就业市场。我应该属于还能够研究传统思想史的一代人……对我而言,要跟上时代步伐。我已经跨界到哲学和宗教研究,在过去的二十年,我的绝大多数学术研究就是如此。"①没有了相关领域研究的就业可能,学生们就不大可能花时间去克服语言障碍和掌握研究所需的文献资料。

欧洲也存在相似的困境。关于研究领域方面,宋汉理曾经发问:"我们要怎样评价当今欧洲的明代研究呢?"她的原话如下:

> 我认为(明代研究)是多面化的,没有真正的研究中心课题,这有历史原因在里面。就像宋代研究一样,明代研究热潮是在第二次世界大战后出现的。第二次世界大战前在欧洲的相关研究几乎全部集中在古代或者清代末期的几百年。但和20世纪40年代末和50年代美国出现宋代研究的热潮——这得归功于柯睿哲(Edward Kracke)——不同,明代研究要到狄百瑞,贺凯和黄仁宇的著作出版后才开始引起人们的注意。早期的欧洲明代研究学者做出了重要贡献,比如葛林(Tilemann Grimm)的教育研究,明策尔(Frank Münzel)的刑法研究,当然还有傅吾康,他的著作现在都还很流行。但没有后辈学者继承他们的研究……现如今,欧洲关于汉学研究的大学教育已经转向到当代,文言文的学习要让位给普通话学习。大部分大学的本科中文课程报名人数都爆满,而在美国为研究生阶段的汉学学术研究做准备的高级中文课程则几乎没有。②

和伍安祖一样,索邦大学汉学研究中心主任王伦跃(Frédéric Wang)在我写本书时也和我谈到了法国的研究情况,他说在过去的几十年,明代思想史研究方面的论文很少,③宋代研究要好点。

回到北美,尤其是美国,伍安祖的发表策略是有道理的,因为大部分理学研究都来自相关领域的研究人员,也在相关领域的期刊发表。然而,即使这样依旧是困难重重,尤其是在中国哲学研究领域。2008年,美国哲学协会(American Philosophical Association)的《亚洲和亚裔美国哲学家和哲学通信》(后文简称《通信》)就发出了预警。来自俄克拉荷马

---

① 2018年7月19日,伍安祖与笔者的电子邮件通信。
② Zundorfer,"The State of Ming Studies in Europe", p. 5.
③ 2018年8月8日,王伦跃与笔者的电子邮件通信。

大学的客座编辑欧艾米(Amy Olberding)提到编写这部《通信》是出于"同事们感觉到美国中国哲学研究的危机以及想要进入相关研究却走投无路的学生们的困境"。① 想要研究中国哲学的学生只能被迫离开美国前往东亚或者新加坡,或者去东亚语言文化研究所。安靖如(Stephen Angle)和万百安(Bryan W. Van Norden)强调说当他们在20世纪八九十年代攻读研究生时,顶级哲学系的中国学专家分布在四所大学:密西根大学的孟旦(Donald Munro),加州大学伯克利分校的信广来(Kwong-loi Shun),斯坦福大学的倪德卫(David Nivison)以及夏威夷大学的安乐哲(Roger Ames)、成中英和柯雄文(A. S. Cua)。但到2008年只有夏威夷大学还保留中国哲学专家的职缺,其他大学则不再聘用。②

万百安继续说,在富有影响力的《哲学评价报告》("Philosophical Gourmet Report")中的前25家哲学研究机构中,没有人专门研究中国哲学。顶级的50所大学中有4所研究机构对中国哲学研究感兴趣,但没有人能看懂文言文。所以,万百安开玩笑说:"我很尊重这些学者,他们写了一些出色的著作。然而,想象一下,你想研究柏拉图或者亚里士多德,但又找不到懂古希腊语的博士生导师。"③他说学生要想研究就必须离开这些顶级大学或者美国。值得注意的是在《亚洲和亚裔美国哲学家和哲学通信》中罗列的哲学院系专家中,只有几位写过有关王阳明的研究论文。早期的有成中英和倪德卫,近期还在研究的有刘纪璐(JeeLoo Liu)、艾文贺(Philip J. Ivanhoe)、安靖如(Stephen Angle)和信广来(Kwong-loi Shun)。万百安怀疑美国各大学研究生院中国哲学研究项目薄弱的原因,是由于美国哲学界的无知,"大多数美国哲学家根本不了解中国哲学"。④ 他也指出了课程设置方面的惰性和阴魂不散的"沙文主义的民族优越感"。

更近的是2015年,柏啸虎(Bryan Bruya)对中国哲学研究的情况进行了进一步调查,得出了和7年前的《通信》作者一样的结论。他说"美

---

① Amy Olberding, "From the Guest Editor", *APA Newsletter on Asian and Asian-American Philosophers and Philosophies* 8, no. 1(Fall 2008). p. 1.
② Stephen C. Angle, "Does Michigan Matter", *APA Newsletter on Asian and Asian-American Philosophers and Philosophies* 8, no. 1(Fall 2008), p. 3; Biyon W Van Norden, "Three Questions about the Crisis in Chinese Philosophy", *APA Newsletter on Asian and Asian-American Philosophers and Philosophies* 8, no. 1(Fall 2008), p. 4.
③ Van Norden, "Three Questions about the Crisis in Chinese Philosophy", p. 4.
④ Van Norden, "Three Questions about the Crisis in Chinese Philosophy", p. 4.

国哲学博士学位研究中的多元文化主义","处于危急关头"。① 柏啸虎说当前美国的哲学博士,只有9名教授可知道中国哲学的博士论文。他发现虽然也有别的院系和海外的学者研究中国哲学,但是"美国博士学位研究项目中有关中国哲学的研究寥寥无几",因而造成中国哲学学术成果在数量和质量上都十分可怜。②

柏啸虎发现了在过去几十年的招聘趋势中的几个重要因素。首先是第二次世界大战至今,"多元文化主义、多样性和全球化的迅猛发展"已经影响了博士学位项目和课程设置及其研究人员的聘用。柏啸虎发现其根源在于"这种世界观与第二次世界大战后美国在欧洲和部分亚洲的重建工作有关,也就是更多的跨文化沟通有利于世界的和平"③。同时,柏啸虎发现"多元文化主义和多样性的力量依旧在增长,伴随着中国在全球影响力的不断加强,会有更大的发展势头"④。因此,从他和院系主任的交流中看得出他们有意于招聘中国哲学专家,而学生对中国哲学课程的热情也很高。

Carlin Romano 在他的《美国中国哲学的起飞》("Chinese Philosophy Lifts off in America")一文中提供了一些相关发展趋势的实证。美国哲学协会会议召开了更多的中国哲学分会。区域性的会议,比如中西部中国思想会议每年召开。好几个推动中国哲学研究的机构得以成立,比如亚洲和比较哲学协会(Society for Asian and Comparative Philosophy)、中西哲学比较国际协会(International Society for Comparative Studies of Chinese and Western Philosophy)和北美的中国哲学家协会(Association of Chinese Philosophers)。有些大学的行政和院系部门正尝试回应学生们对中国哲学不断增长的热情和需求。⑤

---

① Brian Bruya, "The Tacit Rejection of Multiculturalism in American Philosophy Ph.D. Programs: The Case of Chinese Philosophy", *Dao* 14, no. 3(2015), pp. 369-389.
② Bruya, "The Tacit Rejection of Multiculturalism in American Philosophy Ph.D. Programs", p. 371.
③ Bruya, "The Tacit Rejection of Multiculturalism in American Philosophy Ph.D. Programs", p. 375.
④ Bruya, "The Tacit Rejection of Multiculturalism in American Philosophy Ph.D. Programs", p. 375.
⑤ Carlin Romano, "Chinese Philosophy Lifts off in America," *Chronicle of Higher Education* 60, no. 4(2013): pp. b6-b9.

第四章 1980—2018年间阳明学研究的历史背景

然而,有两个因素阻碍了多元化和多样化世界观对于哲学研究项目的影响。第一个干扰因素要追溯到第二次世界大战以后,逻辑实证论和语言哲学两者都"用非历史的和科学的眼光来看待哲学",这对一流大学的影响越来越大。① 这一趋势造成一流大学的哲学院系主要关注核心的分析类问题,比如心灵哲学、语言哲学、形而上学、认识论、逻辑学以及科学哲学。直到进入20世纪90年代后的世纪之交欧洲和古代哲学研究回归时,这种趋势才开始转变。柏啸虎认为,对非西方传统的研究将得益于此。另一个"干扰因素"是 Brian Leiter 的《哲学评价报告》。柏啸虎认为其中已经规定好了哲学院系的课程设置,这对非西方哲学研究非常不利。总的说来,虽然教育中的多元文化和多样性不断增长,"大学中非西方的哲学还是没有多少教学内容"。② 柏啸虎在调查了大学网站和课程设置后有了清楚的认识,"哲学是用西方传统来定义和界定的",这还是欧洲中心主义。"这很有讽刺意味,甚至是可悲的,因为绝大多数大学都在尝试多元文化课程和全球化,"他总结说,"而哲学院系还满足于欧洲中心主义。"③

回顾20世纪80年代到现在的发展情况,宏观趋势似乎不利于明代心学研究的发表。明代研究偏离了思想史研究,哲学院系中中国哲学专业的规模以及相关教师的知识面无法支撑强有力的学术研究。这就意味着明代心学研究还是各自为政,缺乏中心,研究成果稀少,这种颓势直到最近几年才有所改观。宋汉理关于欧洲明代研究的评价同样可以用在王阳明和阳明学派研究上。宋汉理指出:"要描画出当今明代研究的情景不是件容易的事……鉴于此类研究的国际性,研究者来自全球,身份和国籍都不同,我发现很难说在欧洲哪个出版物或者项目能代表明代研究。"④

本书的研究并非要界定哪个是代表性文献,而是对用欧洲语言尤其是英语(以及法语和德语)发表的学术文献做综述。和宋汉理的观点一样,

---

① Bruya, "The Tacit Rejection of Multiculturalism in American Philosophy Ph.D. Programs", p. 376.
② Bruya, "The Tacit Rejection of Multiculturalism in American Philosophy Ph.D. Programs", p. 378.
③ Bruya, "The Tacit Rejection of Multiculturalism in American Philosophy Ph.D. Programs: The Case of Chinese Philosophy", *Dao* 14, p. 380.
④ Zundorfer, "State of Ming Studies in Europe: Current Trends and Recent Publications", *Ming Studies* 64(2011), p. 1.

这些文献是由全球范围内的研究者撰写的。他们的共同之处在于,他们对明代新儒学与王阳明有着研究兴趣和专业需求,并以英、法或德语发表了论文。比如,有些研究成果出自韩国学者,他们在美国神学院学习,然后留在美国或者回到韩国;有些学术成果出自不同背景的华裔学者;有些学术成果来自在美国出生并获得博士学位的学者,他们毕业后在美国或者东亚执教。这足以证明学术研究的国际性。

虽然明代儒学思想史和哲学研究成果发表面临着不利条件,但是研究明代和中国哲学的专家们出版了大量的介绍类文献,勾画出了16世纪思想的总体轮廓。这方面的文献数量巨大、种类繁多,既有通俗性作品,亦有专业学术著作,我们在此将只提到较为突出的通史性著作。值得我们注意的英文历史综述有贺凯的《中华帝国的往昔》(*China's Imperial Past*)①、谢和耐(Jacques Gernet)的《中华文明史》(*A History of Chinese Civilization*)②、牟复礼的《帝制中国:900—1800》(*Imperial China*, 900—1800)③、谭纳德(Harold Tanner)的《中国史》(*China: A History*)④、窦德士的《中国明代(1368—1644):一个不屈的帝国的简史》(*Ming China, 1368—1644: A Concise History of a Resilient Empire*)⑤。介绍中国哲学的研究文献中谈到阳明学派的有姚新中的《儒学导论》(*An Introduction to Confucianism*)⑥、刘述先在博牟编写的《中国哲学史》(*History of Chinese Philosophy*)⑦中的一章、康德谟(Max Kaltenmark)的《中国哲学》(*La Philosophie chinoise*)⑧、程艾兰(Anne Cheng)的《中国思想史》(*Histoire de la pensée chinoise*)⑨、Nicholas

---

① Hucker, *China's Imperial Past*, pp. 371-376.
② Jacques Gernet, *A History of Chinese Civilization* (New York: Cambridge University Press, 1982), pp. 438-441.
③ Mote, *Imperial China 900-1800*, pp. 673-684.
④ Harold M. Tanner, *China: A History*, vol. 1: *From Neolithic Cultures through the Great Qing Empire* (Indianapolis: Hackett Publishing, 2010), pp. 325-326.
⑤ John Dardess, *Ming China, 1368-1644: A Concise History of a Resilient Empire* (Lanham: Rowman and Littlefield, 2012), pp. 88-201.
⑥ Yao Xinzhong, *An Introduction to Confucianism* (Cambridge: Cambridge University Press, 2000), pp. 109-114.
⑦ Liu Shu-hsien, "Neo-Confucianism (Ⅱ): From Lu Jiu-yuan to Wang Yang-ming," in *The Routledge History of Chinese Philosophy*, ed. Bo Mou (New York: Routledge, 2009), pp. 396-428.
⑧ Max Kaltenmark, *La philosophie chinoise* (Paris: Presses Universitaires de France, 1972), pp. 103-107.
⑨ Anne Cheng, *Histoire de la pensée Chinoise*, pp. 496-531.

Zufferey 的《中国思想简介》(*Introduction à la pensée chinoise*)①、谢和耐的《十六、七世纪中国的社会与思想》(*Société et pensée Chinoises aux XVIe et XVIIe siècles*)②、鲍吾刚(Wolfgang Bauer)的《中国哲学史：儒释道》(*Geschichte der chinesischen philosophie：konfuzianismus, daoismus, buddhismus*)③。

除了以上著作,还有 3 本专门为本科生介绍新儒学的书,其中 1 部是历史性综述,2 部是哲学入门。在此先做简要介绍,在后面章节中会进一步论述。包弼德(Peter Bol)的《历史上的理学》(*Neo-Confucianism in History*)在于说明宋明理学是"中国历史的一部分"④。在他的研究中,包弼德注意到了中国古代、中世纪宗教运动和近现代思想家及文献的特别地位。但他发现理学"似乎处境尴尬"⑤。许多因素"让人很难在历史教学中想到理学,也许根本就无须考虑"⑥。包弼德的同事告诉他,"新儒学太晦涩难懂了",因此"难以企及"。包弼德认为这"正如在中国大学教中世纪基督教一样难"⑦。不利的情况是,有些学者只是视理学为帝制中国晚期的一种意识形态,其他学者视其为一种传统儒家伦理,掺杂了源自佛教和道教的玄学。⑧ 包弼德将理学定义为"建立在 11 世纪道德哲学家教学基础上的学派,以及起源于 12 世纪的一场精英运动"⑨。而他的研究工作试图说明新儒家是如何适应他们的社会,又有哪些与众不同之处。⑩

秦博理(Barry C. Keenan)的《新儒家的修身》(*Neo-Confucian Self-Cultivation*)是罗思文(Henry Rosement Jr.)编辑的系列丛书《亚洲精神的维度》(*Dimensions of Asian Spirituality*)中的一部。该丛书希望能让大学生和

---

① Nicholas Zufferey, *Introduction à la pensée chinoise* (Marabout, 2008).
② Jacques Gernet, *Société et pensée chinoises aux XVIe et XVIIe siècles* (Paris, Fayard / Collège de France, 2007).
③ Wolfgang Bauer, *Geschichte der chinesischen philosophie：konfuzianismus, daoismus, buddhismus* (München：C. H. Beck, 2001), pp. 277-290.
④ Peter K. Bol, *Neo-Confucianism in History* (Cambridge：Harvard University Press, 2008), p. 1.
⑤ Bol, *Neo-Confucianism in History*, p. 1.
⑥ Bol, *Neo-Confucianism in History*, p. 2.
⑦ Bol, *Neo-Confucianism in History*, p. 2.
⑧ Bol, *Neo-Confucianism in History*, p. 1.
⑨ Bol, *Neo-Confucianism in History*, p. 1.
⑩ Bol, *Neo-Confucianism in History*, p. 3.

普通读者更容易理解亚洲哲学和宗教传统的精神维度以及当代关联。罗思文评价秦博理的这部书说:"这对我的丛书来说真是及时雨,原因有两个:书中论述了和西方学者与学生密切相关的学术而非神学的精神之路,并为我们考察当今中国包括儒学复兴在内的思想和宗教活动的模式提供了历史的、哲学的和宗教的背景。"①他认为秦博理成功地说明了历史上的新儒家不只是官员,对于今天的我们来说也有许多可以学习的地方。诚如秦博理所言,他的书"介绍了中国历史上新儒家修身的道德和精神实践"②。这是一次思想运动,"是人本主义教育史上最复杂的修身模式之一,"秦博理解释说,"是通过重构经典、解读玄学概念以及一系列精细的修身方案来完成的。"③

《新儒家的修身》一书的内容主要是关于朱熹的修身模式,尤其是论述了朱熹对《大学》的评注,而《大学》"规划了自我转化的步骤"。④ 然而,书中也提到了15—19世纪的"修身升级"。王阳明是"被流放的学者,他目光独到",创新了新儒学的发展方向。⑤ 王阳明认为朱熹对孔孟的基本见解的阐释并不确切。他认为,善不是来自物中之理,而是良知。秦博理解释说,王阳明对《大学》进行了不同的阐释,强调诚意。对于王阳明而言,"通过诚意修身,能让人认识真正的自我"⑥。

虽然秦博理的书中涉及王阳明和明代心学的篇幅不多,但是他把王阳明放在了广阔的哲学传统中,也就是现在所说的与个人发展息息相关的精神传统中。"先是和他人接触而建立道德的自我,然后通过遵守人际交往中的敬意和礼节加以拓展,"秦博理解释道,"新儒家伦理以现世的责任为始终,并贯彻在人际交往中。"⑦

另一部介绍类的书是安靖如(Stephen Angle)和田史丹(Justin Tiwald)撰写的《新儒学:哲学的概论》(Neo-Confucianism: A Philosophical Introduction)。他们认为之所以有必要出版这样的教材,是因为自从张君

---

① Barry C. Keenan, *Neo-Confucian Self-Cultivation* (Honolulu: University of Hawaii Press, 2011), p. xii.
② Keenan, *Neo-Confucian Self-Cultivation*, p. xxi.
③ Keenan, *Neo-Confucian Self-Cultivation*, p. 3.
④ Keenan, *Neo-Confucian Self-Cultivation*, p. xxi.
⑤ Keenan, *Neo-Confucian Self-Cultivation*, p. 76.
⑥ Keenan, *Neo-Confucian Self-Cultivation*, p. xii.
⑦ Keenan, *Neo-Confucian Self-Cultivation*, p. xxiv.

励的《新儒家思想史》(The Development of Neo-Confucian Thought)出版以来,"在过去的几十年间,顶级的学术出版物大都关注的是思想家智慧传记或思想史"①。而他们认为这类学术研究的意义不够,因为虽然"新儒家思想具有深度和难度,可以视为哲学",但是鲜能引起哲学家的关注。② 在《新儒学:哲学的概论》一书中,安靖如和田史丹重点介绍了宋明时期的新儒家代表人物,并对他们进行主题介绍。他们甚至专门建立了网站,并将更多相关资料存放在上面,同时收录了相关课题的重点及延伸资源链接,以供新儒学学者与教授们使用。

自1963年起,陈荣捷翻译了《传习录》,1973年,秦嘉懿翻译了王阳明书信,后又有一些值得关注的译著相继出版。2009年,艾文贺出版了《陆王新儒家学派选读》(Readings from the Lu-Wang School of Neo-Confucianism),作为一手资料读本,书中第一部分是《六祖坛经》的选译,第二部分是陆象山著作选译,第三部分是王阳明著作选译。艾文贺在每一部分选译前都有简介,试图勾画出"作者的历史、传记和哲学的特色",但他主要目的还是说明这些作品中的主题。③

艾文贺解释说他以《六祖坛经》选译为开头,主要是因为中国佛教尤其是《六祖坛经》对新儒学影响巨大,而人们对此缺乏了解而加以忽视。④《六祖坛经》中的核心概念和主题对陆王心学影响深远。因此,解读《六祖坛经》就打开了理解陆王心学的大门。最为关键的是,他们都认为"我们都拥有纯真完美的本性,呈现我们与宇宙深层的链接"⑤。但人性被私欲遮蔽,需要被唤醒。艾文贺说,陆象山和王阳明"在这种共有的人性中加入了明显是儒家的内容,然后把他们的观点添加到儒家传统的主题和旨归中"⑥。

---

① Stephen C. Angle and Justin Tiwald, *Neo-Confucianism: A Philosophical Introduction* (Cambridge: Polity Press, 2017), p. vi.
② Angle and Justin Tiwald, *Neo-Confucianism: A Philosophical Introduction*, p. vi.
③ Philip J. Ivanhoe, *Readings from the Lu-Wang School of Neo-Confucianism* (Indianapolis: Hackett Publishing, 2009), p. xi. 此外,值得注意的是 Hackett Publishing 还曾出版过另一部一手资料读本,其中有艾文贺的王阳明选译。参见 Bryan W. Van Norden and Justin Tiwald, eds., *Readings in Later Chinese Philosophy: Han Dynasty to the 20th Century* (Indianapolis: Hackett Publishing, 2014), pp. 261-289.
④ Ivanhoe, *Readings from the Lu-Wang School of Neo-Confucianism*, p. 3.
⑤ Ivanhoe, *Readings from the Lu-Wang School of Neo-Confucianism*, pp. 4-5.
⑥ Ivanhoe, *Readings from the Lu-Wang School of Neo-Confucianism*, p. 5.

本章主要概述了20世纪80年代以来西方王阳明和阳明后学学术研究的历史背景,重点放在北美英语世界中的学术文献和发展。一方面,诸多因素限制了此类学术成果的发表,比如学术趋势、思想史研究的弱化、就业市场、西方学术界尤其是哲学院系的偏见以及东西方有志于明代研究并用英语、法语或德语发表成果的学生不得不面临的挑战。但另一方面,相关学术成果又不断涌现,这得益于来自不同领域的研究者对明代新儒学和心学内在意义的共识、全球化对学术成果创作和出版的影响以及中国改革开放以来政策的转变。后面三章将对相关的学术成果分主题加以论述。

第五章
历史上的王阳明和他的学派

白安理(Umberto Bresciani,1942—)在其2016年出版的一部王阳明传记中指出,虽然西方学界有关王阳明思想的研究成果数量众多,"但还没有一部完整的王阳明传记"①。他的评定大体上是恰当的。截至2018年,除了白安理的著作外,能算得上王阳明传记的专著还有杜维明的《青年王阳明:行动中的儒家思想》、张煜全(Chang Yu-ch'üan)的《作为政治家的王守仁》和伊来瑞(George L. Israel,1966—)的《为善去恶在明朝:王阳明的政治生涯》。当然,许多期刊论文、专著章节和百科全书条目都撰有精彩的王阳明生平概述或者针对其某一方面的专论。总而言之,这些研究成果比较完整地勾勒出了王阳明的生平及其在明史中的历史地位。同时,对于他所引起的思想史上的变革,以及有关他本人和后学的争议,也多有论述。

白安理完全有资格撰写王阳明传记,他曾是台湾辅仁大学的意大利语副教授,并自称为"中国思想的勤奋学习者"②。白氏认为,王阳明作为中国"四大儒家"之一,"同时是一位传奇的军事领袖和谋略家、睿智的地方管理者、对抗邪恶朝廷的英雄、一流的儒家哲学家、无数人的精神领袖、精致的诗人、受人尊敬的画家和书法家"③。阳明通文达艺,卓尔不群,以至于我们很难找到精准的西语词汇来形容他令人钦慕的才能与品性。阳明在中国被称为"圣人",白安理认为"这切中要点",同时阳明也被赞为"立德""立功""立言"的"三不朽"。最后,白氏强调:"世人把王阳明尊为儒家典范,推崇备至,正是因为他自身体现了理想儒家人格的双重维度:内圣

---

① Umberto Bresciani, *Wang Yangming:An Essential Biography* (Passerino Editore,2016), p. 3.
② 2017年11月6日,本人与作者的通信。
③ Bresciani, *Wang Yangming*, p. 2.

和外王。"①他认为："历史上鲜有人能在追求儒家教义的同时,又有机会在政治生涯中予以实践。"②

白安理在撰写这部他宣称为"试图简明叙述王阳明生平"的传记时,得益于他的汉语水平和西方学界百年来的研究成果。事实上,2016年他的传记出版时,恰好距离亨克(Frederick Henke)里程碑式的著作《王阳明的哲学》问世100周年。引言中,白氏还罗列了其主要使用的参考文献。原始资料方面,他大量引用了钱德洪和罗洪先的《王阳明年谱》以及41卷本的《王阳明全集》。中文学界研究成果方面,他主要受益于董平的《王阳明的生活世界》、方志远的《旷世大儒:王阳明》、钱明的《儒学正脉:王守仁传》和钟彩钧的《王阳明思想之进展》等著作。

白安理所参考的英文文献则体现了明史和王阳明研究的学界现状。关于明代基本概况,他主要参考了卜正民(Timothy Brook)③、达第斯(John Dardess)④和黄仁宇(Ray Huang)⑤的研究成果。至于王阳明研究,他参考了陈荣捷、张君劢、秦嘉懿和杜维明的早期成果,以及艾文贺(Philip J. Ivanhoe)的《儒家传统中的伦理学:孟子及王阳明的思想》(*Ethics in the Confucian Tradition: The Thought of Mencius and Wang Yangming*)和伊来瑞的《为善去恶在明朝:王阳明的政治生涯》。最后,白氏主要采用了陈荣捷、秦嘉懿和艾文贺所翻译的王阳明文献。⑥

概言之,作为一位旅居台湾地区多年的意大利学者,白安理给我们提供一个王阳明传记书写的范例。他发挥其所长,充分利用东西方学界的研究成果,并且使用主流的国际语言。他的传记开始是以电子书的形式发行,这无疑是使王阳明这位举足轻重的中国哲学家全球化的绝好方式。

本章旨在概述16世纪中国明代王阳明及其后学的历史书写,所以将聚焦于以传记和思想史研究为主的学术成果。这类研究文献把王阳明置

---

① Bresciani, *Wang Yangming*, p. 3.
② Bresciani, *Wang Yangming*, p. 3.
③ Timothy Brook, *The Confusions of Pleasure: Commerce and Culture in Ming China* (Berkeley: University of California Press, 1998).
④ John Dardess, *Ming China, 1368-1644: A Concise History of a Resilient Empire* (Lanham, MD: Rowman and Littlefield, 2011).
⑤ Ray Huang, *1587, A Year of No Significance: The Ming Dynasty in Decline* (New Haven: Yale University Press, 1981).
⑥ 相关资料参见本书第四章。

于明代早中期的思想史语境中,论述其生平经历、政治生涯以及相关的争议性论题,同时尝试探讨当代王阳明评价,阐述阳明学派的发展历程,特别是晚明和清代王学的式微,以及阳明学的现代命运等重要学术议题。

一、明初王阳明的思想渊源

明代思想史通常以论述早期明代政府与理学的特殊关系开篇。程艾兰(Anne Cheng,1955—)指出,开国之初,"明朝(1368—1644)致力于回归自身的中华文化,收复和拓展国土,明朝的特点为活跃的商业活动,与独裁政治的环境形成鲜明对比"[1]。在儒家学者的倡议下,明代初期的统治者们将程朱理学制度化。程氏写道:"专制主义在宋代以后受到某种传统思想的影响而受到限制,此思想即是程朱理学。程朱理学被视为正统并被列入国家考试基准,皇帝也自小接受新儒学导师的教导。"[2]永乐年间,这种关系更加紧密了。翰林院编纂各类理学经典的大全和集注,主要是为了给科举考试准备材料。然而,这类文本和考试论文的文体却压制了读书人的探索和创新精神。而且,由于朱熹德育思想的制度化,个人命运和国家之间的界限日渐模糊。最后,其结果便是:"理学辩论在思想上的重要性非三言两语所能道尽,虽然辩论表面上为纯哲学或学术,但辩论的实际目的是建立朝代及广大民众的主要思想,使之成为皇帝权威与平民的连结。"[3]

尽管如此,程艾兰相信,元代灭亡后,中国历史上古老的隐士理想仍旧存在,持续游离于官方正统思想的边缘。一些理学学者拒绝这种新的考试标准,程氏认为:"明代前半朝的哲学特点为超越书籍知识,进而追求精神层面,对上下尊卑和道德的仪式化坚信不疑。"[4]代表人物有吴与弼(1392—1469)和胡居仁(1434—1484)。他们强调"敬",追求世俗生活的神圣化,并且为了自省而坚持记录个人的精神世界。同时,他们也更加重视"心"的作用。这种趋势在陈献章身上体现得更为淋漓尽致。他最终走出书本,通过静坐,完成了一次孤独的精神探索,试图于内心深处发现天

---

[1] Anne Cheng, *Histoire de la pensée chinoise* (Paris: Éditions de Seuil, 1997), p. 497.
[2] Anne Cheng, *Histoire de la pensée chinoise*, pp. 497-498.
[3] Anne Cheng, *Histoire de la pensée chinoise*, p. 499.
[4] Anne Cheng, *Histoire de la pensée chinoise*, p. 499.

理。至于王阳明,程艾兰写道:"将此精神作为中心思想的渴望萌芽于明初,最终在王阳明身上绽放。"①

包弼德(Peter Bol)在《历史中的理学》(Neo-Confucianism in History)一书中,探讨了明初理学在何种程度上成了国家支持的正统学说以及皇权专制的意识形态基础。关于永乐政权,他写道:"新的政权不仅没有否定理学,还启动了一系列支持学者和理学的计划,其中最浩大的是在1415年刊印了《五经大全》《四书大全》和《性理大全》。"②更有甚者,永乐皇帝把理学的圣贤理想与强大的帝国皇权绑在一起,认为统治者同时应该是一位圣贤。就像元代一样,理学与国家政治紧密相连,最终通往权力殿堂。通常,读书人的发展轨迹是掌握一整套以现成的宋学文本为主的知识体系,参加一系列的科举考试,然后步入仕途。理学更加明显地政治化了,也成了一种意识形态。

然而,和程艾兰类似,包弼德也认为,随着理学作为明朝专制统治的思想基础得到进一步巩固,一些理学家开始远离朝堂,转向教学,并且在士人中间建立网络。③毕竟,理学家一直坚持追求上古圣贤传下来的"道",独立自主,不俯首任何权威。因此,尽管明朝廷致力于意识形态上的控制,但一些具有独立思想的儒家学者仍然"认为自己的思想才是最正确的"④,并且在个人追求上各不相同。

最有代表性的人物就是吴与弼,他显示出一种"特立独行"的精神。他代表了"理学从朱熹的智识主义转向注重内省的功夫,而这预示了16世纪初期知识分子的(而不是皇帝)理学在王阳明手中复兴的基调"⑤。吴与弼复兴了理学的一个维度,即强调个人身份认同,成为道德君子。他坚信,古代圣王的权威传给了孔子(也就是儒家学者)。朱熹代表了他那个时代的儒家传统,而现在明代儒者是他们的继承人,薪火相传。在吴氏看来,儒学是一种活的传统,其力量不受皇权控制。在理学与权力和财富紧紧捆绑的时代,吴与弼则致力于重振理学"变化气质"(转化个

---

① Cheng, *Histoire de la pensée chinoise*, p. 500.
② Peter Bol, *Neo-Confucianism in History* (Cambridge:Harvard University Press,2008), p. 148. 包弼德著,王昌伟译《历史上的理学》,浙江大学出版社,2010年,第130页。
③ Bol, *Neo-Confucianism in History*, p. 149.
④ Bol, *Neo-Confucianism in History*, p. 95.包弼德著,王昌伟译《历史上的理学》,第85页。
⑤ Bol, *Neo-Confucianism in History*, p. 149.包弼德著,王昌伟译《历史上的理学》,第130页。

人)的初心。

陈荣捷在其1970年发表的一篇论述明代初期程朱理学的论文中已经表明,15世纪的理学家绝非是对程颢、程颐和朱熹"理学思想的微弱回响"。陈氏认为,恰恰相反,明初理学如河东学派(曹端、薛瑄)和崇仁学派(吴与弼、胡居仁),皆"经历了重大变革,明确了发展方向,并以之预示着被王阳明推入顶峰的心学之兴起"①。

陈荣捷驳斥了一些现代学者的观点,认为他们忽视了明初理学家的作用,仅仅将之看作宋学的忠实跟随者,因此,这些学者延续了《明史》和黄宗羲的评述,夸大了陈献章和王阳明心学的创新性和独立性。②陈荣捷认为:"若仔细审视这四位哲学家(曹端、薛瑄、吴与弼、胡居仁)的思想,则会发现他们开拓了程朱理学的新方向,并且为陈献章和王阳明心学思想的发展奠定了思想基础。"③值得一提的是,尽管这四位理学家思想各异,但是他们对形而上学的思辨和格物之说明显不感兴趣,皆偏爱心性之学和性情修养。④

其他学术研究情况相似。但是,有关15世纪明代思想史的研究成果相当匮乏,或许会让人误以为王阳明之前的明代思想毫无新意。姜允明(Paul Yun-ming Jiang)关于陈献章的专著⑤、许齐雄(Khee Heong Koh)针对薛瑄和河东学派的研究⑥以及M. Theresa Kelleher对吴与弼的论述及其文录的翻译,都对纠正这种误解做出了重要贡献。⑦

二、王阳明生平论述两篇

现在学生想要了解某一话题就会去查询互联网,网络成了他们认知的

---

① Wing-tsit Chan, "The Ch'eng-Chu School of the Early Ming", in *Self and Society in Ming Thought*, ed. Wm.Theodore de Bary(New York: Columbia University Press,1970), p. 29.
② Chan, "The Ch'eng-Chu School of the Early Ming", p. 149.
③ Chan, "The Ch'eng-Chu School of the Early Ming", p. 149.
④ Chan, "The Ch'eng-Chu School of the Early Ming", p. 42.
⑤ Paul Yun-ming Jiang, *The Search for Mind: Chen P'ai-sha, Philosopher, Poet* (Singapore: Singapore University Press, 1980).
⑥ Khee Heong Koh, *A Northern Alternative: Xue Xuan (1389-1464) and the Hedong School* (Cambridge: Harvard University Asia Center, 2011).
⑦ M. Theresa Kelleher, *The Journal of Wu Yubi: The Path to Sagehood* (Indianapolis: Hackett Publishing, 2013).

第一门径。不足为奇,网络上有不少关于王阳明的帖子,而且并非仅仅是学术著作和论文的链接。2018 年 9 月 28 日,笔者用"王阳明"为关键词在谷歌上搜索,发现第 1 页有关于王阳明传记的 6 部百科全书链接,比如维基百科(Wikipedia)、斯坦福哲学百科全书(Stanford Encyclopedia of Philosophy)、互联网哲学百科全书(Internet Encyclopedia)、大英百科全书(Brittanica)、百科全书网(Encyclopedia.com)以及 Routledge 哲学百科全书。其中 3 部百科全书的编者都是曾发表过有关中国哲学研究的英文著作的学者:陈荣捷、波士顿大学的万百安(Brian W. Van Norden)和首尔大学的金应民(Kim Youngmin)。大英百科全书上的王阳明条目即是对陈荣捷 1960 年编纂的百科全书条目稍做修改的版本。实际上,陈荣捷是为西方读者书写关于这位明代儒家哲学家的论文和百科全书词条的第一人,内容言简意赅。他 1972 年在《东西方哲学》上发表的论文和《明代名人传》上的条目是最早关于王阳明精要简洁的生平学术概述。

此后,西方学界出版的关于王阳明的生平资料日渐丰富,且种类多样,如中国历史和哲学通史的概论、百科全书以及译文汇编。由于相关资料皆贯穿于本书中,此处不再赘述。至于严谨又有一定篇幅的阳明传记作品,可参阅以下 4 本专著:张煜全(Chang Yü-ch'uan)和伊来瑞关于王阳明的政治军事研究、杜维明的青年王阳明研究以及白安理(Umberto Bresciani)的通俗传记。西方学界仅此而已。此外,也有一些论文和著作的章节论述了王阳明奇异的人生经历,或者在历史语境中对其进行研究。在此,有两本书的章节值得一提。

在《名望之山:中国历史一瞥》一书中,卫思韩(John E. Wills,1936—2017)试图用 15 页的篇幅来描述王阳明的生平。他说,王阳明"一生一心一意地执着追求着儒家道德生活的几个核心问题"①。在他之前,晚唐学者和宋代理学家们都已经在反复思考这些难题,他们致力于"一项野心勃勃的事业,即寻求儒家对真理问题的回答,这并非早期儒家的关注焦点,而是佛教的一贯坚持"②。这些理学家认为,"道德上的纯洁和树立良好的榜样,比一切利益、权力和实际政策的考量更重要",这一观点在宋元明时期

---

① John E. Wills, *Mountains of Fame:Portraits in Chinese History* (Princeton:Princeton University Press,1996), p. 201.

② Wills, *Mountains of Fame*, p. 202.

第五章　历史上的王阳明和他的学派

的政治环境中获得了新生。①关于王阳明,卫思韩解释道,他"自称拥有令人自豪的上层士大夫血脉",因而在这种官宦世家长大的王阳明,家族对其寄予厚望,希望他能"科举高中,事业有为,光宗耀祖"。②

卫思韩概述了王阳明的青年时代:他出生时祖母梦到他,直到4岁才开口讲话,年纪轻轻就才华横溢,缺席自己的婚礼,努力在科举备考与学做圣人之间取得平衡,对格物之学产生疑惑,又与娄谅相遇,弘治十二年(1499)考中进士,早期任职,体弱多病,退居阳明洞,尝试道教冥想之法,与一位禅宗和尚结交,领悟人世难忘,后因冒犯刘瑾,流放龙场并最终悟道。③卫思韩说:"就是在龙场,王阳明才获得了新的力量,并且在艰难险阻中迫使自己领悟真道。"④这些洞见包括圣人之道吾性自足,以及知行合一。

卫思韩认为,从那以后一直到1516年,王阳明历任多职,门生越来越多,而他因为批判朱熹而被一些精英士人视为异端。他也讲述了王阳明在江西的军事活动和政策,以及1519年平定的宁王之乱。王阳明"像诸葛亮一样,唤醒其长期被压抑的军事禀赋,成了一名军队训练家、谋略家和魔术师"⑤。镇压了叛乱之后,王阳明面对朝廷政敌时,提出了他新的核心思想——良知。⑥ 良知就是始终存在于内心的道德知识,也是应对外界事务理应遵循之准则。

卫思韩疑惑,为何王阳明坚信他的观点是重要的思想突破?为何诸多年轻学者接踵而来,追随其后?为何他的思想成了中国士人生活的重要组成部分?卫思韩说,这些问题的答案"可能会使我们在儒家思想的最后一次高峰上,更接近其最深层的力量和问题"⑦。他认为王阳明并没有从根本上改变理学的愿景,而只是重新诠释了儒学的某些关键性见解。这样,他就让儒家思想避免了沦落至私欲纵横、僵化守旧、矫揉造作的局面。学做圣贤确实是一个意义深远又切实可行的目标。从形而上来讲,人类思维

---

① Wills, *Mountains of Fame*, p. 202.
② Wills, *Mountains of Fame*, p. 205.
③ Wills, *Mountains of Fame*, pp. 201-209.
④ Wills, *Mountains of Fame*, p. 208.
⑤ Wills, *Mountains of Fame*, p. 211.
⑥ Wills, *Mountains of Fame*, p. 213.
⑦ Wills, *Mountains of Fame*, p. 208.

模式与宇宙道德结构是相同的,最终是一个统一体,即天人合一。从根本上说,良知是对这种天人同一的直接感知,也因此而不断地呼吁德性修养。但探求良知是要花大力气的,须得专心致志,持之以恒。卫思韩解释道:"致良知不是要寻求我们行动的结果,而是要坚持不懈,充满活力,并时刻警醒,杜绝所有私心杂念的萌芽。"① 尊德性的关键在于功夫修养,因为德性是心之本体。道德的认知与行为不可分离,所以按照道德知识行事,揭示了心和万物一体的基本结构。卫思韩指出,这种教义对其他学者颇具吸引力,因为"他们严谨认真,坚守原则,致力于政治、社会生活和家庭事务,并且追求最深刻的宇宙和精神实体相统一的愿景"②。在这种愿景下,"个人与世界的界限逐渐消失,天地万物尽在吾心之中,并在喜悦中合而为一"③。

在关于王阳明的论文中,郝康迪(Kandice Hauf)探讨了他是如何沿着几条不同的线路重新划定儒学界的。王阳明是一位对抽象概念不感兴趣,只关心具体行动的儒学大家。王阳明思想的最终目标是通过"解放良知"而引导人们成圣成贤,也就是恢复人的内心本来具有的道德认知。王阳明认为,这种认知能让人们自主地明辨是非,追求至善。这样,良知赋予了人们一种超越传统思维的本能,这类思维包含两种精神传统的正当边界,即圣凡之别和华夷之辨。

郝康迪指出,王阳明生活在儒释道于某种程度上相互交融的时代。王阳明对佛道教义的研习,于其自身而言影响颇大。即便是他后来投身儒学,担当起儒者应有的社会政治责任,甚至批判佛道传统是一种以自我为中心的私利时,他也还是承认其价值所在,"找到了超越教义的依据和普世方法"④。在王阳明一生的为官和教学生涯中,他不仅与僧侣和道士交往,使用佛道术语,还时常花时间走访各处寺观。总而言之,王阳明改变了区分儒、释、道的最终目标,提出了一种更为包容的划分三者的理论基础。

其次,王阳明还改变了华夷之辨的性质。作为一名中央任命的官员,

---

① Wills, *Mountains of Fame*, pp. 213-214.
② Wills, *Mountains of Fame*, p. 214.
③ Wills, *Mountains of Fame*, p. 214.
④ Kandice Hauf, "'Goodness Unbound': Wang Yang-ming and the Redrawing of the Boundary of Confucianism", in *Imagining Boundaries: Changing Confucian Doctrines, Texts, and Hermeneutics*, ed. Kai-wing Chow et al. (Albany: State University of New York Press, 1999), p. 125.

王阳明被派遣至中国南方的非汉族的部落聚居地区。朝廷一直致力于加强对这些地区的统治,王阳明也因此而加入了正在开展的儒学计划,通过教育来开化民众。他也坚信用夏变夷的策略,并建立了各种机构来实现此一目标。① 根据他以往在边境和偏远地区与非汉族居民交往的基础,王阳明对他们善良的本质和过上道德生活的能力充满信心,并且十分乐观。所以,总的说来,王阳明对待明朝非汉族居民的政策更为开放和宽容。比如,当苗族重修祠堂的时候,他完全可阻止,但当他发现这一地方信仰中含有儒家教义之时,他同意了。②

最后,郝康迪认为,王阳明拓展了儒学的边界,使其在理论上更具弹性,更能适应现实社会的需求。他这样做,既是为了回应他自身不断进步的思想转变,也是因为认识到在某些社会问题上,他必须践行自己的道德哲学。郝康迪精心重构了这些社会问题,并有效地诠释了阳明的言行与更广泛的历史语境之间的关系。显而易见,在郝康迪看来,王阳明的思想确实对其解决复杂的社会政治问题大有裨益。

我们简要提一下两篇关于王阳明生平的历史研究专论。朱鸿林的《王阳明身份的争论》论述了"朝廷中关于王阳明大儒身份的争论,以及新编的《王阳明全书》在杭州和南京出版的两个版本"③。王阳明去世后并未得到朝廷的应该授予他的荣耀,这也与他的后学全心追随他,而有的士大夫无情地鞭挞他有关。直到1584年,王阳明才被官方承认并奉祀孔庙。朱鸿林探究了这段历史及其背后复杂的政治争论。

在与作者的信函往来中,朱鸿林解释道,这篇文章"完全始于1985年对王阳明著作全集的书目研究,其时,我是普林斯顿东亚研究系的研究员"④。1984年,朱鸿林在牟复礼(Frederick W. Mote)的指导下获得博士学位,之后,他便被委任这一职务。牟复礼还邀请朱鸿林参加其研究项目,包括编辑《葛斯德图书馆学报》(*The Gest Library Journal*),以及评估普林斯顿图书馆收藏的一套罕见的中文藏书。该图书馆保存了所谓的柯尔贝藏品,这批藏品于1984年从柯尔贝学院(Colby College)收购而得。这批藏品

---

① Hauf, "Goodness Unbound", p. 131.
② Hauf, "Goodness Unbound", p. 136.
③ Hung-lam Chu, "The Debate over Recognition of Wang Yang-Ming", *Harvard Journal of Asiatic Studies* 48, no. 1(Jun. 1988), p. 47.
④ 与作者的信函往来,2019年10月21日。

包括41本书,朱鸿林发现,在这些书里,最珍贵的书本之一是一套《王文成公全书》(38卷)。在明朝,有两个版本均采用这个书名,卷数也相同,一个版本由谢廷杰编纂,在南京印刷,另外一个版本由郭朝宾在杭州出版。后者是更为罕见的版本,流通量有限,但包含在藏品中的那套书籍的版本正是郭朝宾的版本。朱鸿林确认,这套书的出版日期为1572年,编纂者是谢廷杰。该研究使朱鸿林提出更多有关王阳明被奉祀孔庙背后的政治背景的问题,从而促成了《哈佛亚洲研究期刊》的文章的发表。①

更新的一篇论文是伊来瑞的《1510—1512 王阳明在北京:"非予觉之而谁也"?》,阐述了王阳明在这段时间的活动。王阳明被流放到贵州2年,在地方任职,1510年被召回北京述职,而后在北京又担任数职直到1512年。在这短短几年间,他对朝廷和朝政不抱幻想,而是致力于理学研究。王阳明认为通过恢复"师徒和朋友之道",有助于宣扬圣人之学。为此,他与同道和朋友一起开办讲会,并保持密切的书信往来。在讲会上,王阳明讲述了他的成圣目的、障碍及其克服障碍的方法。此文阐明了王阳明当时的思想发展、活动和地位,并指出王阳明在北京的经历对于其试图发起的心学思想运动的形成至关重要。②

三、王阳明的政治生涯和军事活动之再思考

王阳明既是伟大的儒学思想家,也在朝廷担任过各种官职,是当过军官的士大夫,因而他能充分地践行其心学思想。由于他的核心思想是"知行合一"和"致良知",其政治活动和个人道德修为便成了热门话题,也受到颇多非议。因此,学界已经就王阳明政治活动的诸多问题展开讨论,包括其军功和政绩。西方关于中国的军事经典、历史和谋略的文献颇多,但鲜有人论及心学学者的军事思想和事迹,故而此类研究对阐明明清时期的军事历史也有特殊的意义。

一些学者专门论述王阳明的军事策略思想。他们从阳明有关北部边防及其军事活动的奏疏,以及他的军事评论《武经七书评》中梳理这一点。

---

① Chu Hung-lam, "The 'Colby Collection' of Rare Chinese Books", *The Gest Library Journal* 1, no. 1(1986), pp. 7-10.

② George L. Israel, "Wang Yangming in Beijing, 1510-1512: 'If I do not awaken others, who will do so?'", *Journal of Chinese History* 1, no. 1(2017), pp. 59-91.

最近,萨姆纳·突维斯(Sumner B. Twiss)和陈强立(Jonathan K. L. Chan)合写了一篇文章《王阳明的军事伦理》①,收录于《中国正义战争伦理》中。此书是一部汇编,考察了中国人对历史上战争的态度。此书对战争的伦理维度尤其感兴趣,也就是说,在中国不同的思想传统中,战争的正当性如何确立。例如,他们研究了中国儒家代表(孟子和荀子)对正当使用武力的立场。在这篇文章中,作者探讨了王阳明对以上问题的观点。如上所言,王阳明是个特例:他既提出了一套哲学体系,又指挥了一场军事战役。他在儒家经典和军事理论两方面都学识渊博。阳明与战国时期的前辈们不同,他在一个中央集权的国家任职,而国家权威正面临着内部挑战,尤其在边境地区。

突维斯和陈强立尝试回答以下三个问题:王阳明对于正义战争的标准是什么(ius ad bellum)？指导战争的准则是什么(ius in bello)？结束战争并恢复和平的原则是什么(ius post bellum)？关于第一个问题,王阳明的奏疏表明必须满足几个标准。动机必须是正义的;战争应该是恢复民众和平与安全,并且减少痛苦的必要手段;理由必须是公正的。例如,盗匪活动有可能猖獗到需要军队去平息并且惩罚匪徒的程度。因此,发动战争实为不得已而为之。先要用尽非暴力手段,比如给匪徒机会缴械投降,改过自新。这是正义官员的职责,作为一名儒者,对民众要仁慈。最后,战争的合法性必须要由权威来认证。官员应该要遵循皇帝和帝国政府的命令行事。②

关于战事问题,突维斯和陈强立认为王阳明没有把战略和道德严格区分开来。他十分关心军队将领的训练和部队的组织,因为他不但想取得胜利,而且要尽量减少伤亡。一方面,他在军队指挥、准备和策略上深受《孙子兵法》的影响。众所周知,王阳明发动战争时会充分利用诡诈之术。这引起不少非议,但他只是为了道义而为之。这些目标受到了儒家价值观的影响。诡谲狡诈之术可以是减少使用武力的必要方式。再者,对于因犯罪活动而使自己置身于道德准绳之外的个人,他们没有资格受到公正的待

---

① Sumner B. Twiss and Jonathan K. L. Chan, "Wang Yang-ming's Ethics of War", in *Chinese Just War Ethics: Origin, Development, and Dissent*, ed. Ping-cheung Lo and Sumner B. Twiss (Oxford: Routledge, 2015), pp. 153-178.

② Twiss and Chan, "Wang Yang-ming's Ethics of War", pp. 158-159.

遇。①作为指挥官,王阳明最重要的目标是严明军纪,禁止妄杀无辜和毁坏民物。因此,在战争中,他总是给匪徒自首的机会,试图把能改过自新的人与冥顽不灵的人区分开来。②

最后,战后措施对于王阳明来说是至关重要的,他花费大量心血进行战争的善后处理。他的做法可以分为两类:经济重建和社会变革。两者都旨在恢复普通民众的和平、安定和富足。在初步的纾困措施之后,王阳明实行长期政策,改善教育和政府管理问题。最重要的是,他大力推动地方自治,即授权地方首领施行乡约。这些政策反映了他的道德哲学,相信民众本性善良,完全有能力负责任地处理自身事务。③而官员只需要给予他们适当的条件。总之,突维斯和陈强立认为,在战争的三个步骤中,师出有名是王阳明军事思想的核心。

其他学者更是仔细研究了几场具体军事行动的理论意义。单国钺(Leo K. Shin)详细考察了王阳明在广西八寨和断藤峡对"瑶贼"用兵的情况。这些"蛮夷"骚乱困扰明朝数十年,王阳明觉得必须用武力剿灭他们。此次围剿持续了3个月,歼灭"瑶贼"大约3000名。王阳明认为,此次剿匪行动大获全胜,根除了长久以来的顽疾。但是,鉴于王阳明曾和平解决过广西地区(田州)的冲突,单国钺质疑其为何对瑶族要动用武力。④ 一方面,他发现王阳明的军事策略符合广西当时的政治和社会形势。另一方面,这也是王阳明对于非汉族本性的哲学观的必然产物。这些观点源于当时明廷政治上的"蛮夷"之辩。总体来说,王阳明采取了一种更为柔和、自由的处理方式,相信非汉族民众可以融入明朝。然而,他有时也断定这些乱民是无可救药的。王阳明认为,假以时日,在一定条件下,蛮夷也可以得到教化,变得文明。人人皆有天性和良知,但若是环境不好,又无良好的教导,人性和良知就会被遮蔽。但是,有些人痼疾难返,而另一些人则可以通过明智的政策得到改善。因此,王阳明双管齐下,先是武力剿灭瑶族中的死硬分子,然后采取措施慢慢教化其余民众。⑤

---

① Twiss and Chan,"Wang Yang-ming's Ethics of War", pp. 162-163.
② Twiss and Chan,"Wang Yang-ming's Ethics of War", p. 166.
③ Twiss and Chan,"Wang Yang-ming's Ethics of War", p. 171.
④ Leo K. Shin,"The Last Campaigns of Wang Yangming", *T'oung Pao* 92, no. 1-3(2008), p. 103.
⑤ Shin,"The Last Campaigns of Wang Yangming", *T'oung Pao* 92, pp. 101-128.

在《为善去恶在明朝：王阳明的政治生涯》一书中，伊来瑞研究了王阳明的政治生涯，并详细论述了其军事活动。①他同时也提出了几个问题。当面临社会动荡和武装骚乱时，王阳明是如何判断这些危及明朝的行为存在合理之处的呢？为何他有时又会认为诉诸武力是必要手段，用以剿灭那些按照他的良知观来看完全有能力从善的民众呢？此外，既然王阳明坚信，人天生具有明辨是非、为善去恶的能力，那么在现实生活中，善与恶、是与非又由什么来决定？由此看来，通过细致的历史重构来界定良知对于王阳明而言的实际意义，是十分必要的。

和单国钺一样，伊来瑞发现学者们对王阳明政治生涯的态度截然不同。例如，徐复观、秦嘉懿和蔡仁厚均相信王阳明的行动反映了他对民众福祉的深刻同情和关心。根据这一解释，王阳明成功地实现了内圣和外圣的合一。同时，作为一个官员，他竭力在实际行动中践行良知。这意味着，恪守某一重大原则，并终其一生遵循内心的是非观行事。另一方面，一些学者又认为，王阳明的思想主要是一种意识形态，为诸如父权社会和专制政体的权力关系正名和服务。当然，这是一种常见的马克思主义解读，从阶级关系的角度评判王阳明。

伊来瑞发现，以王阳明的为官经历来看，以上观点并不能完全成立。一方面，王阳明有时确实能克服他所面临的挑战，而且用新的方式解决问题，这又的确得益于他的伦理观。王阳明蔑视权威，反抗不公。因为他相信，个人的良知具有独立的道德判断能力，这种信念对权力和不公形成了强大的制衡力量。而且，王阳明坚信"诚爱恻怛"是仁政的根基，所以他公正地对待和同情其辖区的民众。因此，即使其他官员要动用武力，他还是愿意听取动乱民众的诉求。他平定广西田州岑猛团伙的动乱就是很好的例子。同样，王阳明地方行政政策的目的在于维持地方稳定，这需要从具有道德感的人身上获取支持。最后，不可思议的是，王阳明顺应了环境，并且通过一种自然又合乎伦理的方式度过艰难困苦，最终悟道。

另一方面，伊来瑞也认为王阳明不可能完全脱离他那个时代，也就是

---

① 书中有两章最初是以文章形式发表的。参看 Larry Israel, "To Accommodate or Subjugate: Wang Yangming's Settlement of Conflict in Guangxi in Light of Ming Political and Strategic Culture", *Ming Studies* 60 (Nov., 2009), pp. 4-44; "The Prince and the Sage: Concerning Wang Yangming's 'Effortless' Suppression of the Ning Princely Establishment", *Late Imperial China* 29, no. 2 (2008), pp. 68-128。

说,王阳明对事务的判断受到查尔斯·泰勒(Charles Taylor)所称之"社会想象"和社会历史学家所称之"心态史"的影响。就其所施行的政策而言,王阳明确实会把某些群体的观点凌驾于其他群体之上。他会在其管辖的地方社会中,以牺牲某些他认定是顽民群体的利益为代价,来提升特定群体的利益。再者,他的道德思想中隐藏着阶层观念,这也同样影响了他的社会认知和政策。从理论上来说,良知的声音在很大程度上受到某一特殊伦理观的影响,这种伦理观是他所归属的上流精英阶层对政治和社会本质的假设,也是他所服务的君主政体和精英政治秩序。因此,王阳明把一套特定的规范自然化,作为人人共有之天性表达。他提出,社会应该按照从属于某个特定时间和地点的道德秩序来构造,而且理想的君主政体(圣人之治)和精英治理(有德之人)是帮助民众恢复良知的救赎之路。他只能借助其强有力的社会想象来决定他如何看待眼前的社会动乱及其平定方式。

伊来瑞表明,在某些情况下,与王阳明的政策直接相关的是他对良知的信任,并且相信正确的制度可以培育这种良知。比较著名的例子包括他推行并创立的乡约、社学和书院。正如牟复礼(Frederick Mote)所言,王阳明"抛弃朝中要员的传统官僚做法,适应当地的社会生活,与民众同甘共苦,并视地方为儒家社会活动最有希望的舞台"[1]。

然而,伊来瑞指出,同样重要的是,像乡约这种县级以下的社会制度,其目的是为了增强地方社会自身的活力,回应县级政府的积极性。王阳明也同样重视把朝廷的影响力扩展到统治薄弱的边远地方,并且在不安定的边疆采取强有力的措施,比如设立郡县、实行保甲制度以及改革地方军队和人口治理方法。由此,伊来瑞认为,王阳明显然认为国家和地方政府都肩负重要责任,理应引导民众辨别是非、为善去恶。王阳明的道德哲学可能强调个人的道德自主性,但是人人能够体认到的"良知"主要是一种道德共同体,而这种道德其实是受其社会想象的影响。因此,在一定程度上,"良知"是历史条件下的产物,不能超越特定的时间和地点。

当然总的说来,王阳明以上举措的目的是要恢复稳定、教化民众,让他们从乱民成为良民。王阳明社会想象的最好代表就是其教化言论和制度。他相信,只要认识到某些规范和原则的基本正确性,乱民不仅可以在政治

---

[1] Mote, *Imperial China*:900-1800, p. 682.

上融入明廷,文化上也同样可以。当他意识到,即便用尽了和平的、慈父般的方式也无法让他们归顺的时候,王阳明就会认定其无可救药,并且有了使用武力的正当理由。这种情况下,他会听取地方官员和士绅的意见,把这些民众妖魔化。此外,虽然他经常认识到,失败的政治体系、经济因素、社会和种族的紧张关系是导致此类冲突的原因,但是他也会陷入困境,因为他所效力的朝廷在调解如此复杂的社会冲突面前,显得捉襟见肘。据此,伊来瑞认为,王阳明有关善恶的道德和教化言论可以简化他所面临的社会冲突的本质,并且驳斥任何宽容的处理方式。如此,他便可正当地使用武力,进行一系列理所当然的暴力活动,造成数千之众的伤亡。①

无足为奇,王阳明有时会对不得不采取武力措施而深感懊悔。这些宿命论的反应让我们得以一窥王阳明的理想与其严酷的政治生涯之间的张力。于其而言,良知、情感和精力在实践中意味着什么,以及这些在多大程度上是由模棱两可的复杂环境和艰难时局塑造而成的。另外一个方面是王阳明的正义观,以及赏罚判断中的震慑和改过自新的尺度。最后,王阳明认识到,适应周边的政治环境需要宁静超然的能力、审慎而生的谦逊以及战术性妥协。总之,伊来瑞认为,通过探讨王阳明的政治生涯,可以看出他的良知观深受时代的影响。他试图动员各方机构来建立他的儒家社会和政治秩序的理念,因为他的首要愿望是在道德政治秩序中营造培育道德行为的必要条件,并引领民众过上美好公正的生活。②

最近,巴闰(Barend Noordam)关于戚继光的博士论文也谈及了王阳明的军事思想和生涯,此前萨姆纳·突维斯(Summer B. Twiss)/陈强立(Jonathan K. L. Chan)、单国钺(Leo Shin)和伊来瑞(George L. Israel)已有研究,但他是放到更广阔的历史背景中进行研究。在莱顿大学何安娜(Anne T. Gerritsen)的指导下,他完成了博士论文,前者著有《宋、元、明时期的吉安文人》一书。莱顿大学从19世纪以来一直就是汉学研究的中心,巴闰无疑又为其增色不少。

巴闰的博士论文《圣人与战士:戚继光(1528—1588)和16世纪中国军事的新儒家化》["The Soldier as a Sage: Qi Jiguang (1528—1588) and the neo-Confucianization of the Military in Sixteenth-Century China"]阐述了这位

---

① Mote, *Imperial China*, 900-1800, p. 319.
② Mote, *Imperial China*, 900-1800, pp. 319-320.

明代名将的历史背景和思想渊源。①他解释了戚继光与众不同之处,他虽出生于军户,但富有学识,与文官交往甚密,把儒家伦理思想和军事训练有机结合,编写军事训练手册。他力图解释戚继光和他的著述在16世纪中国明代出现的原因。

巴闻指出有的学术研究认为晚明重振军事,让明朝得以挺过重重危机。其中,张居正起了至关重要的作用。他支持军户和有军事眼光的官员,重建和壮大军队。文武官员的合作既推动了也是得益于彼此的文化和思想的交流,让文官更好地接受武官。文人对军事越发感兴趣,文武官员协同解决军事危机和指挥军事战役,改变了他们对武官的追求和生活方式的看法。

然而,巴闻认为文武官员的协同和文化交流要追溯到明代中期。从15世纪晚期一直到16世纪50年代,中国危机四伏,南方是海盗、强盗和地方暴动,北方边境是蒙古入侵。在巴闻看来,明代军户世袭制度和卫所制度在15世纪逐渐瓦解。文官只好参与解决军事危机,招募新生阶层的士兵,在前方指挥作战,用儒家的理论介绍军事策略,鼓舞士气。王阳明就是此类文官的典范,他的政策和新儒家理论成了文武沟通的桥梁。他的军事技能和儒家理论导向在16世纪的军政要人中广为流传。戚继光研习王阳明心学,把其思想融汇到军事著作中。巴闻解释说,主要是受到王阳明思想的影响,戚继光和他的文武同僚才能化解文武官员之间社会和文化的分歧。而且,在其军事思想和实践中,戚继光推动了军事学的新儒家化。

四、王阳明的同代批判者与后学

虽然有关王阳明同代批判者与后学方面的研究在东亚成果斐然,但在西方学术界却并非如此。然而,西方也有足够的学术成果让感兴趣的读者了解到王阳明时代的学者是如何评价他的,以及在他之后16世纪明代主流思想运动的一些特点。王阳明在明代地位显赫,让同时代的其他学者黯然失色,以至他们鲜为人知,也少有人研究。黄佐(1490—1566)就是其中一个。朱鸿林称,黄佐是一位"博学多才的学者和多产的作者","他与王

---

① Barend Noordam,"The Soldier as a Sage:Qi Jiguang(1528-1588)and the neo-Confucianization of the Military in Sixteenth-Century China"(Ph.D. Diss., Leiden University, 2018).

阳明对知行合一的观念和理论进行了激烈的争论"。①朱鸿林根据黄佐在《庸言》中的回忆,重现了其与王阳明在1523年和1528年的相识过程。黄佐花费极大篇幅,讲述了与王阳明关于知行先后关系的争论。他认为王阳明的理论是错误的,对他而言,知前行后,行是知的结果。行后有新知,然后有新行。他的理论显然与王阳明的知行合一理论相左。虽然黄佐最终也没能说服王阳明,但赢得了后者的尊敬。朱鸿林指出:"王阳明遇到了一位可敬的思想对手和经学大儒——黄佐。"②

王阳明同时代的另一位批判者是湛若水。和王阳明一样,湛若水也是明中期的一位大儒。他们的友情是中国历史上的一段佳话,研究成果颇多。但是,湛若水的生平和学术流派被阳明学掩盖了,关于他的研究成果相对甚少。湛若水在20世纪六七十年代开始进入西方研究的视野,此时明代研究正蒸蒸日上。陈荣捷和唐君毅均撰文论述他对王阳明的影响和批评。

实际上,与西方类似,中国和日本也是直到同一时期才发表了关于湛若水及其与王阳明交流的学术研究。陈荣捷指出,志贺一朗(Shiga Ichirō)和冈田武彦(Okada Takehiko)是最早的研究者。③但是,他觉得此二人的学术研究不够完整,因此他又撰写了一篇长文。湛若水对王阳明的影响是多方面的,在王阳明放弃道教改尊儒学,到追求成圣的整个过程中,湛氏都扮演着举足轻重的角色。在其早年的治学之法中,王阳明推崇静坐。④但时过境迁,他的静坐热情降温了,转而更加强调动静合一。这也是湛若水的重要教义,或许他的朋友王阳明是受其影响。⑤最后,湛若水强调程颢天地万物一体的观念也影响着王阳明,王阳明晚年尽力推崇致良知和万物一体。⑥总之,王阳明与湛若水的交往,扩充丰富了王阳明的哲学。

陈荣捷关于王阳明与湛若水交往的论述是当时最全面的。同一时期,

---

① Chu Hung-lam, "Huang Zuo's Meeting with Wang Yang-ming and the Debate over the Unity and of Knowledge and Action", *Ming Studies* 35, no. 1(1995), p. 54.

② Chu, "Huang Zuo's Meeting with Wang Yang-ming and the Debate over the Unity and of Knowledge and Action", *Ming Studies* 35, p. 69.

③ Wing-tsit Chan, "Chan Jo-shui's Influence on Wang Yang-ming", *Philosophy East and West* 23, p. 11.

④ Chan, "Chan Jo-shui's Influence on Wang Yang-ming", pp. 15-16.

⑤ Chan, "Chan Jo-shui's Influence on Wang Yang-ming", pp. 15-16.

⑥ Chan, "Chan Jo-shui's Influence on Wang Yang-ming", pp. 30-31.

唐君毅在《东西方哲学》上发表的文章也讨论了这一议题,但只是作为研究明代儒学学者对王阳明批评的一个部分。此类批评很多。以罗钦顺为例,他就更青睐宋代道学家的观点,认为王阳明的哲学过于主观,称其为"伪装的释家"。他认为,和他本人一样,王阳明(包括其他心学家)也经历了类似禅宗主张的顿悟之旅。这个历程影响了王阳明的心学理念,其结果是他将"心"称之为明、虚、无善恶,那么这正是王阳明和其他心学家荒谬错误之处了。他们对"性"的探索不足。"心"外是"性",后者具有客观原理,并且可以通过格物获得。王阳明通晓"心"的主观性,却遗漏了"心"中客观存在的性和性所包含的理。

唐君毅认为,对王阳明最严厉和认真的批评来自他的后学(比如聂豹、王畿)、湛若水及其生徒(比如王时槐)以及东林党人(比如顾宪成、高攀龙)。这些批评更为激烈,是因为他们"关注王阳明教义中的核心问题,意在指明其中的矛盾与不足"①。聂豹担心王阳明的道德修养方法无法让学子们真切体会到良知。王阳明认为可以通过不断的道德修养和审视内心来达到"良知"。但聂豹认为那是不够的,学子无法因此而"致良知"。故而,他提出"归寂"说。在绝对静谧的状态下,"良知"之光将会凸显,并且照亮前方。②东林党的学者则更关注王阳明"无善无恶心之体"的说法。如果所言为真,那么最终就没有道德标准了,任何事情都可以被证明是正确的。明末,阳明后学中一些离经叛道的行为似乎证实了其心学的不足之处。③当王阳明提出至善是"心"之本体时,他更贴近于事实。

唐君毅可能没有意识到,他的文章是此后半个世纪西方对这类论题唯一深入的研究。迄今为止,西方学者还没有撰写过一部关于明代王阳明学派及其批评者的思想史。从现有的文献来看,中国哲学的学习者很容易接触到明代理学的发展脉络,理学和心学的差异,以及明代的儒学思想家。但是,如果学习者还想更深入地了解明代各个儒家学派,他就不得不学习汉语或者日语。

---

① T'ang Chün-i, "The Criticisms of Wang Yang-ming's Teachings as Raised by his Contemporaries", *Philosophy East and West* 23, no. 1-2(Jan.-Apr.1973), pp. 177-178.

② T'ang, "The Criticisms of Wang Yang-ming's Teachings as Raised by his Contemporaries", p. 179.

③ T'ang, "The Criticisms of Wang Yang-ming's Teachings as Raised by his Contemporaries", pp. 185-186.

从20世纪80年代以来,关于湛若水和王阳明的研究成果逐渐增多。从全球来看,80年代是王阳明这位伟大的大儒友人学术研究的转折点,中国、日本和美国均发表了好几部重要的专著和博士论文。在其关于湛若水的博士论文中,金安平(Ann-ping Chin)比较详细地论述了湛若水与王阳明关于《大学》古本中格物之说的论争。她也翻译了一些相关文献。湛若水不赞同王阳明把格物理解为正心。[1] 他也强烈反对王阳明,认为后者不应将格物理解为"追逐外物"。然而,湛若水的格物之意没有王阳明的那么内化。金安平指出,湛若水承认古代圣人先贤的权威。因此,学习先人在他的教育思想中占据了重要的地位。

西方学界进行研究的另一位明代儒学学者是罗钦顺。卜爱莲(Irene Bloom),作为西方卓越的理学思想研究者,虽然知名度较小,但是却从20世纪70年代开始,一直致力于明史和明代思想的研究。她和狄百瑞一起合编了《中国传统资料选编》第二版。对于明史研究,她最主要的贡献是发表了有关罗钦顺的研究著作。1987年,她翻译了《困知记》,并详细论述了罗钦顺、《困知记》及其理学思想的时代背景。她指出,罗钦顺"是一个治学严谨、目光锐利的人"[2]。但由于许多原因,比如王阳明的名气,"把《困知记》在明代广泛流行并具有相当影响力的事实给掩盖了"[3]。和唐君毅一样,卜爱莲也认为,罗钦顺的首要目标是揭示佛教的错误及其对儒学的危害。佛教思想潜移默化地渗透,并颠覆了儒学学者的生活,而心学家尤其有罪。例如,通过把"格"理解为"正",而非"察"或者"通",王阳明就把格物完全变成了一个道德论题,大大限制了其治学范围。[4]因此,王阳明把"心"的主观作用与"理"的客观现实混淆了。[5]卜爱莲所翻译的罗钦顺写给王阳明的两封书信,对于理解他对王阳明的批评尤其有帮助。[6]

众所周知,阳明学派在晚明广受诟病,本书下文将对此详加讨论,因为关于明清之际思想史的出版物值得深究。在此,我们只讨论16世纪王阳

---

[1] Ann-ping Chin,"Chan Kan-ch'uan and the Continuing Neo-Confucian Discourse on Mind and Principle"(Ph.D. Diss., Columbia University, 1984).

[2] Irene Bloom, trans., *Knowledge Painfully Acquired: The K'un-chih chi by Lo Ch'in-shun* (New York: Columbia University Press, 1987), p. 1.

[3] Bloom, trans., *Knowledge Painfully Acquired*, p. 11.

[4] Bloom, trans., *Knowledge Painfully Acquired*, p. 1.

[5] Bloom, trans., *Knowledge Painfully Acquired*, p. 15.

[6] Bloom, trans., *Knowledge Painfully Acquired*, pp. 175-188.

明后学的学术情况。遗憾的是,这方面的研究成果并不多,而且正如本书第四章已经提及的,其中大部分可以追溯到20世纪七八十年代,正是西方明代儒家思想研究的鼎盛时期。有些研究成果还是从日文或者中文翻译而来。20世纪80年代以后,本书第四章所讨论的西方学者研究明代儒学思想史所面临的种种障碍,对阳明学派成员的研究产生了一定的影响,但是泰州学派和李贽是两个例外。李贽的思想渊源极为复杂,从严格意义上来说,他不能算是王阳明的后学。再者,引言中也已言明,关于李贽个人的研究已经足够多了,此处就不另做讨论。

除了佛尔克的《近现代中国哲学史》和张君劢的《新儒家思想史》第二卷,关于阳明学派最早的研究是狄百瑞的《晚明思想中的个体主义与人道主义》。①通常认为,西方重视个人主义,而前现代中国重视集体主义。狄百瑞的目的是质疑这种过于简单的观念。通过研究,他指出:"最简单地说,个人主义的问题蕴藏在整个明代的个人观念中。"②尤其是阳明学派,"在16世纪,把人性和个人变成了讨论的焦点"③。先是王阳明本人,他对圣人概念的内化,把个人的发展过程从外部标准中解放出来,"个人发展和自我表达几乎有了无限可能"。就是这种可能性,致使后来的王阳明学派的探究到了极致。④他对"是最高权威"的信奉,"推动了当时的思想发展"。⑤

狄百瑞认为,最能发挥王阳明思想中个人潜能的学生是王艮。作为一个盐商的儿子,他积极宣传人皆可成圣贤的理念。显然,与王阳明相似,他们都强调良知的重要性,认为可以通过个人的是非之心改造世界。但是,王艮对个人的着重点却有些许不同。他认为个人首先要通过自爱和自重获得安全,是为"保身"。这样,个人就可以成为积极改变社会和国家的中心。王艮让《大学》更直接地关系到各行各业的民众,也就是非精英群体,把个人的福祉和安全作为社会秩序的基础。⑥简言之,王艮把阳明思想中的平等主义和民粹主义成分放大了。对他来说,大丈夫就是要自发地顺从

---

① William Theodore de Bary, "Individualism and Humanitarianism in Ming Thought", in *Self and Society in Ming Thought*, ed. William Theodore de Bary (New York: Columbia University Press, 1970).
② De Bary, "Individualism and Humanitarianism in Ming Thought", p. 150.
③ De Bary, "Individualism and Humanitarianism in Ming Thought", p. 150.
④ De Bary, "Individualism and Humanitarianism in Ming Thought", p. 151.
⑤ De Bary, "Individualism and Humanitarianism in Ming Thought", p. 156.
⑥ De Bary, "Individualism and Humanitarianism in Ming Thought" pp. 163-164.

良知,寻求快乐和成就,帮助他人。① 狄百瑞指出,虽然王艮没有明确提出任何社会和政治纲领,但是他的思想具有解放性、大众性,甚至革命性。他个人的榜样和教义让阳明学派充满生机活力,并对16世纪的中国产生了广泛深远的影响。②

同时,狄百瑞在文中也详细论述了何心隐和李贽。李贽是"极端的个人主义者",在他身上,晚明个人主义思潮达到顶峰。他超凡独立的思想已经超越了传统文化的局限,但他的个人主义又是消极的,在任何法律和社会框架内都无法得到保障。③ 狄百瑞的结论深受日本历史学家岛田虔次(Shimada Kenji)的影响,并且也得到了其他很多历史学者的呼应。狄百瑞写道:"16世纪,阳明学派内部的自由和人道主义运动与强大的社会文化力量相结合,产生了一种具有鲜明现代特征的个人主义思潮。"④ 这表明儒家传统既可以产生权威体系,也可以培养反叛者。泰州学派的成员显现出一种激进主义思想,类似于近代西方的个人主义。然而,它的潜力在中国后来的历史中从未实现,或者说从未成为一种常态。⑤

回顾第三章,1972年在夏威夷召开了一次王阳明研讨会,会议论文于次年发表在《东西方哲学》上。有些论文是关于阳明后学的。作为日本最知名的阳明学学者之一,冈田武彦(Okada Takehiko)也参加了此次会议。20世纪60年代,他和其他国际学者一样开始发表有关阳明后学研究的论文。1966年,他在哥伦比亚大学明代研讨会上提交的解读王畿存在主义的论文,被狄百瑞收录于其1970年主编的《明代思想中的个人和社会》。⑥ 也就在这一年,他的重要著作《王阳明与明末儒学》在日本出版。⑦

冈田武彦1972年的会议论文《明末和德川时期的朱熹与阳明学派》,总结了早期明末以及德川时期儒学思想史的研究情况。要将如此专业的学术研究成果翻译成英语,自然需要水平高深的译者。担此重任的是邓艾(Robert J. J. Wargo,2012年逝世),俄亥俄州克利夫兰的本地人。1968—

---

① De Bary,"Individualism and Humanitarianism in Ming Thought", p. 169.
② De Bary,"Individualism and Humanitarianism in Ming Thought", p. 173.
③ De Bary,"Individualism and Humanitarianism in Ming Thought", p. 224.
④ De Bary,"Individualism and Humanitarianism in Ming Thought", p. 223.
⑤ De Bary,"Individualism and Humanitarianism in Ming Thought", p. 224.
⑥ Okada Takehiko," Wang Chi and the Rise of Existentialism", in *Self and Society in Ming Thought*, ed. William Theodore de Bary(New York:Columbia University Press,1970), pp. 121-144.
⑦ 冈田武彦《王阳明与明末儒学》,东京:明德出版社,1970年。

1973年,邓艾在密西根大学攻读博士学位期间,也担任了夏威夷大学哲学系的助教。他的博士论文是关于西田几多郎(Nishida Kitaro)的研究,并且师从孟旦(Donald J. Munro),一位知名的东亚思想研究专家。①因此,他完全能胜任这项翻译工作。

从本质上说,冈田武彦的文章是对其1970年专著的概述。他阐述了把阳明后学分为三个主要派别的缘由,包括现成派(the existentialist or realization school)、归寂派(quietist or tranquility school)和修正派(cultivation school)。他探讨了各派的代表人物及其主要思想,比如王畿、王艮、周汝登、何心隐和李贽均属于现成派,其中"心"是"良知"的即时性。他们把"良知"看作现成的,要求直下悟入,而不重视持之以恒的渐修。此派的部分成员不遵守规章制度,轻视功夫,转而强调"良知"的普世性,把儒、释、道三教合而为一,宣称人人皆可学而成圣。王畿甚至认为心体无善无恶,而李贽公然指责传统伦理桎梏了童心的道德良知。不足为奇,现成派遭到了晚明儒家,尤其是东林党人的猛烈抨击。②

冈田武彦也同样探讨了归寂派和修正派,而且在结尾部分也讨论了湛若水和东林党人。文章中精彩的论述,概括了这些思想家对王阳明、良知和修身等思想精要的认识,以及他们彼此之间的学术关联。这在英语学术界实属罕见。对于以英语为母语的读者而言,这些陌生的概念晦涩难懂,而对非专业的读者而言,此文又过于简要,不易理解。然而,感兴趣的读者如果能把冈田武彦这篇综述文章与《明代名人传》、秦家懿英译的《明儒学案》结合起来阅读,定能获得对阳明后学发展脉络的清晰认识。

在西方研究文献中,只有被冈田武彦称之为现成派和修正派的成员,才是论文和专著的研究对象。比如王畿,就是牟宗三和张锺元在1972年王阳明研讨会上所提交论文的主题。两人皆认为他在阳明学派中的成就最大,对阳明思想的解读最准确。牟宗三认定:"在王阳明众弟子中,王龙

---

① Tom Kasulis and Lynne E. Riggs, "Robert J. J. Wargo: Scholar, Editor, Friend", *SWET: Society of Scholars, Editors, and Friends*, http://www.swet.jp/tributes/article/robert_wargo, accessed September 13, 2018.

② Okada, "The Chu Hsi and Wang Yang-ming Schools at the End of the Ming and Tokugawa Periods", pp. 139-141.

溪最熟悉和精通阳明思想。"①为了澄清几百年的困惑,牟宗三还精辟地分析了王阳明的"四有"说和"四无"说,指明其间的差异和分野。他认为,王畿已经准确演示了王阳明的良知教义。但是,要明白他是如何做到这一点的,就需要先弄清楚,在谈论心、良知、意和物时,是在经验层面上,还是先验层面上。张锤元的论文指出,王畿的教义融合了佛教、庄子和《易经》,从而可以比任何一个哲学家都更清晰、深入和系统地阐释良知的意义。②文章也解释了其中的原因。

然而,自20世纪70年代早期以来,最受关注的是泰州学派。例如,通史性的历史著作总会提到这个学派,却忽略其他的分支。贺凯(Charles Hucker)在1975年的《中华帝国的往昔》中写道:"16世纪下半叶,一些阳明学派的二代弟子宣称,人人皆能明断是非,每个冲动都应该被付之于行动。"③他指出,这些阳明后学"向兴奋的会众宣扬平等、自由的教义"。比如像李贽这样的思想家,他们表达出一种"反传统的叛逆思想"。随着李贽的著作越来越受欢迎,传统儒家开始警惕起来。他们批评王阳明的左派弟子为"狂禅"。当然,李贽最后也被作为异端关进监狱而自杀。东林党人的运动则比较温和,他们追随程朱理学,并占据了17世纪的思想学界的主流。东林党在17世纪20年代在朝廷的政策下终结以后,"阳明学派的极端主义思想实际上已经名誉扫地,并在清入主后逐渐消亡"④。贺凯认为,程朱正统思想一直到20世纪都是中国哲学的主流,而王阳明在日本更受欢迎,"他的教义很受19世纪日本狂热派的推崇,正是他们开启了日本向现代化国家的转变"⑤。

在《中国文明史》(1972年法语版,1982年英语版)一书中,谢和耐(Jacques Gernet)也有类似的论述,但更为详细。⑥他认为,15世纪"肯定称

---

① Mou Tsung-san, "The Immediate Successor of Wang Yang-ming: Wang Lung-hsi and his Theory of ssu-wu", *Philosophy East and West* 23, no. 1-2 (Jan.-Apr. 1973), p. 119. 这是他在新亚书院学术年刊14(1972)发表的论文的英译版。

② Chang Chung-yuan, "The Essential Source of Identity in Wang Lung-chi's Philosophy", p. 34.

③ Charles O. Hucker, *China's Imperial Past: An Introduction to Chinese History and Culture* (Stanford: Stanford University Press, 1975), p. 375.

④ Hucker, *China's Imperial Past*, p. 375.

⑤ Charles O. Hucker, *China's Imperial Past*, p. 375.

⑥ Jacques Gernet, *A History of Chinese Civilization*, trans. J. R. Foster and Charles Harman (Cambridge: Cambridge University Press, 1982).

不上是中国历史上最革新、最辉煌的年代"①。然而,16世纪出现了王阳明领导的哲学复兴运动,对当时的中国,以及后来的朝鲜和日本,都产生了相当大的影响。他把作为社会和宇宙秩序原则的"理"内化,反对知行分离。他的核心概念是良知,这出自《孟子》。在被自我利益和私欲蒙蔽之前,心本善。我们的任务就是重新发现良知。

谢和耐指出,王阳明的教义"构成了16世纪大多数学派发展的根基"②。这些学派少则几十人,多则数百人,并且以几位大师中的某一位为中心。讲学和书院是这一时代的特点,虽然有人担心这些会成为社会政治分化的标志。谢和耐解释道:"我们越到16世纪后期,越发现民众的思想有独立倾向,且传统思想受到佛教和道教的影响就越大。"③

谢和耐强调,王艮建立的泰州学派以"强调自然,排斥知识"④而闻名,其基本教义认为良知可以不虑而知,不学而能,因为人人生来就有。李贽是泰州学派最杰出的代表,"16世纪末最有名的文人"⑤。他对佛教的同情,对白话文学的兴趣,对被压迫者的捍卫,对传统道德和伪善的抨击,以及对个人英雄主义的偏好,都让他成了一个时代的代表。谢和耐指出:"与他同时代的学者亦持有类似的观点,这反映了一场思想革新,且与16世纪末的社会变革,以及融合了学术和通俗传统的城市文化发展相关联。"⑥

关于泰州学派研究的学术成果,还有三本著作、一篇博士论文和几篇期刊论文值得一提。关于泰州学派神秘创始人王艮的唯一专著,是余蓓荷(Monika Übelhör)于1986年出版的《王艮(1483—1541)及其教义:在晚期儒学中的关键地位》⑦。这是一部思想史专著,在明中期的社会和历史背景下,研究了王艮的生平经历和心学思想。她指出,王艮确实行为怪异,但思想独到,而且对16世纪的中国有着极为深刻的理解。余蓓荷在书中详细论述了王艮的生平,探讨了个人经历在他的教义中的作用,阐释了他思

---

① Gernet, *A History of Chinese Civilization*, p. 438.
② Gernet, *A History of Chinese Civilization*, p. 439.
③ Gernet, *A History of Chinese Civilization*, p. 441.
④ Gernet, *A History of Chinese Civilization*, p. 440.
⑤ Gernet, *A History of Chinese Civilization*, pp. 440-441.
⑥ Gernet, *A History of Chinese Civilization*, pp. 440-441.
⑦ Monika Übelhör, *Wang Gen (1483-1541) und seine lehre. Eine kritische position im späten Konfuzianismus* (Berlin: Verlag von Dietrich Reimer, 1986). 余蓓荷(b.1940)是一位德国汉学家,她在汉堡大学获得博士学位。1988—2005年她担任马尔堡菲利普大学的教授。

想中的主要概念及其典籍出处,概述了他对发展和谐社会秩序的建议,并回顾了同时代的学者对他的评价和批评。

1990年,李圣光(Lee Sheng-kuang)完成了关于王艮的博士论文《平民与圣人:王艮和晚明泰州学派》①。他认为,作为一名教育家和思想家,王艮对整个时代的影响很大,推动了晚明社会的自由之风。因此,李氏的研究不仅考察了王艮的生平、哲学及其在创建泰州学派时所起的作用,而且还探讨了其发动的激进主义思想运动是如何与16世纪风云变幻的明朝社会文化环境交织在一起的。这场运动含义广泛:一场针对帝国专制的社会和思想抗议;向底层民众宣传成圣的信念;模糊了精英士人和平民阶层的界线;激发了思想的独立性,以及一种新的自我意识和自我价值感。然而,泰州学派因拒绝现有的社会、政治和思想规范而被视为异端,成了正统和从众势力的牺牲品。这样,对更加包容和真诚的人性追求就落空了。

还有最新的一篇博士论文值得我们关注。第四章讲述20世纪80年代西方明代心学研究状况时有点悲观。然而,在过去的几年中,在西方早期和中国几年以来明代心学学术研究的基础上,出现了一些有前途的研究成果。李珊娜(Johanna Lidén)的《泰州运动:16世纪中国的正念》("The Taizhou Movement:Being Mindful in Sixteenth Century China")就是其中之一,题目是罗多弼(Torbjörn Lodén)建议的,他是斯德哥尔摩大学的汉学家,李珊娜获得了该校伦理、宗教史和性别研究系的博士学位。② 李珊娜全球游学,和明代历史和哲学的专家交流,这对她的学术研究大有裨益。在攻读博士学位期间,她两次到中国,与陈来、邓志峰、彭国祥、吴震和杨国荣等人交流。她也到不列颠哥伦比亚大学研修,从卜正民(Timothy Brook)和单国钺(Leo K. Shin)身上学到了许多。显而易见,李珊娜成功地获得访学资助,获得学术建议,扎扎实实地完成了博士论文,论文资料翔实,开拓了16世纪明代思想史研究的新的视角。

李珊娜广泛应用相关的明代和当代学术资源,阐述了泰州运动的宗教观点、实践、活动和组织。她也解释了嘉靖和万历年间的历史背景。她特别论述了王艮,泰州运动就是由他创发,同时也谈论了颜钧、何心隐和罗汝

---

① Lee Sheng-kuang,"Commoner and Sagehood:Wang Ken and the T'ai-chou School in Late Ming Society"(Ph.D. Diss.,University of Arizona,1990).

② Johanna Lidén,"The Taizhou Movement:Being Mindful in Sixteenth Century China"(Ph.D. Diss.:Stockholm University,2018).

芳的生平和思想。她探索了王阳明对王艮的影响以及王艮保身、敬身的新思想。对李珊娜而言,"泰州运动"比"泰州学派"更好,因为运动的思想说出了全社会的心声。事实上,泰州运动的成员的思想是形形色色的,做法也各不相同,但都积极参加基层活动,包括各种宗教和社会活动。

  李珊娜特别关注泰州运动的宗教实质。泰州运动成员代表了明代儒家、佛教和道教边界的渗透性。在探求启蒙和修心中,泰州运动成员表现了佛教和道教的影响,但他们的思想总体是儒家的。故此,他们不追崇佛教和道教的神,他们主要关注改造个人和社会,实践方式包括唱歌、朗诵、静坐、哲学讨论和伦理责任。总的说来,李珊娜认为泰州运动本质上是宗教的,她查阅了当代的宗教研究文献,阐释了泰州运动的宗教性特点。她认为泰州运动人员确实没有建立宗教机构,然而,他们的活动主要是修心,让世人成圣。最后,李珊娜声情并茂地讲述了泰州运动人员的命运,比如颜钧和何心隐,他们的思想和行动对当权者构成威胁,导致被迫害。

  此外还有几篇关于王艮和泰州学派的文章。在《泰州学派和良知的普及》一文中,陈玉英探究了泰州学派如何把复杂的哲学概念转化为简单的信息,让各个阶层的民众皆能理解。①特别是泰州学派的活动家把王阳明形而上学的"良知"观改造为更具感性和道德性的"良心"观。随后,他们通过宗族、会馆和乡约,说服民众接受这个更浅显易懂的良心观念。纵观儒家激进主义的历史,可以发现一些新的情况:泰州学派的社会承诺具有明显的平等主义风格。值得注意的是,陈玉英使用了统计数据资料绘制出泰州学派门人的地理分布,清晰地描述了这场社会运动。②

  还有对其他几位泰州学派成员的研究。40余年前,丁博(Ronald Dimberg)出版了一本研究何心隐生平和思想的专著,认为他是一位神秘的学者。其师颜钧,亦是王艮杰出的弟子。③正如蓝德彰(John Langlois)恰如其分的描述,何氏是"明中期最具个人魅力的学者之一"④。何心隐是泰州

---

① Cheng Yu-yin, "The Taizhou School (*Taizhou xuepai*) and the Popularization of *Liangzhi* (Innate Knowledge)", *Ming Studies* 60 (2009), p. 45.
② Cheng Yu-yin, "The Taizhou School", pp. 60-61.
③ Ronald G. Dimberg, *The Sage and Society: The Life and Thought of Ho Hsin-yin* (Honolulu: The University Press of Hawaii, 1974). 此书是在1970年哥伦比亚大学博士论文基础上改写而成,导师是狄百瑞。
④ John D. Langlois, Review of *The Sage and Society: The Life and Thought of Ho Hsin-yin* by Ronald G. Dimberg, *Journal of the American Oriental Society* 99, no. 2(1979), p. 320.

学派坚定的践行者,又因为不愿意参与政治游戏而与权威格格不入。他不适应官场生活,却能通过讲学活动履行儒家服务社会的职责。由于政治条件压制了知识分子的思想追求,使其难以维持个人人格的完整,所以明代的文人都选择与帝国政权日渐疏远。由此可见,像何心隐这样的学者改变了儒家价值体系,让传统回应了个人不断变化的时代需求。他提出了促进个人全面发展的哲学体系,帮助个人实现作为人的内在道德品质,并且体验与全人类的统一。他的后半生致力于在书院中教授修身之学。

最后要提到的是焦竑,他是钱新祖(Edward T. Ch'ien)1986年所撰重要思想史专著中的中心人物。钱新祖在哥伦比亚大学师从狄百瑞攻读研究生时,对理学产生了浓厚的兴趣。谈到其师的影响时,他称之为"美国理学研究的驱动力"。狄百瑞"让我明白中国的思想传统值得研究,不单是因为它具有历史意义和学术价值,还因为这是一项具有重要意义的人类哲学研究"①。所以,钱新祖的专著是明代理学又一个哥伦比亚"学派"式的研究成果。焦竑是耿定向的门徒,李贽的密友,也与泰州学派的其他成员有诸多交往。从这一时代的主流思想来看,焦竑精通儒、释、道三教,力图在深层次上融合三教。钱新祖认为焦竑的三教融合让我们得以理解晚明的三个重要问题:理学的融合,正在进行的程朱学派与陆王学派之间的争端,以及考证学风的出现。因此,钱新祖的专著是综合性的,捕捉到了晚明阳明学派的肌理。

值得注意的是,20世纪80年代,知名历史学家猛烈地批评哥伦比亚式的明代理学研究方式。余英时批评钱新祖,而牟复礼(Frederick Mote)批评狄百瑞。他们认为理学的形而上学和伦理观念被提升到了前所未有的高度,并在其自身的虚空世界中运转,脱离了自身的社会和政治背景,简单地从复杂的学术传统中抽离出来。简言之,余英时和牟复礼指出,钱新祖和狄百瑞对明代思想史的研究缺乏足够的历史性,也因此而容易出现阐释性错误。他们连篇累牍地批评后者研究中存在的问题。②正如本书第四章已述,部分原因确实如此,80年代后,阳明学派的长篇研究就消失了。

---

① Edward T. Ch'ien, *Chiao Hung and the Restructuring of Neo-Confucianism in the Late Ming* (New York:Columbia University Press, 1986), p. ix.
② 参照 Yu Ying-shi, "The Intellectual World of Chiao Hung Revisited", *Ming Studies* 25 (1988), pp. 24-66; Frederick Mote, "The Limits of Intellectual History", *Ming Studies* 19 (1984), pp. 17-25.

至于阳明学派的其他分支,虽然在西方学界没有多少研究成果,但有两部重要作品研究了来自江西吉安的阳明学派重要成员。他们归属于黄宗羲所谓的江右学派。1987年,在耶鲁大学余英时和史景迁(Jonathan Spence)的指导下,郝康迪(Kandice Hauf)完成了关于聂豹(1487—1563)、邹守益(1491—1562)、欧阳德(1496—1554)和罗洪先(1504—1564)的博士学位论文。这确实是一群杰出的中国士大夫,积极活跃在地方和全国的社会政治舞台上。他们有的归属于冈田武彦所说的修正派,有的则是归寂派,但都没有获得泰州学派那么大的关注度。郝康迪的博士论文从思想史、社会史、文化史、宗教史和政治史等角度进行考察,相当全面。

最后,达第斯(John Dardess)的《明代社会:十四世纪到十七世纪的江西泰和县》详细探究了泰和县阳明后学的思想学术辩论情况。他指出,当明代一系列全国性的思想潮流,像浪潮一样涌入泰和县的时候,影响了包括学生、教师、文人、官员在内的地方精英阶层。这种潮流持续了大约一两代人的时间,而后消退,随后又有另一波出现。①第四波浪潮是由王阳明掀起的,"席卷了整个泰和县的精英阶层"②。泰和县士人反应各异。为了探寻这些文人之间的争论细节,达第斯仔细考察了王阳明、罗钦顺、欧阳德、王思、刘魁和胡直的文集,而后详细论述了他们的思想变化。达第斯发现,他们虽然来自同一个县,但这些人的思想却"像是来自不同的星球"③。他们有的成了王阳明的弟子,有的却与王阳明对立。关于权力和伦理的争论消耗了他们的精力和热情。④阳明门人不但尽力发展和传播自身对于阳明思想的继承,而且也明白,在强权政治世界里,他们必然有一场博弈。为了保护他们的运动,他们积极争取朝中内阁大臣的支持。⑤虽然如此,16世纪泰和县的精英们对自我发现、自我认知的确定性和终极价值观的看法各不相同,"没有人提出过一种个人努力或者社会、政治行动的哲学,足够广泛又切实可行,能够帮助大量本县的民众同胞"⑥。

回顾16世纪阳明后学的研究,虽然零散但并非无足轻重,汇集相关研

---

① John Dardess, *A Ming Society: T'ai-ho County, Kiangsi, in the Fourteenth to Seventeenth Centuries* (Berkeley: University of California Press, 1997), p. 4.
② Dardess, *A Ming Society*", p. 5.
③ Dardess, *A Ming Society*", p. 216.
④ Dardess, *A Ming Society*", pp. 215-246.
⑤ Dardess, *A Ming Society*", pp. 221-222.
⑥ Dardess, *A Ming Society*", p. 245.

究,也较为容易。通过这些有关阳明后学的中国学术文献以及相关文集,明史学者或者中国哲学研究专家可以撰写一本论述阳明后学历史的研究专著。这将是对西方汉学研究的重大贡献,也将引起极大的反响。

五、阳明学派的命运:从晚明到清初

西方历史学家已经谈论了晚明清初阳明学派的情况。达第斯认为,晚明的政治动荡是终止讲学至关重要的因素。在徐阶(1512—1578)等北京官员的推动和保护下,讲学运动于16世纪五六十年代达到了巅峰。然而,宰相张居正(1525—1582)敌视讲学群体,并在1579年下令关闭全国书院。①王阳明开创的讲学运动就这样被强行压制了。

但达第斯也指出了晚明讲学式微的另一个原因,那就是新一代学人在"道德自发的信息"和"扬善的积极效应"中再也找不到成就感了。他解释道:"心学在经过半个世纪的风行之后已然衰退,而同时代的其他道德和宗教运动则更有号召力。"②那就是佛教在平民和精英阶层中的复兴。在蓬勃发展的商品经济下,有的文人倾向于兜售其思想著作,有的则更关注当地政务的实际问题。

达第斯还指出,17世纪,在张居正禁止讲学25年之后,一个新的政治潮流导致了讲学的回归。东林书院的重新开办预示了这种回归,其他书院也相继修复。然而,这种具有政治挑战性的复兴,"并非要试图恢复王阳明思想中的戒律"③。虽然东林党人受到了一些阳明思想的启发,但他们总的来说还是推崇程朱理学。这场运动比王阳明的政治思想更加锋芒毕露。东林党人都认同一种"自以为是的道德绝对主义"④。他们不关心抽象概念,而重视实务,也就是分析政治弊病的根源,针砭官员不正之风,发动民众和舆论的力量救时厉俗。

不过,16世纪的讲学运动和东林党人运动有共同之处,即都是文人发起的教育、社会和政治运动。书院是他们能够自主活动的场所。然

---

① Dardess, *Ming China, 1368-1644: A Concise History of a Resilient Empire* (Lanham: Rowman and Littlefield, 2012), p. 93.
② Dardess, *Ming China, 1368-1644*, p. 93.
③ Dardess, *Ming China, 1368-1644*, p. 99.
④ Dardess, *Ming China, 1368-1644*, p. 100.

而,达第斯指出,这种特殊的明代自治形式是"历史的死结"。清代禁止所有此类活动,视其为对安定和秩序的威胁。文人的精力只好流向其他地方。①

在《中国哲学史》一书中,鲍吾刚(Wolfgang Bauer)也概述了晚明的思想史状况,以及对激进的阳明后学所犯错误的回应。李贽去世后,出现了一种更为严谨、不那么主观的儒学。高攀龙和顾宪成等东林学者,虽然不厌恶静坐,却猛烈批评王畿和泰州学派。在他们看来,泰州学派过度强调王阳明无善无恶心之体的观点,从而导致了整个伦理价值体系的崩塌。东林党人的观点与钱德洪类似:道德要系统地、循序渐进地培养。② 鲍吾刚说:"这种论点与一个耳熟能详的问题有些许相似之处,即究竟是生物条件还是环境因素对人的本性更具决定性作用。"③相较于良知和真我,晚明儒家更关心当下人们的积习和品格问题。

鲍吾刚认为,儒学的趋势因此而得到逆转,儒家学者再次追寻古人的真实教义和更可靠的儒家传统。满族入侵更是推动了此一进程。明代学者由此而陷入一种危机状态,从而被迫重估过往,苦苦寻求衰败的原因。顾炎武(1613—1682)等学者,选择用一种崭新的批判方式(考证)来探求经典文本的真正意义。于其而言,格物意味着虔诚地反思经典和外部世界,而不是对形而上学的一种沉思。顾炎武认为,相较于心学家在探究心性时从事一种令人费解的冥想而言,他对现实世界的问题采取了一种更为严肃冷静的批判方式。所以,他强调博学于文,行己有耻,也就是注重求知欲和道德行为。毕竟,心和性并非孔子要谈论的问题。因此,他引导学者回归到早期儒家的简单性。同时,他也致力于实学的研究,比如铭文、音韵和舆地学。④概言之,鲍吾刚认为顾炎武代表了清初一种与宋明理学截然不同的探索精神,即知识必须要通过收集和个例分析并且归纳积累而来。考证成了常规:结论必须要用证据来证实。为了发现经典文本的时代性智慧,细致的文本考证要优于宋明式的诠释学。⑤

---

① John Dardess, *Ming China, 1368-1644*, p. 102.
② Wolfgang Bauer, *Geschichte der chinesischen philosophie: konfuzianismus, daoismus, buddhismus* (München: Verlag C. H. Beck, 2001), pp. 291-292.
③ Bauer, *Geschichte der chinesischen philosophie*, p. 293.
④ Bauer, *Geschichte der chinesischen philosophie*, p. 301.
⑤ Bauer, *Geschichte der chinesischen philosophie*, p. 302.

第五章 历史上的王阳明和他的学派

实际上,明清变革对心学而言,颇为不利。历史学家撰有大量著作,论述明清著名思想家及其对王阳明和阳明学派的批判。①清朝出现了一种全新的思想学术氛围。比如,伍安祖(On-Cho Ng)研究李光地的思想,便将之置于"明清之际更广大的思想发展背景中"②。他简要论述了学界对这一时期思想史的研究状况:

> 明末清初的思想论争,明显导致了宋明理学的义理传统的消弱。此一传统在清代被统称为宋学,并受到了实学的挑战。经世之学开始兴起,汉学也随之出现,前者注重于研究制度、历史和国家治理,后者则以探究经典文本的训诂学和文献学为焦点。这类对清代学术和思想发展的解读,实际上很大程度要归功于清代早期的知名学者,他们哀叹明代文人中普遍盛行的形而上学之风和空洞的道德内省……到18世纪的清代中期,以批判和经验主义方法论为基础的考证学成为主流,宋明理学逐渐被归类为一种僵化单一的道德说教类型,不切实际、主观臆测,以及空洞无用。③

因此,在早期的学术研究中,清学被描述为在治学意图上的实用和在治学方法上的实证主义,而宋明理学则是极度的臆测和主观。

狄百瑞的《中国传统资料选编》也介绍了17世纪的思想变革。明朝的衰败和灭亡促使"儒家理想的拥护者"对其原因进行了深刻的批判,有学者便将之归罪于王阳明及其后学的激进思想。顾炎武"强烈抨击了阳明学派的直觉主义"。他深信阳明学派的主观性、对书本知识的轻视以及空想主义,"严重削弱了晚明的知识分子"④。王夫之(1619—1692)认为阳明后

---

① 其他相关学术研究,参见 Frédéric Wang, "Shanghai et le tournant moderne de la philosophie. La tradition philosophique dans le Jiangnan entre les XVIe et XVIIIe siècles: autour de Wang Yangming (1472-1529)", in Nicolas Idier (dir.), *Shanghai: Histoire, promenades, anthologie et dictionnaire*, Robert Laffont, coll.《Bouquins》, 2010, pp. 832-852; Jacques Gernet, *Société et pensée chinoises aux XVIe et XVIIe siècles* (Paris, Fayard / Collège de France), 2007。

② On-Cho Ng, *Cheng-Zhu Confucianism in the Early Qing: Li Guangdi (1642-1718) and Qing Learning* (Albany: State University of New York Press, 2001), p. 1.

③ Ng, *Cheng-Zhu Confucianism*, pp. 1-2.

④ De Bary, *Sources of Chinese Tradition*, vol. 2, p. 36.

学曲解儒学,也正是他们造成了道德和社会的混乱,最终导致了明朝的灭亡①。

和鲍吾刚一样,狄百瑞在《中国传统资料选编》中把顾炎武描述为17世纪新的实学精神的代表,他之所以对经济、政务、军事等实务特别有兴趣,是因为他迫切地探寻明朝灭亡的原因。也正如此,他不遗余力地批判醉心于空谈心性的阳明后学。顾炎武对音韵学这类学术问题也颇有兴趣,他的研究代表着一种以归纳为主的考证方法,而考证学是清代学术的主流。狄百瑞写道:"17世纪后半叶,清代确立统治后,儒家风气有了显著的变化,但是对阳明学的主观性和唯心主义的批判仍在继续。"②阳明学被指责为明朝衰落的原因,而朱子学在清代的支持下强势复兴。但是,最重要的思想潮流依然是考证学——对经典和历史的批判性研究,其中影响力最大的是汉学。汉学学者不满足于宋明理学形上玄远的空疏之风,转向汉代学者学习经典研究。③如此,清代的几次思潮终结了阳明学。

1984年,在《从理学到朴学:中华帝国晚期思想与社会变化面面观》一书中,艾尔曼(Benjamin Elman)对这一思想转变进行了经典分析。他写道:"历史学者逐渐认识到,17世纪中国在学术和哲学领域已开始出现重要转变。"④他归纳这次转向的特点是"儒家知识分子毅然摆脱了前代儒学理论框架的限制"⑤。明代灭亡于清代就是儒学僵化的明证,这已然违背了孔子的真实教义。清代学者放弃了宋明理学的形上玄远,并且对成圣失去了兴趣。⑥ 相反,他们想通过对经典的严格考证和分析,以及从古代文物和文献收集来恢复儒学的真实教义。因此,他们就形成了一种"实证研

---

① De Bary, *Sources of Chinese Tradition*, vol. 2, p. 29. 参照 Ian Mcmorran, "Late Ming Criticism of Wang Yang-ming: The Case of Wang Fu-chih", *Philosophy East and West* 23, no. 1-2 (Jan.-Apr. 1973), pp. 91-102.

② De Bary, *Sources of Chinese Tradition*, vol. 2, p. 41.

③ De Bary, *Sources of Chinese Tradition*, vol. 2, p. 41.

④ Benjamin Elman, *From Philosophy to Philology: Intellectual and Social Aspects of Change in Late Imperial China* (Cambridge: Harvard University Press, 1984), p. 3. [美]艾尔曼著,赵刚译《从理学到朴学:中华帝国晚期思想与社会变化面面观》,江苏人民出版社,1995年,第5页。

⑤ Elman, *From Philosophy to Philology*, p. 3. [美]艾尔曼著,赵刚译《从理学到朴学:中华帝国晚期思想与社会变化面面观》,第4页。

⑥ Elman, *From Philosophy to Philology*, pp. 5-7.

究的文献学传统",革新了儒家的学术研究传统。①艾尔曼称其为"一场思想革命",具有明显的实证主义导向。②

亨德森(John Henderson)的《中国宇宙论的发展与衰落》也于1984年出版,他在书中同样论述了清代截然不同的思想氛围。他认为,古典时期发展起来的宇宙关联理论,"对前近代中国的思想和文化产生了广泛的影响"③。这种宇宙关联理论也是宋明理学的核心。与中世纪的经院哲学一样,科学探究从属于形而上学和伦理学。

亨德森没有过多涉及心学的宇宙观。他指出,和宋代道学不同的是,"这种探讨相当罕见"④。心学思想家如王阳明,其研究重点通常是四书,而四书甚少涉及宇宙关联理论。晚明的思想家如刘宗周和孙奇逢,对宇宙论进行了广泛的肯定和传播,但缺乏创新性。⑤

然而,到了17世纪,传统的宇宙论受到早期清代学者的质疑,这是当时尤其强调实证研究的思想转型中的一部分。所以,亨德森认为:"17世纪在中国和欧洲思想史上都具有划时代的意义,因为在中国近2000年的历史和文化中流行的宇宙观被否定了。"⑥他指出,17世纪"是中国后经典思想史中最主要的一个转折点"。此前几百年的哲学思潮被抹杀了。顾炎武、王夫之、阎若璩、胡渭和陆陇其都对明代心学的唯心主义、思辨的形而上学以及教义进行了批判,并寻求建立新的经典研究模式,那就是用文献学和训诂学来阐释经典。这样,后人的添加和解读都可被区分开来。总之,清代的考证颠覆了宋明理学的文本基础,揭示了传统宇宙论各方面的异端来源。⑦

亨德森承认他深受中国历史学家的影响,因为他们看到了清朝在中国思想史上的独特地位。他参照了皮锡瑞、梁启超、钱穆和胡适的研究。以梁启超为例,他"帮助确立了一种观点,即清代的实用主义、实证主义和文

---

① Elman, *From Philosophy to Philology*, p. 6.[美]艾尔曼著,赵刚译《从理学到朴学:中华帝国晚期思想与社会变化面面观》,第6页。
② Elman, *From Philosophy to Philology*, p. 7.
③ John B. Henderson, *The Development and Decline of Chinese Cosmology* (New York:Columbia University Press,1984), p. xv.
④ Henderson, *The Development and Decline of Chinese Cosmology*, pp. 131-132.
⑤ Henderson, *The Development and Decline of Chinese Cosmology*, p. 136.
⑥ Henderson, *The Development and Decline of Chinese Cosmology*, p. xv.
⑦ Henderson, *The Development and Decline of Chinese Cosmology*, p. 173.

本主义的取向,完全割弃了宋明理学的形而上学模式"①。然而,陈荣捷和余英时等其他学者看到了变化中的延续性。宋明理学家承认道问学和经世的重要性,但更为强调道德修养,即尊德性。亨德森先见性地指出,17世纪的批评"倾向于掩盖明清思想史中的延续性"②。

这就是伍安祖和黄进兴所要说明的问题,前者研究清初程朱学者李光地,后者研究清初陆王学者李绂。③伍安祖写道:"任何有关清代经学的细微描述,都要注意它与宋明理学之间千丝万缕的联系。"④从某种意义上说,考证是当时理学和心学功过之争的自然结果。两派都用文献学和训诂学来证明他们的论点和观点,哲学上的争论可以归结为关于经典解读的技术性争论。比如,李光地也认为,王阳明哲学导致了文人的道德沦落,其心性之学亦是完全错误的,宋代道家更接近真理,但他们的哲学要在更扎实的经典基础上进行改造,而这种改造的方式不是形而上学式的冥想也不是空洞的自我反省。

在《想象的文明:中国、西方及其初次相遇》一书中,罗杰(Roger Hart)质疑了把晚明描写成衰落时期的历史记载。他认为,这种观点最早出自清代学者。梁启超重申了这一点,把明代的灭亡和思想的衰落联系起来。梁启超也讴歌了徐光启以及其他耶稣会士在科学方面的贡献。西学东渐加快了经学的发展。清朝标志着一种与主观形而上学截然不同的科学走向。这些衰败的言论被引入到西方历史文献中。以《中国历史的模式》一书为例,伊懋可(Mark Elvin)就试图解释明代被认定为缺乏经济、科学和技术革新的原因,认为这主要在于明代的闭关锁国政策以及王阳明道德直觉主义的灾难性后果。⑤

与其相反的是,罗杰在书中指出,明代学者所从事的数学研究,其先进

---

① Henderson, *The Development and Decline of Chinese Cosmology*, p. 139. 西方读者也经常可以看见这种观点。徐中约(Immanuel Hsu)把梁启超的《清代学术概论》译成英文。参见 Liang Ch'i-ch'ao, *Intellectual Trends in the Ch'ing Period*, trans. Immanuel C. Y. Hsu (Cambridge: Harvard University Press, 1959), pp. 27-28。

② John B. Henderson, *The Development and Decline of Chinese Cosmology*, p. 138.

③ Ng, *Cheng-Zhu Confucianism*; Chin-shing Huang, *Philosophy, Philology, and Politics in Eighteenth-Century China* (Cambridge University Press, 1995).

④ Ng, *Cheng-Zhu Confucianism*, p. 5.

⑤ Roger Hart, *Imagined Civilizations: China, the West, and their First Encounter* (Baltimore: John Hopkins University Press, 2013), pp. 79-80.

性已经超越了欧洲同行。他也没有连篇累牍地论述有关阳明学的消极记载。但是,关于心学不科学的问题,至少有两点值得注意。首先,清代学者认为经典在伦理方面可以提供客观指导。通过对经典的科学解读,人们可以学习如何生活,如何管理社会。其次,王阳明视良知为最高道德准则。阳明及其后学坚持良知的真实性,及其所产生的道德知识的客观性。他们的分歧在于实现、阐明和遵循良知的最佳方法,这也可以被看作是一种广义上的实证研究。从某种意义上说,阳明学是一种冥想的科学。

六、王阳明与中国的现代历史

在第二章我们已经看到,西方学者开始研究王阳明有两个重要原因:一是他对日本幕府和明治时期历史的重要意义,二是中国20世纪早期对他的再发现。此外,在整个20世纪直到现在,王阳明思想在中国和东亚的哲学、宗教、政治和身份等理论探讨中都是重要话题。在过去的几年中,王阳明已经成了中国政府推动的儒学复兴运动中的重要环节。这些历史发展引起了西方学术界的热切关注,并有相关研究著作出版。

绝大多数著作是关于王阳明思想对20世纪主流新儒家的影响。一些研究考察了王阳明政治思想的当代意义或者其心学思想与历史环境的关系。第七章将详细论述这些著作。但是,关于王阳明与中国当前儒学复兴的学术研究才刚刚起步。虽然有大量关于儒学复兴的研究文献,但对王阳明都是一笔带过,或语焉不详。[①]这是因为在新千年之初,王阳明研究才从学术领域转到政治领域。截至2014年,关于王阳明政治研究最为全面的是伊来瑞2016年的文章《王阳明研究在中国的复兴》。文章表明,自改革开放以来,有关王阳明的学术研究显著增加,他也解释了这一现象的原因。[②] 在撰写王阳明政治生涯研究专著的过程中,伊来瑞认识到,虽然英文文献记述了中国的儒学复兴,但是复兴的关键因素尚未完全阐明。为

---

① 相关学术研究和参考文献,可以参见 Sebastien Billioud and Joel Thoraval, *The Sage and the People: The Confucian Revival in China* (Oxford: Oxford University Press, 2015); Kenneth J. Hammond and Jeffrey L. Richey, *The Sage Returns: Confucian Revival in Contemporary China* (Albany: SUNY, 2015).也可以参见本书第六、七章。

② George L. Israel, "The Renaissance of Wang Yangming Studies in the People's Republic of China", *Philosophy East and West* 66, no. 3(2016), pp. 1001-1019.

此,他曾于2014年专门到浙江省社会科学院、余姚、贵阳和修文等市县进行调研。最后,他总结了影响这一复兴的四大因素:王阳明引人入胜的生平经历和富有远见的哲学思想;研究王阳明的学者们热情努力地工作;地方政府的经济发展政策;政府在文化和教育方面的政策。

七、结　　论

总之,王阳明以及16世纪由他引起的思想运动在明史研究中具有显著的地位。这些研究文献把王阳明置于明代早中期的思想史语境中,记录他的生平经历、政治生涯以及相关的争议论题,探讨当代王阳明批评,阐明王学的发展历程,晚明和清代王学的式微,和阳明学的现代命运。此类研究颇有前景。对明史感兴趣的研究者,在前人研究的基础上撰写一部专著或者相关综述并非难事。明代思想史,尤其是有关阳明后学的研究,还有诸多内容有待探讨。同样,研究者也可以从大量的以宗教和哲学维度为视角来论述阳明后学的研究中得到启示。本书后面两章将重点考察这类学术研究文献。

第六章
宗教研究文献中的阳明学

王阳明思想有宗教性吗？他的基本教义可以作为宗教思想来理解吗？他的思想发展不但是哲学的，也是宗教的吗？对阳明后学也可以做这样的追问。19世纪西方学术界开始研究宗教时，他们把儒学放在世界宗教范畴来研究。20世纪，随着宗教研究系院、教职、科目和课程的设立，宗教研究越来越机构化。因而，世界宗教和比较宗教研究成果发表出现了井喷。这些研究著作谈论了宗教的定义，翻译了主要的宗教文献，解释了宗教的起源和历史及其主要教义和活动。儒学当然也在讨论之列。视儒学为世界宗教，研究其宗教内蕴的学术研究成果众多。[①]

然而，在20世纪70年代之前，王阳明和阳明后学在研究文献和比较宗教学中鲜有提及。西方学者一般不把他们描绘成笃信宗教的人，也不从宗教层面考察他们的生平和思想。王阳明通常被当作道德哲学家、唯心主义者、文艺人物、具有影响力的士大夫或者军事奇才。其中，最主要的原因是一种宗教由别的宗教来定义，尤其是独一神教，因此无法看到明代心学特殊的宗教成分。耶稣会士一踏足中国，传统儒学的宗教维度就显现出来了，而新儒学一般被当作一种玄学或者形而上学，因而更多是被轻视。19世纪的学术研究文献主要是复述了传统儒学的权威。儒学具有宗教意蕴，起源于古典时代，贯穿整个中国历史，成为各种信仰和习惯。

然而，从20世纪70年代以来，学者们通过比较宗教研究，试图展示王阳明人生和思想中的宗教维度。这也是本章的标题内容。比较宗教研究

[①] 关于儒学宗教性研究历史方面的深度学术研究，参见 Anna Xiao Dong Sun, *Confucianism as a World Religion: Contested Histories and Contemporary Realities* (Princeton: Princeton University Press, 2013)。

包括儒家和基督教比较研究以及王阳明和基督教神学家比较研究。有几位学者的著作论述了佛教对王阳明的影响,引出了东亚学术研究的老话题。

一、阳明学与基督教

除了我们在第一章谈论过的汉学家,还有两位汉学家也强调古代汉学经典研究的重要性及其对宋明儒学的影响。理雅各是最早对儒学进行比较研究的汉学家之一,他著有《中国的宗教:儒教、道教与基督教的对比》。他的古代经典文本翻译成果颇丰,收藏在比较宗教研究主要奠基人马克思·穆勒(Max Müller,1823—1900)主编的《中国经典》系列丛书中。孙笑东称穆勒是"世界宗教谈论的设计师之一"[1]。对理雅各而言,儒学是古代中国的宗教,孔子是其奠基者。他对儒家宗教思想和仪式的描述和分析几乎是限于他翻译的经典文献。关于理雅各对儒学和中国宗教的考察,王辉写道:"很明显是文本分析,以偏概全,仅限于几个古代文本,而鲜活的传统被撇在一边,或者用文本'原典'来考察。"[2]据此,理雅各排斥理学,视其为传统的污点。对其而言,明清时代,儒学存留在国家礼仪中,以形形色色的民间传统和风俗的形式流传。王辉认为,作为一位传教士,理雅各的基督教信仰和目标使其构建的原初的儒学本质上是一神论的,这种儒学可以"当成一件无坚不摧的武器,用于批评'谬误'的当代儒学,同时作为一座桥梁,也可以让中国人通过其重新认识上帝"[3]。

与此类似,著名的荷兰汉学家和中国宗教史学家高延(J. J. M. DeGroot)著有《中国的宗教:天道观——研究道教和儒教的关键》和《中国人的宗教》,书中没有提到宋明理学。[4] 在其看来,在中国古代,甚至是前

---

[1] Anna Xiao Dong Sun, *Confucianism as a World Religion:Contested Histories and Contemporary Realities*, p. 50.

[2] Wang Hui, *Translating Chinese Classics in a Colonial Context:James Legge and His Two Versions of the Zhongyong* (New York:Peter Lang,2008), p. 42.

[3] Wang Hui, *Translating Chinese Classics in a Colonial Context:James Legge and His Two Versions of the Zhongyong*, p. 76.

[4] J. J. M. DeGroot, *The Religion of the Chinese* (New York:The MacMillan Company,1910)以及 *Religion in China:Universism-Key to the Study of Taoism and Confucianism* (New York:G. P. Putnam's Sons,1912).

历史时期,中国人已经有了宗教,他称其为"天道观"(universism)。他认为这是一种经典的自然哲学,其中蕴含着超自然的力量。在汉代,儒学作为这种普遍而又深奥的宗教的一个分支出现。对于知识精英而言,儒学主要是作为一种国家宗教教义存在。而道教最为有效地保存了宇宙教的宗教内核。

当然,从历史上看,儒学本身强调古典文献,视其为权威出处。但阻碍宋明理学被当作宗教传统的一个发展阶段还有一个原因。在西方研究晚期中华帝制时期的士大夫和传教士交游的文献中,描述了新儒学(Neo-Confucianism,宋明理学)和基督教之间的鸿沟。在其关于他们交游的经典作品《中国和基督教:中国和欧洲文化之比较》中,谢和耐(Jacques Gernet)不断地强调中国文人和寺院僧人的思维模式与耶稣会士截然不同。"永恒的灵魂与朽灭的肉体,上帝之国与世俗的世界,上帝是真理、是永恒、是不变与化身的教义,所有这些对立,事实上就构成了基督教的一切。"谢和耐写道,"在他们看来是陌生的、无法理解的。"①

在《基督教在中国:研究指南·卷一(635—1800)》,钟鸣旦(Nicholas Standaert)解释了基督教和儒教之间的分歧,因为他们意识到彼此的世界观的巨大差距。早在1989年,他在关于晚明儒家和基督徒杨廷筠的专著中已经进行了相关的探讨。比如,作为一名基督徒,杨廷筠无法接受程颢和王阳明提倡的新儒学基要,"人者以天地万物为一体"。耶稣会士,比如龙华民(Niccolo Longobardo)担心其中的唯物主义和无神论的危害。上帝永远高于人类,故人如何与上帝合一?杨廷筠认为人与物本质不同,人与天本质也不同。②

在他的研究指南里,钟鸣旦说独一的、具有人格的造物主把基督教与中国宗教区别开来了。万能的上帝与新儒学无人格的天或理是不同类别。新儒学没有创世纪的概念,而基督教没有体用一体、万物一体的观念。此外,新儒学的人性天授和人性善的观念有别于基督教中的某些观念,如上帝创造灵魂,承受原罪,需要靠皈依上帝、行义和上帝的施恩才可以获得赦免。化身、受难、赎罪和三位一体对于新儒学都是异域之物。内省、悔过和

---

① Jacques Gernet, *China and the Christian Impact: A Conflict of Cultures*, trans. Janet Lloyd (New York: Cambridge University Press, 1985), p. 3.
② Nicholas Standaert, *Yang Tingyun: Confucian and Christian in Late Ming China* (Leiden: Brill, 1988), pp. 194-197.

行善都是基督教和儒家的重要思想,但儒家没有把这些行为与不朽的灵魂、自由的意志和死后上帝的惩罚的信仰关联起来。概言之,耶稣会士和中国文士在实践上具有一定的共性,但在本体论和神学思想上具有本质的不同。对于儒家而言,修身要依照天理,听从良知,改造自身。这异于顺服上帝且听从诫命,寻求造物主的恩典救赎。①

明白了这些了解新儒学思想的宗教特点的阻碍之后,我们来看看宗教研究文献中的王阳明和阳明后学。比如,在 1908 年和 1921 年间出版的 13 卷的《宗教与伦理学百科全书》(*Encyclopedia of Religion and Ethics*)中,有亨克(Frederick Henke)写的王阳明的简介词条。黑斯廷斯(James Hastings,1852—1922)是此百科全书的编辑,苏格兰自由教会的牧师和《圣经》学者。他说百科全书的目的是要汇集关于各个宗教、伦理、宗教信仰和风俗、伦理运动、哲学流派和道德实践的文章,以及"在宗教和道德历史上知名的人士和地方"②。王阳明就是属于这类人物,但他被收录的原因是因为他的伦理和哲学思想,而不是他的宗教身份。然而,读者可能会感到亨克笔下的王阳明带有些许的宗教味道。在讲到王阳明在明朝廷受到苛责和流放贵州时,亨克写道:

> 这是一个生死攸关的时刻,他性命堪忧,京城一道圣旨就可以要了他的命,他的学生也一个个病倒了。王阳明毫不畏惧,他砍柴、挑水,熬粥喂他们,唱家乡的歌,讲家乡的故事,让他们开心。鉴于自身的险境,他给自己做了个石棺。其间,他默想最多的是圣人在此境况中会怎么办。有个晚上,他半夜有了灵感,猛然领悟到圣人"格物致知"的意思。他欣喜若狂,情不自禁地喊了出来,并站起来,在室内踱步,他顿悟到:"圣人之道,吾性自足,向之求理于事物者误也。"从此,王阳明就成了唯心主义忠实的拥护者,反对朱熹的唯物主义,后者的言论当时还是被奉为圭臬。③

---

① Nicholas Standaert, ed., *Handbook of Christianity in China*, Volume One:635-1800 (Leiden: Brill,2001), pp. 642-655.

② James Hastings, ed., *Encyclopedia of Religion and Ethics*, vol.1 (New York: Charles Scribner's Sons,1908), p. v.

③ Frederick G. Henke, "Wang Yang-ming", *Encyclopedia of Religion and Ethics*, vol.12 (New York: Charles Scriber's Sons,1921), p. 674.

前文可能会让读者认为这是一种默想产生的宗教顿悟,但亨克视其为生存危机中思想的嬗变,具有深远的哲学意义。王阳明在试炼中形成了自己的唯心主义,他认为心是解决人的问题的关键,因为心是宇宙的微观世界,心的认知功能从而融入世界之中。故此,个人也成了最终权威的来源,可以自主判断,这就赋予个人尊严和平等,从传统桎梏中解放出来。"王阳明对人类的最大贡献不是他的军事天赋也不是他的政功,"亨克写道,"而是他的道德改革,他可以和苏格拉底相提并论,后者提倡道德价值,强调完满的人生和正直的道德远胜于名利。"①对亨克而言,王阳明主要还是道德哲学家和唯心主义者,他把知建立在丰富、强大的直觉功能上。

在第二章,我们讨论过法国耶稣会士和汉学家戴遂良,他认为王阳明思想的内容和嬗变具有宗教性质,他在贵州龙场驿的顿悟与启示相类似。良知是内心的倾听。个人要坚信良知的真理,坚定不移地履行良知的指示。然而,让戴遂良感到疑惑的是,虽然王阳明"推崇良知",以"天理"为基础,但他没能认知到"天理的根源,上帝"。② 所以,王阳明的哲学根本上还是唯物主义的,没有发挥其宗教功能。

爨德义(Lyman V. Cady)也看到了良知和基督教的道德法规之间的相似性,这给比较宗教提供了广阔的前景。如同第二章所言,这位新教传教士及教育家在私人出版的小册子中把王阳明和几个西方哲学家进行比较,结尾讨论了"王阳明的直觉和基督教的教义"。"在王阳明的教义中,是否有可能,"他提问道,"和基督教教义有关联,可以吸收基督教的一些观点?"③爨德义认为,王阳明认为心是世界的最高实在,从逻辑上有可能导致对上帝的认识。作为上帝的子民,基督徒可以在自身中发现上帝的真实和存在,尤其从刻在心里的律法来看。同样,王阳明把心看作个人和道德的中心,暗示着人格化的神的存在。据此,爨德义认为两个不同的传统中有共同信仰存在的可能。他也认为基督教教职人员会发现王阳明的知行合一与自己的思想相通。对于基督徒而言,在个人经历和行动中,宗教和

---

① Frederick G. Henke, "Wang Yang-ming", *Encyclopedia of Religion and Ethics*, vol.12, p. 674.
② Léon Wieger, *A History of the Religious Beliefs and Philosophical Opinions in China from the Beginning to the Present Time*, trans.Edward Chalmers Werner(Hsien-Hsien Press, 1927), pp. 698-700.
③ Lyman Van Law Cady, *Wang Yang-ming's "Intuitive Knowledge"* (Jinan and Beijing, 1936), p. 42.

道德是不能相互剥离的。①

倪德卫(David Nivison)是第一位对王阳明思想的宗教层面进行深度阐述的学者。在《王阳明哲学》一文中,倪德卫说王阳明看起来是一位乌托邦空想家,他的理想主义会让人有点不安,因为美丽的乌托邦思想"本质上是集权主义",并且"可能导致悲剧的发生"。② 但更有意思的是王阳明哲学的宗教味道,"王在叙述和讨论哲学时,也在教导和实践宗教思想,只有这样,我们才会明白事情的原委"③。倪德卫认为王阳明的道德哲学,"同时是一种宗教"④。王阳明的人生历程具有救世主的使命感。他因看到人类的困境而痛苦,希望解救他们。在个人的困境中,他认识到:"如何把心中的贼去掉,从而获得内心的平和。"在正确指导下,人类可以化悲惨和丑陋的人生为美好和幸福。"王阳明的宗教,"倪德卫说道,"不是奉献和拯救的有神论宗教,而是修身的宗教。"⑤

成圣作为修身的目的"和天堂的拯救具有一样的吸引力"⑥。成圣是"一种情不自禁、狂喜地手舞足蹈"⑦。对于圣人而言,奉献的对象是心,具有感知最高实在且完善道德的功能。对王阳明而言,心是"我内心的表白,包括我的欲望和思想,甚至是我的疑惑和私心,也包括对疑惑和私心的绝对可靠的认识,是内心的光、主人、导师,既是自我,也是他者,无人可以自诩占有,只有听从、在乎、信任、尊敬和服从的义务"⑧。他把心的引导称为良知。对于王阳明而言,良知就是心中的神,也是一种信仰对象。"王阳明

---

① Lyman Van Law Cady, *Wang Yang-ming's "Intuitive Knowledge"*, pp. 43-44.

② David S. Nivison, "The Philosophy of Wang Yang-ming", in *The Ways of Confucianism: Investigations in Chinese Philosophy*, ed. by Bryan W. Van Norden(Peru, IL: Open Court Publishing, 2009), p. 217.

③ David S. Nivison, "The Philosophy of Wang Yang-ming", in *The Ways of Confucianism: Investigations in Chinese Philosophy*, p. 218.

④ David S. Nivison, "The Philosophy of Wang Yang-ming", in *The Ways of Confucianism: Investigations in Chinese Philosophy*, p. 218.

⑤ David S. Nivison, "The Philosophy of Wang Yang-ming", in *The Ways of Confucianism: Investigations in Chinese Philosophy*, p. 219.

⑥ David S. Nivison, "The Philosophy of Wang Yang-ming", in *The Ways of Confucianism: Investigations in Chinese Philosophy*, p. 219.

⑦ David S. Nivison, "The Philosophy of Wang Yang-ming", in *The Ways of Confucianism: Investigations in Chinese Philosophy*, p. 219.

⑧ David S. Nivison, "The Philosophy of Wang Yang-ming", in *The Ways of Confucianism: Investigations in Chinese Philosophy*, p. 220.

的哲学理论和内心现象学的描述都引导学生走向他们所谓的功夫,永不停歇地自我监督和自我转变,永远听从内心的声音。"①事实上,倪德卫认为这种功夫类似于"不断祈祷的人生"②。

秦家懿(Julia Ching)也认为王阳明的思想本质上具有宗教味道。众所周知,她毕生致力于儒学的比较宗教研究。在出版关于王阳明哲学的专著后仅一年,1977 年她就发表了《儒家与基督教:比较研究》(*Confucianism and Christianity:A Comparative Study*)。她写论著时,无法猜想到1974 年批孔运动危及儒学的后果,这让她的研究更具有意义。她问道:儒学是哲学还是宗教,还是两者兼有? 她指出,耶稣会士在 300 多年前就提出了这样的问题,但如今"未得到应有的答复"③。秦家懿认为,虽然后来的传教士比如理雅各和苏慧廉(William E. Soothill)以及汉学家出版了众多儒学研究,"她的研究是第一次从基督教的当代理解的视角来研究儒学,目的是要推动儒学和基督教之间的思想对话"④。

秦家懿多次提到,哲学和宗教这两个术语直到 20 世纪有文本翻译后,才出现在中日词汇中。她提出儒学"代表了人类的智慧传统",这也是东亚哲学普遍包含的意义。虽然基督教主要还是启示性的,在她那个时代,有的宗教历史学家,比如 Joseph M. Kitagawa 和尼尼安·斯马特(Ninian Smart),他们发现"儒家传统中强大的宗教性"。基督教和儒学都"在塑造东西方大众的信仰、道德和行为上起到决定性的作用"。⑤ 秦家懿因此解释说:"谨以此书献给把儒学作为宗教传统的人。"⑥

秦家懿在书中处理问题不带有个人感情色彩。作为一位比较历史学家,她"采用传统本质研究的方法,从经典和文本分析入手,进行哲学阐释,探索现实意义"⑦。因此,秦家懿比较儒家经典和《圣经·新约》,但她也关

---

① David S. Nivison, "The Philosophy of Wang Yang-ming", in *The Ways of Confucianism: Investigations in Chinese Philosophy*, p. 220.
② David S. Nivison, "The Philosophy of Wang Yang-ming", in *The Ways of Confucianism: Investigations in Chinese Philosophy*, p. 220.
③ Ching, *Confucianism and Christianity:A Comparative Study* (Tokyo:Kodansha International, 1977), p. xv.
④ Ching, *Confucianism and Christianity:A Comparative Study*, p. xix.
⑤ Ching, *Confucianism and Christianity:A Comparative Study*, p. xvi.
⑥ Ching, *Confucianism and Christianity:A Comparative Study*, p. xix.
⑦ Ching, *Confucianism and Christianity:A Comparative Study*, p. xix.

注基督教释经学和儒家注疏。她说:"我十分重视新儒学的思想运动,儒家传统就这样延续至今。"① 和许多西方儒学研究者不同,秦家懿意识到新儒学不但没有抑制儒学的宗教性,而是进行了拓展,但他们的做法不是教条的基督教,而是更接近于基督教神秘主义。

王阳明就是一个绝好的例子。在《获取智慧》中,秦家懿就问,王阳明是一位圣人、神秘主义者还是思想家? 关于王阳明的个人经验和领悟,她提问道:"这些是哲学思想还是宗教视野? 他的智慧是源于现实的宗教体验,主要体现在某些特殊的'顿悟'或者超自然的意识,还是其对现实生活洞察的不断反思、印证和丰富?"② 她证明王阳明属于前者,他所指出的这一类知识本质上是神秘的,是无法辩证思维的。所以,王阳明既是位圣人,也是个神秘主义者,"理性把他带到了思想的巅峰,人生的履历和洞察让他超越了理性和辩证的边界"③。

在《儒家与基督教:比较研究》一文中,秦家懿简论了王阳明的良知与绝对者的观点。她说在《圣经·新约》中良心被看作是一种精神性气质和行动能力,因信基督耶稣而高贵。天主教教义也认识到了人性中的自然道德律。当然,儒家向来肯定道德判断的内在性。孟子认为人皆有是非之心,无须学习就可以知善和行善,王阳明以此作为他整个哲学的根基。良知既是伦理的,也是形而上的;是道德意识和直觉,也是人类存在的基础。④ 对于王阳明而言,良知是先天和内在的,但对于基督教而言,良心以上帝这一最高的立法者和审判者为对象。

秦家懿讲述了王阳明思想中的超验性的悠久历史。和犹太教传统和基督教福音不一样,在中国儒家经典中,上帝不是主角,但一直以上帝和天的名称存在。"儒家传统,"她写道,"可以说既是有神论和不可知论或者甚至是无神论的,但前者是主导思想。"⑤ 后来,随着时间的变迁,不可知论和无神论导致儒学的世俗化,例如《诗经》和《尚书》中的上帝成了后来经典中的道德人本主义天然来源。这种世俗化趋势在荀子和

---

① Ching, *Confucianism and Christianity: A Comparative Study*, p. xviii.
② Julia Ching, *To Acquire Wisdom: The Way of Wang Yang-ming* (New York: Columbia University Press, 1976), p. 182.
③ Julia Ching, *To Acquire Wisdom: The Way of Wang Yang-ming*, p. 183.
④ Ching, *Confucianism and Christianity*, pp. 89-90.
⑤ Ching, *Confucianism and Christianity*, p. 126.

王充的理性主义和怀疑主义中达到了顶峰。

此外,秦家懿也写道:"随着人们对上帝的认识的演变,儒学中的上帝问题变得更加有意思。"①有神论变成了绝对者的哲学阐释。具有人格化的神的预言宗教演变成了神秘主义,"强调人和宇宙的合一,这就是所谓泛神论倾向"②。"儒学,"她解释说,"就是从早期经典中人格神向后期哲学中的绝对者转变的一个例子。"③在孟子思想中就有了神秘主义的倾向,认为天在人心中,知心知天,因此他代表了神性内化的倾向。《中庸》一书也体现了这种神秘主义维度。天道是超越的、永恒的和生生不已的,"体现在人与自然中的天人合一"④。新儒学只是完成了这些倾向。对于新儒学而言,绝对者就是太极、天理、心,是一切存在和善的源头,保持宇宙合一,解释其内在的真谛。这种绝对与埃克哈特(Meister Eckhart)和皮埃尔·泰亚尔·德·夏尔丹(Teilhard de Chardin)的上帝十分相似。

对于王阳明而言,心之本体是最高真理,就是天理或道。在自私的自我后面是人性的存在。如果人能够洞见自己的本性,"他就会发生改变,就会对自己忠实,也对自己生活与其中的宇宙忠实,听从其自然地运行,达到至善,这就是最高真理在个人身上的启示"⑤。秦家懿认为这种灵性修为导致了神秘主义的视野,发现真实的自我。这些言语让我们想到了基督教神秘主义,尤其是埃克哈特,对其而言,"灵魂的火花是上帝之光,它一直在反观上帝"。王阳明的主观绝对实在和埃克哈特的神性(或神元,Godhead)相似,因为本心是人心的本真。⑥

20世纪八九十年代,别的学者推动了秦家懿的系统比较工作,他们看到了儒学的宗教的、精神的维度。这些学者对客观的历史研究不是很感兴趣,而是热衷于揭示儒学的当代意义。杜维明致力于恢复此传统之名,"显示饱受诟病的思想传统的亮点"⑦。白诗朗(John Berthrong)和罗伯特·奈佛(Robert Neville)也致力于此,并提出儒学的"传承性"问题。儒学是一种

---

① Ching, *Confucianism and Christianity*, p. 112.
② Ching, *Confucianism and Christianity*, p. 113.
③ Ching, *Confucianism and Christianity*, p. 113.
④ Ching, *Confucianism and Christianity*, p. 113.
⑤ Ching, *Confucianism and Christianity*, p. 136.
⑥ Ching, *Confucianism and Christianity*, pp. 136-137.
⑦ Tu Wei-ming, *Humanity and Self-Cultivation: Essays in Confucian Thought* (Berkeley: Asian Humanities Press, 1979), p. xvii.

"根植和只能根植于东亚文化的"哲学,还是一种可以移植到非东亚环境的世界哲学?①他们也想知道自己是否能成为真正的儒家。

  提出这些问题的学者在会议上互动,达成共识,助力彼此的研究。有几位在美国东北部工作和生活,逐步自称为波士顿儒家。这个名称来自1991年在加州大学伯克利分校召开的儒家-基督教对话会议上,与会者开玩笑说都来自波士顿地区。②这让人想到了奥利弗·温德尔·霍姆兹(Oliver Wendell Holmes)在小说《艾尔西·维奈尔:命中注定的浪漫》(*Elsie Venner:a Romance of Destiny*)造的"波士顿婆罗门"一词,他指的是波士顿贵族相信命运挑选他们创建山上发光之城。这群知识分子有两个小组,一个是哈佛大学的杜维明小组,另一个是波士顿大学的罗伯·奈佛和白诗朗。参加学术交谈的另一位重要学者是罗德尼·泰勒(Rodney Taylor),他在科罗拉多大学博尔德分校任教。

  我们这边要讨论的不是他们的儒学大项目,而是王阳明在他们项目中的地位以及他们的比较宗教研究。事实上,虽然这些学者很清楚王阳明在儒家传统中的重要性,但是除了杜维明外,其他学者都不作为首要研究。白诗朗在《普天之下:儒耶对话的转换模式》(*All Under Heaven:Transforming Paradigms in Confucian-Christian Dialogue*)一书中,试图"探讨比较宗教",让基督教和儒学重新对话。③ 本书缘起于芝加哥神学院,他在那受教于钱新祖(Edward Ch'ien)和余国藩(Anthony Yu),从而熟知了宋代新儒学。白诗朗积极参加传统对话的会议以及波士顿儒学学术圈。在此期间,直到1994年书本出版,他发现,"与现代基督教对犹太教、伊斯兰教和佛教的了解相比较,基督教神学界对儒学的精神和宗教的发展知之甚少"④。白诗朗因此概述了儒学发展的"六大阶段"。王阳明属于第四阶段,属于宋明道学。但王阳明也只是一笔带过。白诗朗认为南宋儒家,尤其是朱熹,"奠定了儒学和基

---

 ① Robert Neville, *Boston Confucianism:Portable Tradition in the Late-Modern World* (Albany: State University of New York Press,2000), p. xxi.
 ② Robert Neville, *Boston Confucianism:Portable Tradition in the Late-Modern World*, p. xxi.
 ③ John Berthrong, *All Under Heaven:Transforming Paradigms in Confucian-Christian Dialogue* (New York:State University of New York Press,1994), p. 1.
 ④ John Berthrong, *All Under Heaven:Transforming Paradigms in Confucian-Christian Dialogue*, p. 2.

督教的当代对话"①。"不明白宋代道学的改革，就无法理解当代儒学话语。"②白诗朗说。白诗朗的书中提到了朱熹的玄学，并探讨了其与阿尔弗雷德·诺斯·怀特海(Alfred North Whitehead)过程哲学和查尔斯·哈茨霍恩(Charles Hartshorne)过程神学的关系。

南乐山(Robert Neville)的《波士顿儒学：晚期现代世界中可移动的传统》(Boston Confucianism: Portable Tradition in the Late-Modern World)一书也是如此，详细论述了儒学成为世界哲学和宗教的原因。他界定了宗教传统精神维度的主题和定义，并以此来理解儒学。最重要的是，南乐山竭尽全力解释儒学对波士顿的意义，对其而言，基督教是当地关键的文化要素。但正如在白诗朗的著作中，王阳明是边缘的，其主导的心学寂寞无声。

南乐山对先秦儒学情有独钟。他说要把儒学介绍到美国需要三个关键要素：原典、次典和阐释语境。原典是最重要的，包括《论语》《中庸》《孟子》和《荀子》。次典包括宋明理学哲学家的著作。南乐山认为，对现代儒家应该要理解他们的论点以及有关的问题。然而，他认为没有必要把他们的论点挪用到波士顿儒学中。③事实上，他开玩笑说："也许当代儒家要越过新儒学，就像后现代欧洲哲学家要越过现代主义一样。"④至于阐释环境，他指的是中国历史和文化的基本知识。

南乐山概述了每部古典中的重要原理、主题和主旨。他说对于波士顿儒家而言，最重要的是礼仪。⑤孔子和荀子批判认为："高层次的文化存在于礼仪之中。"⑥美德包含在社会行为中，要通过后者来复兴前者，对此《荀子》论述得最为清楚。怀疑人类的性本善，他认为个人必须通过"传统的社会规范来协调人与人、人与自然、人与集体的关系，比如家庭、社区、政府和文学艺术"。⑦

---

① John Berthrong, *All Under Heaven: Transforming Paradigms in Confucian-Christian Dialogue*, p. 4.

② John Berthrong, *All Under Heaven: Transforming Paradigms in Confucian-Christian Dialogue*, p. 4.

③ Robert Neville, *Boston Confucianism: Portable Tradition in the Late-Modern World* (New York: State University of New York Press, 2000), p. 7.

④ Robert Neville, *Boston Confucianism: Portable Tradition in the Late-Modern World*, pp. 7-8.

⑤ Robert Neville, *Boston Confucianism: Portable Tradition in the Late-Modern World*, p. 11.

⑥ Robert Neville, *Boston Confucianism: Portable Tradition in the Late-Modern World*, p. 11.

⑦ Robert Neville, *Boston Confucianism: Portable Tradition in the Late-Modern World*, p. 6.

南乐山认为,荀子要通过礼仪来教化和规范个人的观点,对于波士顿儒家的发展很有意义。他认为儒家的礼仪维度和美国皮尔士和杜威提倡的实用主义相通,使用符号学把语言放在社会语境中阐释。实用主义者尤其关注人类对世界的表征和意图之间的关联。他们分析了表征如何通过复杂的符号系统来建构文化,以及如何达到个人的目的,换句话说,他们的行为功能。概言之,实用主义者和儒家都热衷于分析符号对社会行为的塑造功能,从而开始进行评论,进而从最重要的价值角度(比如儒家的和谐观)来进行社会文化符号的塑造。①

南乐山觉得发展美国式的儒家礼仪观是至关重要的。还有,在"自我观的来源"一章中,他表示,儒学强调个人适应社会环境,追求和谐发展,这有助于探究自我的本质以及人际关系和交往的重要性。② 然而,他好像发现了基督教传统和儒学传统中的大概对等之处,在书中进行了大量的比较。其中,他描述了儒学超越的主题,包括王阳明。关于王阳明,他写道:

> 伟大的明代新儒学王阳明和马丁·路德是同一时代的人,两者都强调主观性。王阳明批评朱熹的理物二分法,认为理包括一切。王阳明的思想核心是思想和行动的持续性。绝大多数的新儒学是学者、教师和官员,而王阳明最为凸出的是将军之职。不满足以前的静坐默想来获得内心的澄明,与天理的沟通,王阳明强调战役中的静思行动。在日常或者超常的生活中的成圣修为,造就个人内心的理,就是他所谓的"良知"。他比宋代儒家更加强调理的超越性。③

南乐山引用了王阳明的四句教义来证明其超越的观点,认为其体现了个人的延续,自我同一于"超越了一切善恶的万物之源"④。他解释为:"在人性范围,我们要关注善恶,但我们的心超越了善恶。万物源于心,据此,

---

① Robert Neville, *Boston Confucianism: Portable Tradition in the Late-Modern World*, pp. 14-15.
② Robert Neville, *Boston Confucianism: Portable Tradition in the Late-Modern World*, p. 189.
③ Robert Neville, *Boston Confucianism: Portable Tradition in the Late-Modern World*, p. 156.
④ Robert Neville, *Boston Confucianism: Portable Tradition in the Late-Modern World*, p. 156.

王阳明发展了古人天人合一的观点。"①

南乐山是通过陈荣捷的译著和杜维明的著作认识到王阳明的。"在当代儒家也就是新儒家中,"他写道,"杜维明最明确指出了儒学的宗教性,至少是具有宗教维度。"②他视后者为波士顿儒学研究的领军人物,是"儒学礼仪大师",发表重要的公共讲话。确实,从20世纪70年代末开始,杜维明就一直致力于构建"儒学人本主义的第三阶段",包括《中与庸:论〈中庸〉》③《儒学思想新论——创造性转换的自我》④和《人性及其自我完善——儒学论集》⑤。南乐山说这些著作他都参阅过。

对于杜维明而言,儒学是一种精神传统和宗教哲学,其根本特征是相信通过个人的努力可以成为完人。杜维明写道:

> 成圣毫无疑问是儒家关心的首要问题……儒家圣人代表着最真诚的人。在儒家看来,人的本性是成圣的根基和力量,这是天赋的,而非自创的。成圣是不断的自我变革。⑥

在杜维明看来,王阳明的人生就是这种探索的例证,自我变革也是他讲学的中心。《大学问》中的"大人"就是真诚的化身。王阳明的身心之学"不过是如何为人,用新儒学的话来说,就是身心修为,实现自身的人性"。他的为学目的就是求自知之明,成为真人,"显现自身的真诚人性"⑦。对杜维明而言,这是具有宗教意义的灵性求索。

通过杜维明的著作,南乐山了解到儒家的成圣追求和王阳明在其著作

---

① Robert Neville, *Boston Confucianism: Portable Tradition in the Late-Modern World*, pp. 156-157.
② Robert Neville, *Boston Confucianism: Portable Tradition in the Late-Modern World*, p. 83.
③ Tu Wei-ming, *Centrality and Commonality: An Essay on Chung-yung* (Albany: State University of New York Press, 1976). 其后被予以修订,内容亦被扩充,参看 *Centrality and Commonality: An Essay on Confucian Religiousness* (Albany: Statue University of New York Press, 1989)。
④ Tu Wei-ming, *Confucian Thought: Selfhood as Creative Transformation* (Albany: State University of New York Press, 1985).
⑤ Tu Wei-ming, *Humanity and Self-Cultivation: Essays in Confucian Thought* (Berkeley: Asian Humanities Press, 1979).
⑥ Tu Wei-ming, *Humanity and Self-Cultivation: Essays in Confucian Thought*, p. 86.
⑦ Tu Wei-ming, *Humanity and Self-Cultivation: Essays in Confucian Thought*, p. 144.

中的特殊地位。杜维明证明儒学不是乏味的宗教,也不是一种"存在问题的官僚化"。①杜维明证明了儒学首要目的是成人的观点,"选择走自我转化到成圣的道路"②。这种选择类似皈依,"灵魂从关注外在转向内心,诚心之下,推动修身"③。

南乐山提到,杜维明是通过谈论王阳明来发展自己的思想的。王阳明认为心有方向,来自天理。在本体论上,心有点像天理的情感表白,天理是心之本体。存在论上的问题是心和物相遇时会如何?由于私心,心囿于物,远离天理。欲望会扭曲本心,使它偏离本体。所以,南乐山解释说,修身的核心问题是"我们疏离了本心"。④

南乐山解释说:"杜维明学王阳明开出了拨转疏离本心的两味药。"⑤这些解药包括"去私欲""存天理"以及"自省和自律",然而这些对于儒家修身传统而言都不是新鲜事。他认为杜维明的特别贡献是:

> 强调王阳明的主题,即恢复心中的天理,作为第二疗法。内求天理,诚心正意,天理在心中不再被蒙蔽或者阻碍,然后人就能够以诚心关照外物、自然而适当地解读和应对。这就是王阳明的良知(知在行动中的情感表达)。人在心中趋向天理,就会在万事万物中发现和服从天理。从本体论上说,万物源自天理,而从存在论来说,当天理清楚地切实地指导人心,心就会行动,让我们达到"天人合一"。但是在一般情况下,我们是和我们心中的天理疏离的。⑥

南乐山纵论了杜维明的儒家哲学,比如向天理的转向是否属于一种皈依,礼教的作用以及恶的问题,并与基督教相似的主题进行比较。但他没有再提到王阳明,最后还追问,儒学是否能真正解决异化和恶的问题。在"当代最著名的儒家,波士顿儒家的领头思想家"一章中,南乐山写道:"杜维明指出了西方现代社会中的异化问题,以及儒学中解决此问题的丰富资

---

① Neville, *Boston Confucianism*, p. 84.
② Neville, *Boston Confucianism*, p. 85.
③ Neville, *Boston Confucianism*, p. 85.
④ Neville, *Boston Confucianism*, p. 87.
⑤ Neville, *Boston Confucianism*, p. 87.
⑥ Neville, *Boston Confucianism*, pp. 87-88.

源。但同时,这一章也暗示波士顿儒家需要向西方传统借鉴的两点。"①其中一个办法就是前面提到的实用主义。但他提出了一个更大的问题:"这个问题是关于皈依的更有宗教意味的问题,或者如何摆脱异化,寻找爱或慈悲的本体论基础。如果一个人已经严重异化,没有外来干预,能否摆脱异化,尚未可知。"②当然,南乐山想知道的是基督教的恩典,他发现在儒学中找不到对应点。

泰勒(Rodney Taylor)也有力地证明儒学的宗教性,正如其专著《儒学的宗教维度》所示。此专著的想法起源于1988年在香港召开的"今日世界的儒学和基督教国际会议"。那时候,南乐山建议泰勒向其编辑的SUNY宗教书系撰稿,可以是他已发表和尚未发表的关于儒学的宗教维度的论文。

泰勒接受了建议。毕竟,1974年他在哥伦比亚大学完成有关高攀龙研究的博士学位,并在科罗拉多大学博尔德分校获得教职,此后,他就写了许多关于儒学的宗教维度的论文,并在这些机构主办的会议上提交:美国宗教学会、亚洲研究协会和哥伦比亚大学。这些论文吸收了众多与其交游的学者的学术营养,比如杜维明、狄百瑞、白诗朗、柏玲和南乐山。他指出,杜维明、东亚新儒家和冈田武彦认为儒学可以复兴,并与当代勾连起来。这就是杜维明创办的"儒家人本主义的第三代"。关于此书,南乐山提问:"儒家成圣之路可以是灵性完美的宗教之路吗?"③泰勒认为,儒学绝非只是一种伦理体系和人本教义,而是"本质上是宗教的"④。任何忽视儒学宗教特性的解读都没有看到其"本质特征"。故此,他认为:"儒学是时候要在世界主要宗教中占一席之地了。"⑤

事实上,自从19世纪以来,学者一直在呼吁此事。关于新儒学的宗教性,泰勒也有许多让人耳目一新的观点,尤其是新儒学的宗教性特点。新儒学探索了个人和绝对实在的关系,指明了个人走向绝对实在之路,需要个人的嬗变。理学运动最终指向一个关于个人的剧烈转变。"这个转变过

---

① Neville, *Boston Confucianism*, p. 104.
② Neville, *Boston Confucianism*, p. 104.
③ Rodney Taylor, *The Religious Dimensions of Confucianism* (Albany: State University of New York Press, 1990), p. x.
④ Rodney Taylor, *The Religious Dimensions of Confucianism*, p. 1.
⑤ Rodney Taylor, *The Religious Dimensions of Confucianism*, p. 2.

程,"泰勒写道,"具有救赎的含义,也是判断儒学是否宗教的重要因素。"①对于新儒学而言,转变的个人就是圣人:"在天和圣人间,前者是宗教绝对,后者是转变之人,我们可以看到救赎性,结果就是传统的宗教内核的认同。"②故此,学习的内在动力便是致力于成圣。圣人值得学习,因为他们发挥人性的潜能,直通天理,即宇宙的道德本质和形而上结构。通过成圣,人与万物合一,直观万物共有的善,这是一种否定神秘主义,或者更简单地说,是一种生命相互关联感和道义责任感。③

泰勒在书中进一步发展了此观点,涉及相关的众多话题。圣人也是圣徒吗?这些概念如何定义?新儒学成圣最后是为了什么?其中一个目标就是归一,这是"一种心态",让人明白其共有的道德本性,因此依道德行事。王阳明把这个共有的道德本性称为"良知"。良知让人超越自我与他者的边界,直观身外世界。④ 泰勒也在追问,是否成圣之旅产生了宗教性自传。他认为,明代新儒学,强调内在生活、自省和灵性真理,确实如此。阳明学派的追随者,罗洪先的弟子胡直的自传就是一个例子。自传主要讲成圣的艰辛,其间也经历了怀疑和危机,讲述了几个突破,"一种自我转变,其中个人的本性与天地万物合二为一"⑤。

也值得一提的是,泰勒探索了佛教顿悟/渐悟与新儒学不同修身办法的关系。拜访冈田武彦和翻译他的《坐禅和静坐》后,泰勒明白王阳明的心学类似顿悟,而朱熹的理学类似渐悟。但他要弄清楚冥想中的实际情况。"总的说来,"他写道,"朱熹理学倾向于静坐,而阳明心学认为静坐毫无必要,甚至有害。对于王阳明及其门徒而言,成圣是在行动中澄明,坚信良知自足。冥想是次要的,与成圣的当下性相左。"⑥虽然王阳明曾经教导门徒把静坐作为修身的一个重要的方法,但他最终放弃了。他的重心转到了良知的澄明,无论动或静,良知本体都存在。泰勒说,阳明后学在此问题上意见不一。⑦

---

① Rodney Taylor, *The Religious Dimensions of Confucianism*, p. 3.
② Rodney Taylor, *The Religious Dimensions of Confucianism*, p. 3.
③ Rodney Taylor, *The Religious Dimensions of Confucianism*, pp. 44-45.
④ Rodney Taylor, *The Religious Dimensions of Confucianism*, p. 45.
⑤ Rodney Taylor, *The Religious Dimensions of Confucianism*, p. 55.
⑥ Rodney Taylor, *The Religious Dimensions of Confucianism*, p. 78.
⑦ Rodney Taylor, *The Religious Dimensions of Confucianism*, pp. 82-83.

直到20世纪90年代，王阳明生平和思想的宗教维度研究主要还是作为儒学以及儒学与基督教比较的一个范畴。此后，贯通儒学和基督教传统的东亚学者，他们身处东西方，才开始对其有更深入的研究。韩国基督教神学家和东亚宗教研究学者金洽荣（Heup-Young Kim）在其博士论文的基础上，出版了专著，比较基督教神学家卡尔·巴特（Karl Barth）和王阳明。比较宗教和哲学的马来西亚裔教授张彼得（Peter T. C. Chang）出版了王阳明和约瑟夫·巴特勒主教（Bishop Joseph Butler）比较研究的专著。Lee Hsin-yi比较了王阳明和莱因霍尔德·尼布尔（Reinhold Niebuhr）的道德哲学。这些学术研究一同揭示了，通过对主要代表人物的翔实研究，表面上不搭界的传统可以构建起富有深意的对话。

1996年，金洽荣出版了《王阳明与卡尔·巴特：儒学与基督教的对话》一书，起初是博士论文，后来成书于伯克利神学联盟研究生院（Graduate Theological Union in Berkeley）。然而，从他生平的早期，根本看不出他后来会成为一位神学家。他生长在"一个韩国家庭，浸淫着几千年的儒学"①。他家的族谱可以追溯回30代前的士大夫。而且，他毕业于首尔大学，获得工程学位，在几家大型韩国公司工作过。在留美期间，他突然皈依基督教，在美国研究宗教，先是在普林斯顿神学院（Princeton Theological Seminary），然后是在伯克利神学联盟研究生院。②

有意思的是，即使皈依基督教后，随着研究的深入，金洽荣越发觉得儒学已经融入其身心。"儒学无声但有力地影响着我，"他写道，"它是我本身的宗教语言。"③因此，对其而言，神学既是投身上帝，又是与儒学之根的挣扎。他写道："研究东亚神学必然涉及儒学问题。"④他研究的目的就是要找到一种神学范式，可以涵盖儒家的道。

关于王阳明与卡尔·巴特的研究开启了"他的神学研究计划"⑤。金洽荣希望让儒家和基督教的代表人物对话。在他看来，王阳明是"儒学历史中一位重要的思想家和改革家"。卡尔·巴特是20世纪瑞士的一位神

---

① 笔者与其私交而知。
② "Heup Young Kim", Wikipedia.
③ Heup-young Kim, *Wang Yang-ming and Karl Barth: A Confucian-Christian Dialogue* (University Press of America, 1996), p. 1.
④ Heup-young Kim, *Wang Yang-ming and Karl Barth: A Confucian-Christian Dialogue*, p. 1.
⑤ Heup-young Kim, *Wang Yang-ming and Karl Barth: A Confucian-Christian Dialogue*, p. 7.

学教授,"是欧洲宗教改革以来,西方基督教历史中最为重要的教会神学家之一"①。虽然他们宣扬两种异质的宗教范式,一种是神学历史学的,另一种是天人合一的(anthropo-cosmic),但都意在回答同一个问题:"如何成为完人?"②王阳明儒家修身的教义"在于实现人性中真实的自我(良知)",卡尔·巴特成圣的基督教义目的在于实现自己上帝选民的身份。两者都认为人类存在的本质是完全的人性(或激进人性:radical humanity,良知和人性的基督)。当我们否认自身激进的人性时,邪恶就产生了,但我们有力量除去它。对王阳明而言,我们必须让我们的主体与本心相通,而巴特认为我们必须发现自己与耶稣基督的关联。作为我们的本体,激进的人性是一种精神推动力。人如何成为完人?这是一个很具体和现实的问题,但也是最普遍的问题。对于两者而言,自我改变成为完人的过程也是一种群体行为。人性的意义必须在不断扩展的人际关系中才能实现,直到全人类统一为止。

金洽荣在后来出版的几部作品中继续他的比较研究,包括在《韩国系统神学杂志》(Korea Journal of Systematic Theology)杂志上发表的比较良知和基督人性的文章③、《基督教视野中的儒学:东亚神学或者宗教》中的一章④,以及新近出版的《道的神学》⑤一书。

Seok-Hwan Hong 是另一位韩国学者(现是韩裔美国人),他的博士论文源于个人的心路历程。他出生在韩国,家人宗教信仰不一,让他开始探索如何在不同的宗教信仰氛围中保留基督徒本色。1987年,他28岁,决定到美国留学,先是在埃默里大学获得学位,然后在波士顿大学的南乐山和白诗朗门下深造。所以,他的博士论文深受"波士顿儒家"影响,如前文所说,他们主要关心儒学传统的宗教维度以及对当今世界的价值。此外,南乐山还主持1995—1999年的"波士顿大学宗教比较项目",目的是构建能够沟通世界各地貌似不相容的宗教传统的比较方法。南乐山认为,把宗教

---

① Heup-young Kim, *Wang Yang-ming and Karl Barth: A Confucian-Christian Dialogue*, p. 7.
② Heup-young Kim, *Wang Yang-ming and Karl Barth: A Confucian-Christian Dialogue*, p. 7.
③ Heup-Young Kim, "Liang-chi and Humanitas Christi: An Encounter of Wang Yang-ming and Karl Barth", *Korea Journal of Systematic Theology* 4(2001), pp. 130-188.
④ Heup-Young Kim, "Christianity's View of Confucianism: An East Asian Theology of Religions", in *Religions View Religions: Explorations in Pursuit of Understanding*, ed. Jerald Gort, Henry Jansen, and Hendrik Vroom(Leiden:Brill, 2006), pp. 265-282.
⑤ Heup-young Kim, *A Theology of Dao* (Maryknoll,NY:Orbis Books, 2017).

传统的要点进行比较意义深远。①

可见,波士顿大学很适合 Seok-Hwan Hong 的想法,他深刻地看到了"基督教和儒家所谓的不兼容性"②。他自认为是"基督教自家人",从个人经历而言,他知道"儒家思想已经在东亚人的生活和思维中根深蒂固"。③ 所以基督教根本不可能取代亚洲宗教,而是要寻求方法融入其中。为此,他深入研究了约翰·加尔文和王阳明的基本教义,也就是上帝形象和良知。

Seok-Hwan Hong 很清楚研究的挑战性。毕竟加尔文教义和道、天理、明明德、止于至善、心体以及万物一体无多少相似性,而王阳明的思想与造物主上帝、基督、启示、赎罪、称义、天意和恩典也不相同。"王阳明和约翰·加尔文,"他写道,"在其宗教和哲学思想上没有什么相似性。"④更确切地说,对于加尔文而言,"基督是恢复上帝形象的关键",而王阳明"不需要基督来致良知"。⑤良知在自我改造中,完全是自足的。

然而,王阳明和加尔文确实有共同关心的问题,这些可以分门别类进行比较。他们都诊断了人类的困境及其成因和解决方法。他们描画了达到史特连格(Frederick Streng)所谓的"人类最终转变"的精神之路。对于加尔文而言,人类是按照上帝的形象创造的,但人类身上的上帝形象因罪而变形了。对于王阳明而言,良知是天赋的,但后来被私欲蒙蔽了。Seok-Hwan Hong 写道:"恢复上帝的形象,实现良知是基督教和儒学的两大人类工程。"⑥期间的灵性源于个人在与终极实在的关联中,自我超越,获得人格完整。人与终极实在的关系得到了根本转变。⑦主要依据《传习

---

① Seok Hwan Hong, "Ultimate Human Transformation: Liang-chih in Wang Yang-ming and the Imago Dei in John Calvin"(Ph. D. Diss., Boston University, 2002), pp. 9-10.

② Seok Hwan Hong, "Ultimate Human Transformation: Liang-chih in Wang Yang-ming and the Imago Dei in John Calvin", p. 2.

③ Seok Hwan Hong, "Ultimate Human Transformation: Liang-chih in Wang Yang-ming and the Imago Dei in John Calvin", p. 295.

④ Seok Hwan Hong, "Ultimate Human Transformation: Liang-chih in Wang Yang-ming and the Imago Dei in John Calvin", p. 3.

⑤ Seok Hwan Hong, "Ultimate Human Transformation: Liang-chih in Wang Yang-ming and the Imago Dei in John Calvin", p. 293.

⑥ Seok Hwan Hong, "Ultimate Human Transformation: Liang-chih in Wang Yang-ming and the Imago Dei in John Calvin", p. 4.

⑦ Seok Hwan Hong, "Ultimate Human Transformation: Liang-chih in Wang Yang-ming and the Imago Dei in John Calvin", p. 20.

录》，他的博士论文从几个角度进行了一定深度的比较分析，包括个人认同、人类困境及其成因、解决的源泉、绝对的本质和人类最终转变的方式。

Lee Hsin-yi 的博士论文也是来源于个人对存在问题的追索。她出生和成长于基督教和儒学背景的家庭，让她深刻意识到两种文化都要求伦理生活，但其原因不一，获得的方法也不同。①为了进一步研究，她把基督教和儒家两位著名的道德哲学家进行了比较，德裔美籍神学家尼布尔（H. Richard Niebuhr）和儒家王阳明。"他们在探索人类道德本性方面卓有成效，"她写道，"分别从新儒学和基督教角度分析。"②尼布尔提出了基督教信仰为根基的责任伦理，而王阳明是以心学为依托，提倡"知行合一"。

Lee Hsin-yi 讲述了王阳明和尼布尔这两位道德哲学家的几点共同之处，皆不重视外在的道德规范，包括道德律、义务和原则。他们的道德理论既不是义务论，也不是目的论。本真的道德行为不是因为考虑个人要遵守的道德规则或者结果以及道德策略③，而是要在现实生活中，进行道德实践。两者都认识到了道德生活的复杂性，并建议个人要寻求得当的道德反馈。Lee Hsin-yi 以交响乐为类比，其中道德生活背景就像个交响乐，道德主体就是乐师。道德生活本质上是美学的，与时空相得益彰。

然而，王阳明和尼布尔的伦理并非是完全场景化的（情境伦理），两人都把最高实在视为当下道德实践的源泉和参照点。对王阳明而言，美德的源头是心、良知和天理，他们根本上是相同的。心本质上是善良，是至善的认识，就是良知，按照良知行事，道德主体能够自我实现和净化，最终达到天人合一。通过良知，天理显示为道德实践的基础，最终，良知会显示人与宇宙万物原初的合一。"这本质上是一种鲜活的现实，"Lee Hsin-yi 写道，"这是与宇宙万物相通的精神之旅。"④

对于尼布尔而言，道德实践在超越性情中发生，也应该寻求包容性。他提出了责任的概念。正如信仰塑造精神，责任构成道德。⑤ 一方面，我们的道德实践受我们的心理和各种历史环境的影响，但另一方面，我们超

---

① Lee Hsin-yi, "The Moral Philosophies of H. Richard Niebuhr and Wang Yang-ming" (Ph. D. Diss., Claremont Graduate University, 2007), pp. 1-2.
② Lee Hsin-yi, "The Moral Philosophies of H. Richard Niebuhr and Wang Yang-ming", p. 2.
③ Lee Hsin-yi, "The Moral Philosophies of H. Richard Niebuhr and Wang Yang-ming", pp. 162-163.
④ Lee Hsin-yi, "The Moral Philosophies of H. Richard Niebuhr and Wang Yang-ming", p. 201.
⑤ Lee Hsin-yi, "The Moral Philosophies of H. Richard Niebuhr and Wang Yang-ming", p. 87.

越被造之物,上帝是我们超越的价值源泉,万物的救主。在上帝经营的宇宙大家庭中,道德主体相互沟通。①上帝视我们为责任人,我们互动如有神在,对上帝做出回应。耶稣基督是这方面的典范。

在博士论文的结尾,Lee Hsin-yi 总结了王阳明和道德哲学对其自身的影响。她发现王阳明听从良知的观点与尼布尔回应环境如同回应上帝一样的观点相似。王阳明表明,人的生活过程就是要不断体验和证明我们的人性。这样,我们就能成为真诚的人。尼布尔表明,上帝造人,是要在人际关系中担当责任。上帝是我们的价值核心,耶稣基督是道德典范,教导我们如何处世。尼布尔的包容观点与王阳明的去人欲后的一体感相似。最后,两者都相信,道德生活就是面临道德困境时,寻求最和谐的适应方法。②

马来亚大学(University of Malaya)教授张彼得(Peter T. C. Chang)也在致力于通过代表性人物的比较,推动儒学和基督教的对话。"人类文明能和平共存吗?"他问道,"基本价值观的冲突是不可避免的吗?"③儒学和基督教的关系何去何从尚未有定论。虽然两者相交已久,他评论道:"尚未达成双方共识。"④故此,张彼得让约瑟夫·巴特勒主教和王阳明对话来加深儒学和基督教的交流:通过对良心和良知的独到解读,两者对各自的宗教传统的伦理体系做出了重要的贡献;两者都身处危机时刻,约瑟夫·巴特勒主教处于18世纪的英国,而王阳明置身于16世纪的中国;两者都呼吁国人重拾基督教和儒学提倡的道德理想;两者都肯定人的成圣心,实现更高的意向或计划,对巴特勒来说,是上帝的计划,而王阳明是道或者天理。对此计划,巴特勒解释说:"宣告共同的目标,那就是,世人和平共存的渴望。"⑤

巴特勒和王阳明认为人类成圣之路已经就绪,在良心的指引下,各显

---

① Lee Hsin-yi, "The Moral Philosophies of H. Richard Niebuhr and Wang Yang-ming", p. 176.
② Lee Hsin-yi, "The Moral Philosophies of H. Richard Niebuhr and Wang Yang-ming", pp. 213-214.
③ Peter T. C. Chang, *Bishop Joseph Butler and Wang Yangming: A Comparative Study of their Moral Vision and View of Conscience* (Bern: Peter Lang, 2014), p. 12.
④ Peter T. C. Chang, *Bishop Joseph Butler and Wang Yangming: A Comparative Study of their Moral Vision and View of Conscience*, p. 13.
⑤ Peter T. C. Chang, *Bishop Joseph Butler and Wang Yangming: A Comparative Study of their Moral Vision and View of Conscience*, p. 161.

神通。张彼得写道:"巴特勒和王阳明认为人的良心代表了个人是非判断的主动权。"①对于巴特勒而言,自然法决定了自身就是法,"他们内心有是非准则"②。王阳明也认为人类是自主的道德主体,良知是我们的天赋和终极权威。巴特勒和王阳明都认为良心是人性中的神性。王阳明把良知描绘为明镜,巴特勒把良心比喻为"内心的上帝烛光"。③

然而,张彼得解释说:"两者都警示,良心不是颠扑不破的,不听从良知,勤加修身,良心会'昏睡'和'遮蔽'。"④良心可能被忽视或者违背,导致个人道德滑坡,危害社会秩序。所以,两人都提出自省和道德修为的方案。在整本书中,张彼得剖析了他们的道德哲学的细微差异,以及他们的共通之处。和其他比较研究的学者一样,他主要参考陈荣捷的《传习录》英译本。在书的结尾,他设问王阳明和巴特勒彼此会如何看待对方,界定了他们的道德哲学与当代比较宗教伦理的相关性。

二、阳明心学和佛教

王阳明与其他宗教传统的比较研究还很少见,且据我所知,明代心学与别的世界宗教比如犹太教或者印度教的比较还未曾有。唯一的例外是佛教。中国佛教对新儒学的影响是众所周知的,研究甚广,但其中涉及王阳明的研究不多。关于佛教对王阳明的影响,陈荣捷最早进行了系统的研究。在文章的开头,陈荣捷就开宗明义:"一般认为王阳明(1472—1529)可能深受禅宗的影响。然而,大多数人没有意识到,王阳明和佛教的接触远没有想象的那么多,与其说是他接受佛教,不如说是批判佛教。"⑤陈荣灼(Wing-cheuk Chan)解释了王阳明心学与大乘佛教的"共相"。这种本心

---

① Peter T. C. Chang, *Bishop Joseph Butler and Wang Yangming: A Comparative Study of their Moral Vision and View of Conscience*, p. 13.

② Peter T. C. Chang, *Bishop Joseph Butler and Wang Yangming: A Comparative Study of their Moral Vision and View of Conscience*, p. 172.

③ Peter T. C. Chang, *Bishop Joseph Butler and Wang Yangming: A Comparative Study of their Moral Vision and View of Conscience*, p. 177.

④ Peter T. C. Chang, *Bishop Joseph Butler and Wang Yangming: A Comparative Study of their Moral Vision and View of Conscience*, p. 13.

⑤ Wing-tsit Chan, "How Buddhistic is Wang Yang-ming", *Philosophy East and West* 12, no. 3 (Oct. 1962), p. 203.

就是如来佛和良知本体；对于两者而言，心是终极智慧之源，只是大多数人的心被阿赖耶识或者人心遮蔽。成佛和成圣都要求诚心，道德修为。陈荣灼写道："正如成圣是在人与天地万物合一中完成的，而成佛是与法界合一。"①

最后，我们可以讲讲艾文贺(Philip J. Ivanhoe)，虽然有的读者有可能会认为他的王阳明论著本质上是哲学，因此更适合放到最后一章②，但是我们把他放在这章，是因为他一直致力于证明佛教对王阳明哲学的影响。这可以追溯到他1987年的博士论文，1990年作为专著首次出版，2002年出修订版。在《儒家传统的伦理：孟子与王阳明》一书中，艾文贺表明书的主旨是"勾画孟子和王阳明道德哲学的特色，探讨王阳明在佛教的影响下如何改造孟子思想的"③。他认为："王阳明从《孟子》和其他早期经典中获得灵感，但视角不同。他不是很清楚从孟子时代以来中国思想的变化，尤其是佛教对中国思想家的道德哲学观有多大的影响。王阳明从佛教的'有色眼镜'看孟子，按照自己的理解改造孟子的道德哲学。"④然而，艾文贺主要是解释和比较这两位大儒的道德哲学对几个关键主题的阐释：道德的本质、人性、恶、修身和成圣。

有几个例子可以让我们了解到艾文贺是如何阐释的。关于道德的本质，他说孟子沿用儒家传统的道德观，包括礼制和一套道德规范和义务，但这些都是建立在人性理论基础上的。对孟子而言，道德源自人性构成的初生的"四端"。通过发展"四端"，主要是自然的情感，我们可以实现人性，找到天道中的位置。不是跟随外部的标准，孟子号召人们听

---

① Chan, Wing-Cheuk, "How is Absolute Wisdom Possible? Wang Yangming and Buddhism", in *Wisdom in China and the West: Chinese Philosophical Studies*, pp. 329-344, ed. Vincent Shen and Willard Oxtoby(Washington, D. C. : The Council for Research in Values and Philosophy, 2004).

② 1976年，艾文贺在新泽西斯坦福大学获得哲学本科学位，他也在那学习汉语。从1976年到1978年，倪德卫一起合作中国文学索引的电子化项目，包括《传习录》。从1978年到1982年，在美国海军服役，后回到斯坦福大学继续攻读博士，并在1987年获得宗教学博士学位。倪德卫退休后，艾文贺在1991年兼任斯坦福大学哲学系和宗教系的助教。1998年，艾文贺调动到密歇根大学的哲学系和亚洲语言文化系工作。2003年，离开密歇根大学前往波士顿大学访学。2006年，前往香港城市大学担任东亚和比较哲学客座教授。最近，在2018年，担任成均馆大学儒学和东方哲学学院的荣誉客座教授。参见维基百科"艾文贺"。

③ Philip J. Ivanhoe, *Ethics in the Confucian Tradition: The Thought of Mencius and Wang Yangming* (Atlanta: Scholars Press, 1990), p. ix.

④ Philip J. Ivanhoe, *Ethics in the Confucian Tradition: The Thought of Mencius and Wang Yangming*, pp. xvi-xvii.

从本心的道德导向。① 艾文贺认为"(王阳明)的道德观与其不同":

> 王阳明认为宇宙统一于天理,赋予它形象和意义。他认为人心就是天理,"良知"是天理的积极的自知之明。宇宙由天理构建,人心天生就知道世间万物是如何配合的。万物应当按照天理运行。王阳明的观点拓展了孟子对道德本质理解的范围和内涵。他的儒家圣人观超越了孟子。他的道德范式是把整个宇宙看成身体,更确切地说,是把自己看成宇宙的一个部分。他的重要任务是要去掉隔离人和宇宙的私心。②

艾文贺解释说,这种把"人性中的德性改造为形而上的德性"的力量是复杂的。③ 而最主要的影响来自朱熹的形而上学和大乘佛教的形而上学体系。最主要的是,艾文贺认为王阳明时期儒家人性论本质上是佛教的。据此,人人都有原初的、纯洁的和完整的本性,只是后来被外界的物质污染、遮蔽而已。④

不同的人性理解对孟子和王阳明的成圣观具有重要的影响。对孟子而言,艾文贺说:"成圣虽然遥远,但是人性发展和完善的表现。人人皆有成圣的潜能。"⑤ 当然,主要的修身方式是培养心的"四端",但"其发展和成长有赖于经典、礼仪和圣人"。⑥ 故此,追求成圣的人"需要学习礼仪,研究和思考经典和圣人,从而在现世中实现他们的夙愿"⑦。因此,到一定的程

---

① Philip J. Ivanhoe, *Ethics in the Confucian Tradition:The Thought of Mencius and Wang Yangming*, p. 35.
② Philip J. Ivanhoe, *Ethics in the Confucian Tradition:The Thought of Mencius and Wang Yangming*, p. 35.
③ Philip J. Ivanhoe, *Ethics in the Confucian Tradition:The Thought of Mencius and Wang Yangming*, p. 36.
④ Philip J. Ivanhoe, *Ethics in the Confucian Tradition:The Thought of Mencius and Wang Yangming*, p. 57.
⑤ Philip J. Ivanhoe, *Ethics in the Confucian Tradition:The Thought of Mencius and Wang Yangming*, p. 134.
⑥ Philip J. Ivanhoe, *Ethics in the Confucian Tradition:The Thought of Mencius and Wang Yangming*, p. 136.
⑦ Philip J. Ivanhoe, *Ethics in the Confucian Tradition:The Thought of Mencius and Wang Yangming*, p. 135.

度,修身是受传统指导的。艾文贺称孟子的成圣之路为发展模式,"成圣是通过内心的潜能发展达到的,要经过长期的培育和成长"①。

但是,王阳明的成圣方法是发现模式,"成圣就是发现迷失的内心,唤醒良知"②。艾文贺写道:

> 王阳明赋予每个人极大的自立和潜能。人人皆不仅可成尧舜,人人皆已经是尧舜。成圣的唯一隔阂就是私心。修身就是要去私心,也只能在日常生活中完成。王阳明并没有把经典、礼仪或者圣人赋予特殊意义。良知是他的老师,良知的行使是他功夫的起点和终点。③

所以,对王阳明而言,成圣是去私欲,听从本心,"自发、自然而又完美地应对一切"④。对艾文贺而言,与孟子不同,王阳明的修身、成圣的发现模式是"不受任何的传统约束"⑤。

然而,如在第五章中所提到的,在《陆王新儒家学派选读》一书中,艾文贺用很长的篇幅介绍并论述这些义理。在节选陆九渊和王阳明的文献时,他引用了《六祖坛经》中的内容,认为"汉传佛教对新儒学的深远影响长期以来被低估甚至忽视,尤其是《坛经》"⑥。特别是坛经对于"佛性"和"自性"的论述,例如"何期自性本自清净……何期自性本自具足";"佛性本无差别,只缘迷悟不同",以及禅宗的核心思想"不立文字,教外别传;直指人心,见性成佛"与"参话头"这一禅宗独有的师徒间传授的法门。艾文贺对此进行了详细的比较。依据《坛经》的内容,他在书中阐述了"只要我们的佛性不被私欲所困,我们就会言行如佛。依陆、王看来,我们只要能回

---

① Philip J. Ivanhoe, *Ethics in the Confucian Tradition: The Thought of Mencius and Wang Yangming*, p. 109.
② Philip J. Ivanhoe, *Ethics in the Confucian Tradition: The Thought of Mencius and Wang Yangming*, p. 109.
③ Philip J. Ivanhoe, *Ethics in the Confucian Tradition: The Thought of Mencius and Wang Yangming*, p. 135.
④ Philip J. Ivanhoe, *Ethics in the Confucian Tradition: The Thought of Mencius and Wang Yangming*, p. 121.
⑤ Philip J. Ivanhoe, *Ethics in the Confucian Tradition: The Thought of Mencius and Wang Yangming*, p. 136.
⑥ Philip J. Ivanhoe, *Readings from the Lu-Wang School of Neo-Confucianism* (Indianapolis: Hackett Publishing, 2009), p. 3.

归本性,为善去恶,才能达到高度自由愉悦的精神境界"①。当然,王阳明的这些观点是穿着儒家外衣的,他把本性和良知等量齐观。②

艾文贺著述颇丰,把其儒家和新儒学的道德、哲学和宗教的视野介绍给英文读者,成为这些研究领域的权威。目前,其著述涉及王阳明的包括《儒家道德修养》③《三流:儒家对中日韩道德心的反思》④和《合一:东亚社会如何理解美德、幸福,与人类共同体》⑤。

三、结　　论

回顾近百年英语世界有关宗教比较的王阳明学术研究,我们会发现几个突出的特征。绝大多数研究者都是虔诚的基督徒,他们出于个人或者历史的原因,想要探究其基督教信仰与儒学的共同之处和共存之道。他们认为,相关代表人物的比较研究有助于推动现代宗教信仰的对话。这些学术研究表明王阳明的思想本质上是宗教的,因为其在超验中寻求个人的根本转变。王阳明人类困境的写照、对成圣之路的求索以及心和天理的观点为我们提供了与神学家著作比较的丰富素材。

然而只有少数几位学者论述过王阳明生平和思想的宗教特点,但没有和基督教进行比较。倪德卫、秦家懿、罗德尼·泰勒和杜维明的著述就是如此。当然,一些学者包括杜维明在内,他们认为儒学和新儒学都是我们时代息息相关的精神传统。新儒学的宗教维度的学术研究已有所突破,但阳明学和后学的宗教特性研究前景广阔,尚待开启。阳明学和世界宗教的宗教维度比较研究也是如此。

---

① Philip J. Ivanhoe, *Readings from the Lu-Wang School of Neo-Confucianism*, pp. 10-11.
② Philip J. Ivanhoe, *Readings from the Lu-Wang School of Neo-Confucianism*, p. 11.
③ Philip J. Ivanhoe, *Confucian Moral Self-Cultivation* (Indianapolis: Hackett Publishing, 2000).
④ Philip J. Ivanhoe, *Three Streams: Confucian Reflections on the Moral Heart-Mind in China, Korea, and Japan* (New York: Oxford University Press, 2016).
⑤ Philip J. Ivanhoe, *Oneness: East Asian Conceptions of Virtue, Happiness, and How We are All Connected* (New York: Oxford University Press, 2017).

第七章
阳明学与比较哲学

时至今日,从20世纪80年代以来出版的关于王阳明的学术文献大部分都包含了比较哲学研究。诚然,有些著作集中分析王阳明的核心哲学思想,所以整体上不能算比较研究。然而众多语言研究的著作表明,从几个层次上,用另一种语言来阐释某人的观点本身就具有比较性质。[①]故此,本章的讨论也包括了这些王阳明研究论著,即对王阳明思想的比较研究。学者们把王阳明的思想与中国知识传统、西方哲学或是东西方哲学流派的哲学家联系起来进行研究。而且,通过受阳明思想影响的现代新儒学的研究,王阳明间接地进入了西方世界。

法国皇家图书馆最初收到《王阳明文集》,在编书目时,艾蒂安·富尔蒙(或是傅尔蒙,Étienne Fourmont)把其归入哲学杂文。在《中华帝国全志》中,杜赫德收录了王阳明著作中与耶稣会道德哲学思想近似的选文。沃特斯在《孔子庙碑》(1879)关于王阳明的内容中提出,王阳明哲学与笛卡尔的哲学相似。在20世纪之初,亨克在关于王阳明的文章中说道:"布拉德莱(F. H. Bradley)、泰勒(Alfred Taylor)或乔西亚·罗伊斯(Josiah Royce)可能都会将它视为自己的老朋友,'绝对者',即使这一'绝对者'是被中国人发现的。"[②]夔德义(Lyman Cady)认为,王阳明思想与柏拉图、斯多葛哲学、笛卡尔、斯宾塞、莱布尼兹、茨柏里和博格森的理论存在相似之处。哈克曼、森克和佛尔克等德国学者在王阳明的思想中发现了跟德国唯心主义哲学或同一性哲学相似的理论。20世纪60年代后,比较研究从广

---

① 例如,参见 Lydia H. Liu, *Translingual Practice: Literature, National Culture, and Translated Modernity-China, 1900-1937* (Stanford: Stanford University Press, 1995)。

② Henke, "A Study in the Life and Philosophy of Wang Yang-ming", *Journal of the North China Branch of the Royal Asiatic Society* 44, p. 56.

度和深度上都大大发展了。与对王阳明的主要理论的分析性阐述一起,这类型研究成为80年代以来的王阳明研究的主流。

戴维·王说:"比较哲学把不同的哲学传统放在一起,这些哲学传统本来独立发展,根据广泛的文化和地域界限进行定义——比如,中国和西方的哲学传统。"①张仁宁(Ronnie Little John)把这类学术研究归类为哲学的子域,"哲学家有意识地使跨文化、语言和哲学领域的各种原始资料进行对话,据此研究哲学问题"②。这与特定传统的哲学研究不同,亦异于把不同传统纳入一个新哲学系统的世界哲学研究。比较哲学"有意识地比较迥然不同的传统下的思想家的理论,尤其是具有文化差异的传统"③。

在张仁宁看来,比较意味着一系列的挑战。④其中一个问题是叙述性的沙文主义,就是用自己的意象来重构另一种传统。比如,早期耶稣会士对待中国传统的方法,是倾向于那些看似给耶稣基督的启示铺平道路的元素。其实,这种方法带来深层次的危险。多年以来,研究中国哲学的教授一直表示,西方和中国之间不对称的相逢使中国哲学的阐释有失偏颇,使其成为一种"地区性研究"。在《王阳明与世界哲学之道》(2012),郑和烈(Hwa Yol Jung)批评了他理解的欧洲中心主义思维。在这种思维下,属于西方的东西是普世通用的,而属于世界上其他地方的东西则永远是狭隘的。他呼吁不要把欧洲"看作普世真理的唯一源头",并提倡发展进行不同哲学传统间的对话的方法。⑤ 情况依旧没变化,欧洲哲学仍然被看作普世标准,而世界上其他地方的哲学,比如中国哲学,其重要性相当有限。在平等的条件下,郑和烈认为,王阳明哲学"在世界哲学的舞台上表现出众,并且在哲学研究的三个领域对世界哲学做出宝贵的贡献"⑥。第一,王阳明的关系性的存有论,以及知行合一和良知的相关理论,更好地阐释了人

---

① David Wong, "Comparative Philosophy: Chinese and Western", *Stanford Encyclopedia of Philosophy*. Last Revised Dec. 8, 2014. https://plato.stanford.edu/entries/comparphil-chiwes/, accessed October 7, 2019.

② Ronnie Littlejohn, "Comparative Philosophy", *Internet Encyclopedia of Philosophy*. https://www.iep.utm.edu/comparat/, accessed October 7, 2019.

③ Ronnie Littlejohn, "Comparative Philosophy", *Internet Encyclopedia of Philosophy*.

④ Ronnie Littlejohn, "Comparative Philosophy", *Internet Encyclopedia of Philosophy*.

⑤ Hwa Yol Jung, "Wang Yangming and the Way of World Philosophy", *Dao* 12, no. 4(Dec. 2013), p. 465.

⑥ Hwa Yol Jung, "Wang Yangming and the Way of World Philosophy", *Dao* 12, p. 481.

类实际上如何参与生活世界。第二,其万物一体之心的理论超越了笛卡尔的二元论,构建了更直接的人类与世界之间的关系。最后,上述两者的实际意义在于,王阳明哲学可用于处理当前的环境危机问题。①

叙述性的沙文主义在翻译过程中也有可能不可避免。比如,张子立认为有些普遍使用的王阳明概念的翻译是错误的,具有误导性。这些误译不但导致错误的解释,而且造成令人困惑的哲学难题,责任完全在于误译。比如,他认为"良知"的大多数翻译,如陈荣捷的"innate knowledge of the good"、艾文贺的"pure knowing"和倪德卫的"innate moral sense",使良知主要具有认知和认识方面的含义。而张子立认为,良知或良知本体主要具有本体论上的含义,"是宇宙中一种动态、无所不包且在本体论意义上具有创造力的力量"②。所以,把"致良知"翻译成"extending the innate knowledge of the good",强调了认知的活动,只会加深人们的困惑。事实上,"致良知"基本上是指与宇宙的形而上的维度相通,连接使整个宇宙充满生机和变化发展的本体。对王阳明而言,道德实践是通往宇宙中形而上的境阈的途径。通过自然地听从良知的指引,我们可以上升到天人合一的理想状态。③

张子立把关于误译的这种论点延伸到王阳明思想的其他概念上。他解释道,英语语言的学术研究在措辞和分析王阳明思想方面出现了严重错误。他的论述让人担心王阳明的思想从未在西方得到正确的理解和欣赏。确实,张仁宁指出了比较方法的完全不可比性的危害。如果两种传统在概念和论点上是截然不同的,就无法得到用于进行对话的共同参考点。④这正是戴维·王以下观点的意思:某些生活形态可能跟个人的经历和哲学传统迥然不同,以至于这个人没法理解和欣赏该生活形态。⑤例如,我们可以想象,王阳明发展和传授其思想的环境,跟学者们研究、撰写和教导有关王阳明思想的内容时所处的环境有怎样的差异。

以上只是学者撰写关于王阳明的哲学理论或用比较方法研究其思想

---

① Hwa Yol Jung, "Wang Yangming and the Way of World Philosophy", *Dao* 12, pp. 481-482.
② Chang Tzu-li, "Re-exploring Wang Yangming's Theory of *Liangzhi* : Translation, Transliteration, and Interpetation", *Philosophy East and West* 66, no. 4(Oct. 2016), p. 1198.
③ Chang Tzu-li, "Re-exploring Wang Yangming's Theory of *Liangzhi* : Translation, Transliteration, and Interpetation", *Philosophy East and West* 66, pp. 1198-1199.
④ Littlejohn, "Comparative Philosophy", *Internet Encyclopedia of Philosophy* .
⑤ Wong, "Comparative Philosophy: Chinese and Western", *Stanford Encyclopedia of Philosophy*.

时所面临的一些挑战。尽管如此,在过去40年,出现了大量的相关学术著作,这便是本章考察的主题。首先,我们考察关于王阳明道德哲学的理论的学术研究,还有为研究王阳明思想而引入的比较视角。这些学术著作根据王阳明理论的核心焦点进行组织。其次,研究者进行的一般性质的比较研究。最后,本章末尾探讨了现代新儒学的学术研究成为王阳明思想进入西方的主要渠道的过程。

一、王阳明道德哲学的比较研究:良知与知行合一

20世纪80年代以来出版的王阳明研究成果大多数都是关于他的伦理哲学(道德哲学)的。根据其中一种框架,伦理哲学可以分为三个领域:元伦理学、规范伦理学和应用伦理学。一般而言,元伦理学考察伦理原则的起源和含义,提出问题,即我们为什么需要道德,把伦理和别的哲学领域联系起来,比如形而上学和认识论。规范伦理学探讨我们应该做什么的问题,意在建立辨别是非的框架或者原则。最常见的理论是美德伦理学、义务论和功利主义。王阳明的道德哲学被普遍认为是一种美德伦理学。应用伦理学分析有争议的特定道德问题。比如,有些学者认为,王阳明的伦理哲学是解决当今环境问题的一个重要思路。

关于王阳明道德哲学的研究著作提供了与所有这些主题相关的分析,但主要聚焦于规范伦理学和元伦理学。王阳明的致良知和知行合一的理论成为这一研究的核心焦点,同时,他的其他主要理论,比如心和万物一体的理论,亦与之联系进行阐释。其中一篇专题论文和数篇文章以良知作为主题。比较的方法包括阐明王阳明的道德哲学,通过比照或使用西方某个道德哲学家、分析哲学、古典美德伦理学和现象学理论,实现这个目的。

柯雄文(A. S. Cua, 1932—2007)是一位王阳明道德哲学研究著作颇丰的学者。他出生于马尼拉的一个菲律宾华人家庭,1952年在菲律宾远东大学(Far Eastern University)获得哲学和心理学的学士学位。之后,他去美国读研究生,1958年在加州大学伯克利分校获得哲学博士学位。他先后在俄亥俄州立大学和纽约州立大学奥斯威戈分校任教。1969年到1995年间,柯雄文担任美国天主教大学(The Catholic University of America)的哲学教授。

在其学术生涯中,柯雄文的主要研究兴趣是西方道德哲学、道德心理

学和儒家伦理学。他在1966年出版了第一本书,研究18世纪英国道德哲学家理查德·普莱斯(Richard Price)。他的最后一本书出版于2005年,汇编了关于荀子和其他中国伦理学主题的选文。在这段时期,柯雄文出版了另外4本书,发表了大量的文章,广泛地探讨了东西方道德哲学,但主要聚焦于研究儒家伦理学,并分享他对道德生活的本质的理解。他参加了《中国哲学百科全书》(*Encyclopedia of Chinese Philosophy*, 2003)的编辑工作,负责撰写王阳明的词条。

接下来的部分提到知行合一研究,我们将讨论柯雄文的专著《知行合一:王阳明道德心理学的研究》。在沈清松(Vincent Shen)看来,这部专著很具有个人意义,在灵感的激励下,柯雄文用了6周就完成了。① 几年后,他在《东西哲学》发表了一篇长文,探讨王阳明对于万物一体和良知的设想。柯雄文解释道,王阳明的思想"抗拒系统化的阐述",即通过言简意赅的表述,表述他的经历以及其追求儒学研习精神的过程中发现的东西。② 然而,柯雄文尝试对王阳明的道德哲学思想进行系统化的分析,同时贬低形而上学在阳明思想中的重要性。他认为,虽然王阳明哲学存在形而上学的思想,"最好以初始形式理解王阳明的思想,而非专注于形而上学"③。柯雄文解释说,根据古典儒家的仁之美德,该儒学的人与自然和谐共存的理想,以及宋代道学家的万物一体的理想,王阳明把宇宙构想为一个道德社群,赋予其十分具体的意义。这种构想是伦理承诺的最根本的目标。本质上,我们有道德意识、道德情感和做出道德判断的能力。这就是我们的良知,良知是内在的自愿选择,斡旋于理想与我们面对的现实世界之间。良知是道德作用的根基,自我依赖的基础。"致良知"使我们得以实现构想,即用"仁"来激发我们的道德精神。④

1998年,史罗一(Lloyd Sciban)在卡加利大学担任东亚研究的教授,他曾师从秦嘉懿,这一年,他发表了文章《王阳明哲学中道德抉择的主要特

---

① Vincent Shen, "Introduction: In Memory of and Dialogue with Antonio Cua", *Journal of Chinese Philosophy* 35, no. 1(2008), pp. 3-8.

② A. S. Cua, "Between Commitment and Realization: Wang Yang-ming's Vision of the Universe as a Moral Community", *Philosophy East and West* 43, no. 4(Oct. 1993), p. 611.

③ A. S. Cua, "Between Commitment and Realization: Wang Yang-ming's Vision of the Universe as a Moral Community", *Philosophy East and West* 43, p. 614.

④ A. S. Cua, "Between Commitment and Realization: Wang Yang-ming's Vision of the Universe as a Moral Community", *Philosophy East and West* 43, pp. 630-631.

点》。此文读起来像是理解"良知"的初级读物。我们天生就能知道如何进行道德抉择。王阳明在孟子学说中发现了这种理论,并变革性地发展了这一理论。通过叙述王阳明对朱熹的格物之法的思想挣扎,史罗一让读者明白王阳明是如何得出他这一最重要的教义的。王阳明觉得,自己的道德生活要更加自然,不受诸多内心分裂的干扰。朱熹哲学无法提供他要寻找的答案。经过诸多个人的挣扎,王阳明最终找到了自己的答案。①

史罗一解释道,良知"很难翻译,还没有得到普遍认可的对应术语"②。"良知"的英文翻译有陈荣捷的"innate knowledge of the good",方东美的"conscientious wisdom",倪德卫的"intuitive knowledge of the good",唐君毅的"conscientious consciousness",以及其他人的"good conscience"。史罗一建议不翻译良知,并指出这个"王阳明道德哲学基础"的几个关键特征。③良知是与生俱来的、自发的,从我们的内心自然形成。良知普遍存在——人人皆有,故此,人人皆可成为有道德的人。良知能够将私欲和普遍性的道德原则区分开来。良知并非由我们必须遵守的绝对的规则进行界定,也并非由先例或社会规范进行定义。正如一面镜子,良知"能够反映世界事物的本真"。④良知基本上是表述行为的。"因此,良知以一个持续不断且在道德上正确的调整过程显现,这种调整是为了适应变化的环境。道德抉择主要是动态的。"⑤所以,必须持续不断地进行道德抉择;通过其练习,良知得以维持。良知的道德真相包括行动的动力,即实现其设想的目标的意愿。因而,良知自然地带来行动。这只是史罗一强调的良知的部分特征。

在《新儒学的智慧观:王阳明的良知论》一文中,黄勇直截了当地指

---

① Lloyd Sciban, "Essential Characteristics of Moral Decision in Wang Yangming's Philosophy", *Journal of Chinese Philosophy* 25, no. 1(1998), p. 53.
② Lloyd Sciban, "Essential Characteristics of Moral Decision in Wang Yangming's Philosophy", *Journal of Chinese Philosophy* 25, p. 54.
③ Lloyd Sciban, "Essential Characteristics of Moral Decision in Wang Yangming's Philosophy", *Journal of Chinese Philosophy* 25, p. 55.
④ Lloyd Sciban, "Essential Characteristics of Moral Decision in Wang Yangming's Philosophy", *Journal of Chinese Philosophy* 25, p. 58.
⑤ Lloyd Sciban, "Essential Characteristics of Moral Decision in Wang Yangming's Philosophy", *Journal of Chinese Philosophy* 25, p. 64.

出:"在王阳明日臻成熟的哲学中,良知是最重要的理论。"①黄勇解释道,良知是一种道德知识,每个人的心天生便存在良知,和人们要通过学习而获得的非道德知识不同。王阳明没有贬低这些知识,但他相信,应该用我们的良知指导那些非道德知识。② 黄勇亦探讨了这样一个问题,如果人人皆有这种良知,为什么圣人和普通人之间存在差别。也就是说,为什么人们做出不符合道德的行为,或选择为恶？事实上,许多关于王阳明的学术研究都提到其观点,即,假如我们只听从良知的自然运作,便可以符合道和天理。没这样做,是因为私欲或者浊气把良知遮蔽了。王阳明的"太阳被云遮蔽"或者"明镜蒙尘"的比喻经常被引用。黄勇详细解释了王阳明谈论的各种气,指出哪些会导致恶行(比如客气和习气)。要克服这些气和私欲,使明镜和太阳发亮,立志起至关重要的作用。

黄勇还从当代哲学的视角探讨了王阳明的良知论是否可信。比如,约翰·洛克对天赋知识的理论进行猛烈抨击。对于道德之事中什么是普适的东西,是否真正存在共识？任何人都可以说,某种道德诉求是正确的,因为此诉求原本在我们的心中,只是被遗忘,需要重新发现而已。然而,黄勇认为,这些异议可以通过王阳明的理论得到解决,把王阳明的心本善以及人类可趋于完美的理论作为信仰的目标。当我们的行为遵循我们对良知的信仰或信心,我们就能够看见这些形而上的现实的真相,成为道德的人。③

黄勇还发表了其他几篇关于王阳明的文章,在其书的章节中也有论述。在中国哲学领域,他绝对是国际学术舞台上的一个重要人物。他在美国和香港都担任过教授职位,发表了数量令人难以置信的中英文刊物,他还推出学术期刊《道》,并担任该刊物的编辑。他的文章涉及广泛的主题,包括古代儒学、新儒学和现代中国哲学。因此,他让我们想起狄百瑞和陈荣捷时代的华人学者,他们为汉语和英语的学术界贡献了关于王阳明的学术文献。黄勇发表的其他关于王阳明道德哲学的文章包括《道德运气与道

---

① Huang Yong, "A Neo-Confucian Conception of Wisdom: Wang Yangming on the Innate Moral Knowledge(*liangzhi*)", *Journal of Chinese Philosophy* 33, no. 3(Sept. 2006), p. 393.

② Huang Yong, "A Neo-Confucian Conception of Wisdom: Wang Yangming on the Innate Moral Knowledge(*liangzhi*)", *Journal of Chinese Philosophy* 33, p. 396.

③ Huang Yong, "A Neo-Confucian Conception of Wisdom: Wang Yangming on the Innate Moral Knowledge(*liangzhi*)", *Journal of Chinese Philosophy* 33, pp. 402-403.

德责任:关于为恶的儒家问题之王阳明论》("Moral Luck and Moral Responsibility:Wang Yangming on the Confucian Problem of Evil",2018)、《知其然,知其何如,或知其所至:王阳明的良知论》("Knowing-that, Knowing-how, or Knowing-to:Wang Yangming's Conception of Moral Knowledge",2017)、《以王阳明为中心的儒家环境伦理》("Confucian Environmental Ethics Focusing on Wang Yangming",2016)、《对"恶魔"的同感:王阳明对当代道德哲学的贡献》("Empathy with 'Devils':Wang Yangming's Contribution to Contemporary Moral Philosophy",2016)、《王阳明的良知论是否成立?》["Is Wang Yangming's Notion of Innate Moral Knowledge(liangzhi)Tenable?",2006]。

然而,如今黄勇不是面向中英文学术界发表研究王阳明学术的作品的唯一华人学者。杨国荣是一位知名的哲学教授,1988年获得哲学博士学位,此后一直在华东师范大学任教。杨国荣用中文撰写了大量关于王阳明的文章,最早的就是1990年出版的《王学通论》。从那以后,他撰写了许多哲学研究的文集,其中一部分以外语出版。事实上,2013年以来,在他的主要哲学研究著作中,已有3部著作被译成英文,由Brill出版。其研究结合中国和欧洲哲学,通过这种努力,间接地把王阳明的名字引入外面的世界。

2010年,杨国荣在《中国哲学杂志》(Journal of Chinese Philosophy)上发表了论文《王阳明的道德哲学:良知与美德》("Wang Yangming's Moral Philosophy:Innate Consciousness and Virtue")①。该文章可以说是一篇从多方面介绍王阳明思想的初级读物。论文的主题是良知,但杨国荣解释了良知与王阳明关于知行合一、意志和天理的理论的关联。他还向读者传达了一个非常简单但很重要的观点。朱熹给人留下的印象是,天理在自我之外,如出一辙地,假若良知来自天上,则其也具有外在的维度。因此,普遍的道德原则存在于世间,人们必须通过客观智力求索发现这种原则,然后自动遵守这种原则。结果,道德主体就与天理和普遍的道德规范分离了。②这就解释了为什么有时候人们即便知道应该怎么做,也不一定去做。

---

① Yang Guorong, "Wang Yangming's Moral Philosophy:Innate Consciousness and Virtue", *Journal of Chinese Philosophy* 37, no. 1(Mar. 2010), pp. 62-75.

② Yang Guorong, "Wang Yangming's Moral Philosophy:Innate Consciousness and Virtue", *Journal of Chinese Philosophy* 37, p. 71.

第七章 阳明学与比较哲学

王阳明要求我们从道德的理性认知转向美德的直接认知。我们天生便具有道德,人性本善。良知是我们真实的自我。而且,真实的良知本身拥有辨别是非的内在标准,也具备为善去恶的情感动力和意志力。根据杨国荣的观点,我们从根本上是善良、明辨是非的,以此作为行动的出发点。

刘纪璐的学术生涯也与此相关。2018年,她刚刚出版了一本书,名为《新儒学:形而上学、心和道德》,她的目的是"提炼宋明新儒学的哲学核心,使之与当代哲学语篇相关"①。为此,她建议使用当代分析哲学来解读新儒学,从而把该传统从特定的历史语境中解放出来,亲近当代读者。然而,她亦承认,许多中国学者完全反对用西方哲学理论来详细分析中国思想,"认为可能会破坏中国思想的精髓"②。刘纪璐怀疑,有人会说这是"认识上的殖民主义"。但对其而言,这种态度只是"哲学上的民族主义或者本质主义,使中国哲学囿于中国知识体系,只能让中国读者明白"③。相反,只要我们不歪解文字,尽量不曲解哲学理论,"比较的视角可以成为沟通的桥梁"。她解释说:"我希望,通过用当代分析哲学的术语来重构新儒学,让人们能了解这些哲学理论。"④

刘纪璐说,她一直对新儒学情有独钟。这种热情,是刘纪璐在台湾大学完成本科和研究生论文之时,由张永儁培养起来的。1994年,刘纪璐在罗切斯特大学获得哲学博士学位,其后,她先在纽约州立大学内西奥分校任教(1994—2005),后来,从2005年至今(2019),她在加利福尼亚州立大学担任哲学教授。⑤刘纪璐说:"当我在台湾大学读本科时,我就爱在我父母寓所的屋顶阳台读新儒学著作。看着日落和美丽的云朵,我经常在想,这就是这些新儒家学者几百年前看到的那片天空,觉得成为他们的一分子。"⑥

刘纪璐的《新儒学:形而上学、心和道德》包括关于8位宋明新儒家学者的章节。其中两章主要讲王阳明的道德哲学。在《王阳明的良知与道德

---

① JeeLoo Liu, *Neo-Confucianism: Metaphysics, Mind, and Morality* (Hoboken, NJ: Wiley, 2018), p. ix.
② JeeLoo Liu, *Neo-Confucianism: Metaphysics, Mind, and Morality*, p. ix.
③ JeeLoo Liu, *Neo-Confucianism: Metaphysics, Mind, and Morality*, p. ix.
④ JeeLoo Liu, *Neo-Confucianism: Metaphysics, Mind, and Morality*, p. x.
⑤ 现在她有自己的网站,关于其刊物的信息可在网上获取。See "JeeLoo Liu", https://jeelooliu.net/, accessed July 10, 2019.
⑥ JeeLoo Liu, *Neo-Confucianism: Metaphysics, Mind, and Morality*, p. xi.

反思性的直觉主义模式》一章中,刘纪璐把王阳明的哲学视为直觉主义的一种形式。① 由于这种天赋能力是可以马上明辨是非的内在功能,无须借助理性判断和反思,因此属于"由因及果的直觉主义"。即通过自省,我们可以直接察觉到道德真理。因为道德真理不依赖个人或文化的经验,既不由社会建构,也不取决于经验,所以王阳明是一位道德现实主义者。② 刘纪璐把王阳明的良知论称为"人本主义的道德现实主义"。我们有一个内在的道德罗盘,但我们可能需要找回这个罗盘,因为它被自我中心遮蔽了。我们可以通过不断的自我监督和自我修正来实现这个目标,借此实现良知的察觉天理的能力。

在相关章节中,刘纪璐以良知作为焦点,讨论了王阳明的道德实践以及其他理论,比如知行合一和万物一体。刘纪璐还把王阳明思想与某些当代演化性和社会性的道德理论联系起来。我们真的生而具备道德感或先天能力,使我们成为有道德的生物吗?即使有所不同,但所有人类社会都发展了道德体系,我们该如何解释这一事实?③ 比如,强纳森·海德特(Jonathan Haidt)是一位当代的社会心理学家,他提出了一种社会直觉主义模式,以解释人类进行道德判断的能力。美国演化生物学家阿亚拉(Francisco Ayala)和哲学家理查德·乔伊斯(Richard Joyce)提出了我们道德感的演化起源,即我们进行是非对错的价值判断的倾向之演化起源。然而,刘纪璐谨慎地把王阳明的良知论区分开来,因为上述理论都没说直觉是由因及果的,也没提到直觉可以察觉到客观、超越寻常的道德现实(天理)。

最后,我们看看基于现象学角度的良知思想研究。事实上,现象学作为20世纪欧陆哲学历史上的一个运动,与明代心学之间确实存在自然的密切联系。两种哲学传统都研究经验并进行描述,从而理解其关键特征。现象学以非常广泛的形式进行这种研究,心学则将重心放在道德经验之上;两种哲学传统都根据人类意识察觉和理解事物的方式,对事物进行分

---

① JeeLoo Liu, "Wang Yangming's Intuitionist Model of Innate Moral Sense and Moral Reflexivism", in JeeLoo Liu, *Neo-Confucianism: Metaphysics, Mind, and Morality* (Hoboken, NJ: Wiley, 2018).

② JeeLoo Liu, "Wang Yangming's Intuitionist Model of Innate Moral Sense and Moral Reflexivism", in JeeLoo Liu, *Neo-Confucianism: Metaphysics, Mind, and Morality*, p. 252.

③ JeeLoo Liu, "Wang Yangming's Intuitionist Model of Innate Moral Sense and Moral Reflexivism", in JeeLoo Liu, *Neo-Confucianism: Metaphysics, Mind, and Morality*, p. 245.

析;现象学探讨主观、第一人称的视角,心学则探讨个人的道德生活及其普遍性的基础。现象学研究精神生活的东西,以及精神生活对体验者而言是怎样的,心学则更具体地聚焦于道德生活的现象以及道德意识的运作方法。

20世纪60年代,郑和烈与秦嘉懿已经注意到存在主义现象学和王阳明心学之间显著的相似,并对此进行探究。但这种比较方法一直得不到发扬,也许一直由分析哲学占据主导地位,直到过去的10年内,耿宁(Iso Kern)出版其德文大部头巨著。此外,卢盈华目前是华东师范大学的哲学教授,他亦在此期间开始出版关于王阳明道德哲学的现象学研究之成果。

随着其书《人生第一等事:王阳明及其后学论"致良知"》的出版,耿宁在东亚和欧洲的相关学术界获得了一定的声誉。①这是一本巨著,聚焦于"致良知",王阳明将"致良知"视为其精神发展的整个过程的确定成形,也是他教学的核心。第一部分专门介绍这位心学大师,在开头部分详细介绍中国明朝中期的社会和政治环境,使读者深入了解王阳明及其第一代弟子的辩论发生之时的背景。其后,耿宁全面地记载了该理论发展的三个阶段:早期(1506年前)、中期(1507—1518)、晚期(1519—1529)。他还详细叙述了对于王阳明而言,"良知"具有的三大含义。早期,王阳明将良知视为做出道德行为的情感倾向和能力,应该加以培养。譬如,正如我们对家人自然产生的爱。1519年以后,他还把良知看作辨别人们意图的对错的关键道德意识,这种意识即时存在,不需要加以反思。良知可以辨别善恶。最后,尤其在晚期,良知的宗教维度突显出来。良知是非经验的、超越常识和普世通用的绝对之物。良知永不出错,永恒不变,且超越生死。良知是出现在人心内的所有东西的纯粹根源。这些就是王阳明讲授的良知的不同维度。②

第二部分专门介绍王阳明的第一代弟子,包括王艮、聂豹、邹守益、刘

---

① Iso Kern, *Das wichtigste im leben: Wang Yangming*(*1472-1529*)*und seine nachfolger über die "verwirklichung des ursprünglichen wissens"* [*Wang Yangming*(1472-1529)*and His Successors on the "Realization of Original Knowledge"*](Basel: Schwabe Verlag, 2010)。

② 相关评论参见 Kai Marchal, review of *Das wichtigste im leben: Wang Yangming*(*1472-1529*)*und seine nachfolger über die"verwirklichung des ursprünglichen wissens"* by Iso Kern, *Philosophy East and West* 63, no. 4(Oct. 2013), pp. 676-680; Jean François Billeter, review of *Das wichtigste im leben: Wang Yangming*(*1472-1529*)*und seine nachfolger über die"verwirklichung des ursprünglichen wissens"* by Iso Kern, *T'oung Pao* 96(2011), pp. 562-564。

邦采、欧阳德、钱德洪、王畿和罗洪先。对于他们针对王阳明教导的主要理论的正确理解的辩论,耿宁亦小心重建了辩论的社会和政治背景。他们都是有影响力的人物,对王阳明的理论有不同的理解和发展。耿宁比较详细地解释了他们之间的争论。

在某种意义上,《人生第一等事:王阳明及其后学论"致良知"》是耿宁一辈子研究现象学和中国哲学的完美之作。1961 年,耿宁在天主教鲁汶大学完成了一篇关于胡塞尔的论文。1962 年到 1971 年,他在鲁汶胡塞尔档案馆工作,该馆出版了胡塞尔身后的著作。他也在鲁汶大学汉学院学习中文。1972 年到 1979 年,耿宁在海德堡大学(University of Heidelberg)教哲学,后离开该校,致力于中国哲学研究。他在世界各地进行该研究,去过台湾大学、哥伦比亚大学、南京大学和北京大学,1985 年回到瑞士,在苏黎世大学(University of Zurich)和弗里堡大学担任一系列的教学职务,最后到伯尔尼大学担任中国哲学教授,一直到 1995 年。《人生第一等事》被誉为以欧洲语言出版的第一部全面研究王阳明及其第一代弟子的著作。耿宁还提供了新近翻译的资料,以及一个很有用的中德词汇对照表。毫无疑问,耿宁促进了这个研究领域在西方的发展。

另一位运用德国现象学研究王阳明的学者是卢盈华。在郑州大学读完硕士后,他在美国南伊利诺伊大学(Southern Illinois University)哲学系继续攻读博士学位。作为欧洲大陆哲学和亚洲思想的比较研究专家,他的导师道格拉斯·伯格(Douglas Berger)也很支持卢盈华的此种研究。卢盈华指出,导师在印度、中国和欧陆哲学方面的比较研究取得了丰硕成果,指引了他对儒家哲学的比较研究工作。他感谢大学的现象学研究中心及其主任安东尼·施坦因博克(Anthony Steinbock)对其在现象学研究与方法运用上的训练。

2014 年,卢盈华完成了博士论文《心有其理》(*The Heart Has Its Own Order*)。① 2014 年以来,他在此研究的基础上,于中英文期刊上发表了一系列论文。直接与王阳明相关的英文论文包括《马克斯·舍勒与王阳明思想中先天的价值与感受》("The *A Priori* Value and Feeling in Max Scheler and

---

① Lu Yinghua, "The Heart has its Own Order: The Phenomenology of Value and Feeling in Confucian Philosophy" (Ph. D. Diss., Southern Illinois University, 2014).

Wang Yangming")①、《作为道德感受与道德认知的良知：王阳明的是非之心现象学》["Pure Knowing(*Liangzhi*) as Moral Feeling and Moral Cognition: Wang Yangming's Phenomenology of Approval and Disapproval"]②、《王阳明的知行合一说重探：一项道德情感视野下的研究》("Wang Yangming's Theory of the Unity of Knowledge and Action Revisited: An Investigation from the Perspective of Moral Emotion")。③

卢盈华认为，通过与德国现象学家马克思·舍勒(Max Scheler)进行比较，王阳明哲学会得到富有成果的阐发。舍勒的名气虽不如胡塞尔，但事实上是一位现象学运动的先驱。最为突出的是，通过对价值和感受的现象学分析，舍勒否定了几种流行的伦理学进路。他认同康德对经验主义、功利主义和幸福主义的拒斥。如康德一样，舍勒认为我们有先天的道德秩序，它与后果或将来的幸福无关，但是与康德不同，他认为先天的秩序不能建立在普遍的绝对律令之上。绝对律令是抽象的、形式的、非人格的。伦理律令不应只通过我们应该做什么而被给予，而应在我们如实的道德体验中被给予。透过现象学直观，价值被发现内在于经验。通过评价来把握世界是我们最基本的与世界关联的方式，这种评价主要是通过感受与情感来运作。通过感受与情感，我们获得道德判断。譬如，透过爱与恨这些行为，世界对我们来说有了意义。我们为各式各样的价值所吸引，但当价值冲突时，我们的本心偏好更大或更高的价值，促使我们牺牲更小和更低的价值。如此，在日常经验中呈现出来了价值的级序，偏好特定价值模态的超过其他的价值模态。舍勒认为这种级序是客观的。这类似王阳明的一些看法，比如阳明对形式主义与朱熹法则约束的伦理学的拒斥、作为是非之心的良知之学说、作为真我的良知观念、他对感受与情感在道德决定中所起作用的重视，以及他对天理的客观秩序一致于本心良知的坚持。卢盈华也进行了较为细致的比较，以便使两种不同的哲学世界相互启发。

---

① Lu Yinghua, "The *A Priori* Value and Feeling in Max Scheler and Wang Yangming", *Asian Philosophy* 24, no. 3(2014), pp. 197-211.

② Lu Yinghua, "Pure Knowing (*Liangzhi*) as Moral Feeling and Moral Cognition: Wang Yangming's Phenomenology of Approval and Disapproval", *Asian Philosophy* 27, no. 4(2017), pp. 309-323.

③ Lu Yinghua, "Wang Yangming's Theory of the Unity of Knowledge and Action Revisited: An Investigation from the Perspective of Moral Emotion", *Philosophy East and West*. 69. no. 1(2019), pp. 197-214.

有些学者把王阳明的万物一体理论作为其分析的中心,而非主要聚焦于良知。于江霞把斯多葛学派的"视为己有"理论与王阳明的"万物一体"理论进行比较,考虑到目前的学术趋势,这种方法应视为十分合理。正如安靖如所言,美德伦理学在西方古典思想中曾经占据主导地位,但后来义务论和功利主义的道德理论使这种道德哲学传统黯然失色。①直到过去半个世纪内,人们才重燃对经典美德伦理学的兴趣。与此同时,儒学研究在西方出现重大发展,"第二手文献和高质量的翻译激增,看似跨越了关键临界点"②。现在,专家和非专家都能够认真地参与这种思想传统的研究。西方的美德伦理学家对儒学尤其感兴趣,究其原因,正如安靖如解释的那样:"儒家思想在特征上有许多地方为美德伦理性或接近美德伦理性。"③ 2008年和2010年,在美国举办了关于这个主题的数次会议,旨在使儒学和当代美德伦理学进行对话。中国和美国与会者提交的文章结集成一本书,名为《美德伦理学和儒学》。比如,在《美德伦理学与中国传统》一文中,艾文贺解释了为什么说王阳明是个美德伦理学家。他简要描述了王阳明的道德哲学及其在心/精神和原则上的形而上学基础,并将该哲学与其他类型的美德伦理学区别开来。④在众多视儒学和王阳明的道德哲学为一种美德伦理学的文章中,艾文贺的文章只是其中一个例子。

确实,斯多葛学派可以作为很好的比较对象。阳明心学和斯多葛学派的理论基本上都是道德哲学,具有实际的焦点。对两者而言,哲学是一种生活方式,以自我完善为目标。这种完善需要培养美德,获得克制的平静,使人们免受不幸、赞许和斥责的干扰。当然,其形而上学和自我的概念属于不同的世界。然而,于江霞解释道,对于我们是谁(自我)以及我们与其他人有什么关联(自我—他人的关系),斯多葛学派和王阳明在该问题上的观点不一致,尽管如此,他们均认同"自我和世界的原本的统一"⑤。这种原本的统一成为个人发展的目的论力量。我们的道德考量,始于我们自

---

① Stephen C. Angle and Michael Slote, *Virtue Ethics and Confucianism* (New York and London: Routledge, 2013), p. 1.
② Stephen C. Angle and Michael Slote, *Virtue Ethics and Confucianism*, p. 2.
③ Stephen C. Angle and Michael Slote, *Virtue Ethics and Confucianism*, pp. 4-5.
④ Philip J. Ivanhoe, "Virtue Ethics and the Chinese Tradition", in *Virtue Ethics and Confucianism*, ed. Stephen C. Angle and Michael Slote(New York and London: Routledge, 2013), pp. 28-55.
⑤ Yu Jiangxia, "The Moral Development in Stoic *Oikeiôsis* and Wang Yang-ming's ' *wan wu yi ti*' ", *Asian Philosophy* 27, no. 2(Apr. 2017), p. 150.

身和周围的人。斯多葛学派提出这样一种理论,即我们天生就有一种原始的自我意识或者洞察力。这是我们的第一关注对象。通过"视为己有"的道德成长、发展的过程,我们可以延展道德关注和意识的圈子,以涵盖家人、家庭、城市和全人类。王阳明以类似的方式提到内在道德意识,即良知。良知的根源是一种基本直觉,自我和全部其他东西以及宇宙合为一体。从践行孝道开始,我们可以把良知,从我们的父亲延伸到全天下的父亲,从我们的兄长延伸到全天下的兄长,如此类推,直到包容一切人类。确实,于江霞的这个比较令人印象深刻。也许,这个比较是正确的,因为两者都主张基本统一的背后,存在着一种普世皆准的有救世潜力的永恒哲学。然而,主张世界上的伟大宗教和哲学传统都有一个共同的形而上根源的永恒哲学在当今学术界并不流行。

Joshua M. Hall 是纽约市立大学的哲学助理教授,他在文章《宇宙医生的神经/护士:王阳明论自我意识即世界意识》中就王阳明的"大人者以天地万物为一体者"学说提出了创造性的诠释。① 在王阳明看来,自我意识理想情况下即宇宙意识,是一种超越自我的意识。借鉴王阳明的医学隐喻,Hall 认为王阳明把整个宇宙视为进行自我诊断的医生。他认为,"对王阳明而言,世界在某种意义上可以被理解为一个具有觉照能力且能够进行自我治愈的机体,而人类则是存在于这一机体内部的敏感神经,利用自己的觉照意识将注意力导向受伤和疾病累及的部位",并"对我们共同的伤病进行持续的治疗"。②

至于 Joshua M. Hall 为什么要写这篇文章,他自己解释道:"我想我之所以写这篇文章,是因为在研究和讲授几门亚洲哲学的入门课程后,我开始担心,由于忽视了对这些思想传统后续历史发展的考虑,我只是强化了我认为的西方对那些思想传统的迷恋和过度简化。为了解决这个问题,我开始研究后来的思想家,而王阳明立即成了我最喜欢的研究对象,所以我把他的一些著作加入我的课程。几个学期过去,我的学生也喜欢他,并且

---

① Joshua M. Hall, "Nerve/Nurses of the Cosmic Doctor: Wang Yang-ming on Self-Awareness as World-Awareness", *Asian Philosophy* 26, no. 2(2016), pp. 149-165. 截至 2018 年,Joshua Hall 时任威廉帕特森大学(William Paterson University)哲学系哲学助理教授。

② Joshua M. Hall, "Nerve/Nurses of the Cosmic Doctor: Wang Yang-ming on Self-Awareness as World-Awareness", *Asian Philosophy* 26, no. 2(2016), pp. 163-164.

与我持有相同看法,认为西方哲学学者低估了王阳明及其当代意义。"①因此,Hall 参与到王阳明相关的英文文献编著,尤其是陈荣捷和艾文贺(Philip J. Ivanhoe)对其著作的翻译中,他开始学习汉语,并把他对王阳明的见解和解释编成一篇文章。

这些就是以王阳明的良知和万物一体为主题的一些英文研究论文和章节。更多研究成果是关于王阳明的知行合一的。

二、知行合一研究

20 世纪 80 年代以来,知行合一成为最受西方关注的王阳明主要思想观点。柯雄文(A. S. Cua)最早出版专著,专门从哲学角度诠释这个理论,为同类英文学术研究的增长奠定基础。当然,西方关于王阳明的出版物几乎都提到该教义,王阳明被流放贵州,在龙场悟道,在 1509 年提出知行合一的理论。一方面,从较浅的层面上看,可以把知行合一理解成一种格言,一种唤醒良心的努力,号召行动的呼唤。只谈道德和正义不同于真正采取道德的行动,使自己变得更好,让世界变成一个更好的地方。另一方面,在较深的层面,哲学家们思考王阳明的知行相同的说法。王阳明说的是哪一类知识,知识与行动相同是什么意思?难道没有先后次序?这些更严格意义上的哲学问题成为多名学者的研究主题,按照时间顺序,这些学者包括柯雄文②、约翰·史密斯(John Smith)③、沃伦·弗里西纳(Warren G. Frisina)④、Amy Ihlan⑤、Chi Wan-hsien⑥、安靖

---

① 与作者的私人通信,2017 年 11 月 10 日。
② A. S. Cua, *The Unity of Knowledge and Action*: *A Study in Wang Yang-ming's Moral Psychology* (Honolulu: University of Hawaii Press, 1982).
③ John Smith, "Some Pragmatic Tendencies in the Thought of Wang Yang-ming", *Journal of Chinese Philosophy* 13, no. 2(Jun. 1986), pp. 167-183.
④ Warren G. Frisina, "Are Knowledge and Action Really One Thing? A Study of Wang Yang-ming's Doctrine of Mind", *Philosophy East and West* 39, no. 4(Oct. 1989), pp. 414-447.他的理论也在以后的专著充分阐述,参见 *The Unity of Knowledge and Action*: *Toward a Nonrepresentational Theory of Action* (Albany: State University of New York Press, 2002)。
⑤ Amy Ihlan, "Wang Yangming: A Philosopher of Practical Action", *Journal of Chinese Philosophy* 20, no. 4(Dec. 1993), pp. 451-463.
⑥ Chi Wan-hsien, "The Notion of Practicality in Wang Yangming's Thought" (Ph. D. Diss., University of Pennsylvania, 2001).

如(Stephen Angle)①、杨小梅②、William Day③、卢盈华④、史伟民⑤、郑泽绵⑥和哈维·莱德曼(Harvey Lederman)⑦。以下简要介绍其中一些学术研究。

在《知行合一：王阳明道德心理学研究》(*The Unity of Knowledge and Action: A Study of Wang Yang-ming's Moral Psychology*)里面，柯雄文联系当代关于道德思想与道德行动之关系的讨论，旨在给王阳明的理论提供可信的解释。柯雄文的目的是，针对王阳明对于道德抉择如何发生的阐释，提供贴切的描述和分析，包括解释自愿选择和认知方面的角色，以及儒学构想在指导道德生活方面的角色。柯雄文认为，他不需要考虑王阳明的形而上学。在他看来，王阳明的知行合一理论与道德含义的实践性知识之范畴相关。实践性知识具有一种驱动力，一种推动性的力量或寓意。

柯雄文用长达大约115页的篇幅分析知行合一，其分析相当精细，且包括大量的尾注，把该分析与道德哲学的学术研究联系起来。总的来说，作为基于道德理想和道德愿景之上的一种实践性知识，道德知识具有推动性的寓意，从而促使忠诚的道德主体采取行动。而且，由于采取了行动，我们对该理想愿景的含义和力量的理解发生变化，并进一步加深。所以，道德知识同时具有展望性和回顾性，柯雄文使用这两个关键术语来解释从知到行的次序。如此，我们便能理解王阳明的观点，"知者行之始，行者知之

---

① Stephen Angle, "Sagely Ease and Moral Perception", in *Sagehood: The Contemporary Significance of Neo-Confucian Philosophy*, by Stephen Angle(New York: Cambridge University Press, 2002), pp. 113-131.

② Yang Xiaomei, "How to Make Sense of the Claim 'True Knowledge is What Constitutes Action': A New Interpretation of Wang Yangming's Doctrine of the Unity of Knowledge and Action", *Dao* 8, no. 2(2009), pp. 173-188.

③ William Day, "Zhenzhi and Acknowledgment in Wang Yangming and Stanley Cavell", *Journal of Chinese Philosophy* 39, no. 2(Jun. 2012), pp. 174-191.

④ Lu Yinghua, "Wang Yangming's Theory of the Unity of Knowledge and Action Revisited: An Investigation from the Perspective of Moral Emotion", *Philosophy East and West* 69, no. 1(Jan. 2019), pp. 197-214.

⑤ Shi Weimin, "The Quest for Ethical Truth: Wang Yangming on the Unity of Knowing and Acting", *Comparative Philosophy* 8, no. 2(2017), pp. 46-64.

⑥ Zheng Zemian, "An Alternative Way of Confucian Sincerity: Wang Yangming's 'Unity of Knowing and Doing' as a Response to Zhu Xi's Puzzle of Self-Deception", *Philosophy East and West* 68, no. 4(Oct. 2018), pp. 1345-1368.

⑦ Harvey Lederman, "The Introspective Model of the Unity of Knowledge and Action", unpublished draft, harveylederman.com, accessed August 8, 2018.

成"。比如,孝道是具有推动性力量的道德知识,仅仅具有对此采取行动的意图并不足够;这种道德理想的知识,只有通过我们在对待父母的过程中据此采取行动,方能进一步加深。

因此,王阳明的知行合一理论确实包含了知识或认知的维度。若要抑制盲目或冲动的行动,行动必须基于谨慎的思考和探究。要在实现道德成就的过程中取得进步,这种反思不可或缺。因为知与行确实能通过一种智力过程连接起来,柯雄文将王阳明对意和理的作用的分析包括在内,解释意和理怎样干预从展望性道德知识到回顾性道德知识的次序。他亦解释了道德知识和行动之间的关系如何由儒家的和谐理想支配,正如那些由道和仁等词语表达的理想。知行合一理论解释了通过从展望性道德知识到回顾性道德知识的持续过程,忠诚的道德主体如何加深对儒家理想的理解,并能够在人生和人世中更有效地实现这些理想。

在《王阳明思想中的一些实用主义倾向》("Some Pragmatic Tendencies in the Thought of Wang Yangming")一文中,哲学家约翰·史密斯(John E. Smith)解释了美国实用主义传统和王阳明思想之间的相似性。史密斯不懂中文,但在读陈荣捷、柯雄文和其他学者的学术研究之时,他惊喜地发现二者的相同之处。史密斯认为,研究这些相似性很重要,因为这些相似性证明了人类经验存在某种延续性,同时亦支持普世的人文主义伦理。史密斯解释道,实用主义一直被误以为只是因自我利益而追求的权宜的算计,但事实并非如此。实用主义有三个主要特征,而王阳明思想中的元素与每一个特征都相吻合。第一,存在这种理论,即思想具有目的性,聚焦于实现个人认为有价值的目标。第二,思想不是惰性的,而是可以蜕变的,具有改变个人生活和世界的力量。第三,人们采取行动是为了证实其信仰的真实性。很明显,王阳明的知行合一理论包含以上三大特征。

在《知行是否真的为一体?王阳明心学研究》("Are Knowledge and Action Really One Thing? A Study of Wang Yangming's Doctrine of Mind")里面,沃伦·弗里西纳驳斥了柯雄文的观点,柯雄文认为,王阳明主要谈论实践性知识,或先于行动且转化为行动的知识。弗里西纳认为,柯雄文关于展望性和回顾性知识的理论,属于当今哲学领域经常碰到的知识表现论的一种形式。根据这些理论,我们的心用图像和符号来"代表"世界,然后通过某种方式,我们指挥自己做出相应的行动。所以,心理图像和实际行动之间存在隔阂或次序。但这种二元理论无法解释王阳明的知行合一的认识论观点。

　　与柯雄文相反,弗里西纳认为,我们必须认真对待王阳明的形而上学。和新儒学先辈一样,王阳明支持一种历程存有论或集体存有论元素,与怀特海(A. N. Whitehead)的哲学不无相似之处。历程存有论更符合王阳明的观点,王阳明认为,在我们已习得和了解的东西与我们做的东西之间,我们不应体验到分离感或分裂感。根据其形而上学的理论,宇宙基本上是动态的活动,由一个创造性的基体显示出来。在这个基体中,通过模式化的变化,万物形成内在的关联。由于人类生活和自然之间的这种本体延续性,心的活动只是这种动态活动的从属之物。

　　王阳明的理论解释了这种动态活动的模式,即作为和谐的结合进行发展,还有我们在其中创造这种和谐的角色。每个人的心都是贯穿全宇宙的整体创造性活动的单独例子。因而,心的基本功能之一是创造和谐的模式,即这样的一种模式,从内部而言,这种模式保持某种关系,将秩序带给我们周围的一切事物。良知是心的原始活动,王阳明形而上学结构的关键组成部分,把儒家的集体存有论延展至我们最深入内在的东西。良知超越了内外、个体和宇宙以及知行之间的阻隔。良知是原始的体验和意识,类似于一种原始的体验模式,怀特海称之为因果效应性,杜威称为初始体验,它是人们先于认知的即时反应,既是情感性的,也是自愿选择性的。良知本能地察觉和应对宇宙的动态模式,以及作为其根基的和谐统一。

　　在《如何理解"真知即所以为行":王阳明的知行合一理论新解》("How to Make Sense of the Claim 'True Knowledge is What Constitutes Action': A New Interpretation of Wang Yangming's Doctrine of the Unity of Knowledge and Action")里面,杨小梅称,没有人会否定将知识应用于行动的重要性。然而,王阳明认为知行相同,可是显然知未必导致行。因此,我们要弄清楚王阳明指的是何种类型的知识。同样地,王阳明的理论暗示,如果人们没能据知而行,则其缺少知。但是,说无知是道德缺失的唯一原因,这种说法也不正确。其他有关知行合一的学术研究也未能针对这些矛盾提供满意的解答。

　　杨小梅认为,知行合一中的知为良知,即我们天生拥有的道德原则的知识。所以,她同意柯雄文的解读,知行合一的知主要指道德知识,她不同意弗里西纳的观点,后者认为,良知是一种原始的意识,是所有知识形式的基础。因而,杨小梅排除了这样的一些解释,即良知是一种未经反省的自然的情感反应,非理论的直觉,或一种道德倾向。跟杜威与怀德海比较是错误解读,因为杜威和怀德海以形而上学的方式阐释经验性知识的结构,而王阳明只是试图教导人们如何成圣。对于王阳明而言,良知是道德原则的完美无瑕的知识;其辨别是非的知识具有认知性、情感性和驱动性。

对于这样的一个问题,即意志薄弱,以及什么阻止人们将道德知识转化为行动,杨小梅不同意柯雄文和弗里西纳的观点。柯雄文对于实践性知识如何运作的详细解释没能真正地等同于王阳明心目中的那种统一。柯雄文称,王阳明指的是我们对道德义务的展望性知识的坚守,我们认为这种义务与我们的生活有直接关联,并具有推动性的寓意。但柯雄文没有清楚地解释这种知识如何或为何始终导致实际行动。弗里西纳借助历程存有论的词语,以形而上学的方法对王阳明的观点重新进行理论化的诠释,其理论亦无法保证人们始终根据孝道或仁慈(诸如此类)的知识采取行动,此外,该理论也没有解释为什么这种知识不起作用。事实上,秦嘉懿和杜维明认为,知行合一表达的是道德理想,而不是认识论的观点或经验性事实,他们的观点更贴近真相。这种道德理想是成为圣人,自始至终都根据其知道的正确之事采取行动,永远致良知。王阳明针对的是他那个时代的问题,这是他提出的处理方案。

然而,杨小梅认为,王阳明提到知行合一以及不行者不知的理论,通过解释为什么可以从字面上研究这种理论,她可以完善柯雄文和弗里西纳的方法。王阳明的理论具有指令性和描述性。对于王阳明而言,良知是与生俱来且完美无瑕的道德知识,人人生而有之,致良知始终可以带来行动。然而,这种知识被私欲和自私的情感遮蔽,就像云朵遮挡住太阳,或明镜蒙尘。因而,与其说加以发展,良知更需要被重新发现,通过克服私欲和自私的情感,重新发现良知。这种克服或摒弃欲望且遵守道德原则的行动,就是致良知。通过去私欲,我们消除了做错事的动机,并释放为善的驱动力。所以,说知行合一,或知而不行就是不知,这种说法并非错误。如果有真正的道德知识意味着良知显现,而良知显现始终导致行动,那么,通过克服欲望或正心,致良知确实与行动相同。

在《王阳明的知行合一说重探:一项道德情感视野下的研究》("Wang Yangming's Theory of the Unity of Knowledge and Action Revisited: An Investigation from the Perspective of Moral Emotion")一文中,卢盈华致力于探索和解决王阳明知行合一观点在表面上的、经常引起反对王阳明的学者

批评的矛盾之处。第一个矛盾是知而不行,只是未知;真知必能行。这是强词夺理的逻辑错误。第二个矛盾是盗贼也有良知,他也知道他所做的事情是错的。也就是说,作恶的人,良知既在运行,同时也不在运行。与朱熹不同,在阳明那里,知行合一并不只是应然,而是原本即相合的实然。那么,又如何解释存在知而不行的现象呢?在表面的知行断裂中,知行是如何相合的?

卢盈华认为问题的答案在于了解良知的动力特征。良知有不同的层面,"知而不行,只是未知"中,后一个"知"表示道德行为的推动力,而不是道德判断的知识。有学者认为,此矛盾的解决在于"意志薄弱"的问题,如杨小梅所言。在她看来,阳明认为通过克服私欲便可以存天理,致良知。私欲、私意的遮蔽是由于意志力不足。知行断裂是意志力薄弱的结果。我们知道什么是对的,但缺乏意志力去抛弃私欲,因而未能为善去恶。

卢盈华不认为这种办法具有说服力,而是关注良知自身的现象学。首先,意志也有其来源与应用的方向,而不是根本的;其次,良知的"志"(道德动力)的维度不仅包括意志,更包括志向。一般而言,意志力本身在道德上是中性的,因此在运用意志时,我们需要先确立道德规范,这样当我们未能采取道德行动时,便说明我们缺乏足够的意志力。不过,卢盈华认为,在王阳明那里,道德之理并不是外在于我们的,不是我们通过理性去认可其有效性然后要去遵循的法则。毋宁说,动力内在于良知自身,而不仅是意志。意志可以被运用于为善与为恶,而志向与意志的合一则推动了对善的坚持与实现。卢盈华认可杜维明与安靖如的看法,立志成为圣人在王阳明思想中具有重要作用。志向推动我们成为善人。在《圣格:宋明儒学的当代意义》(*Sagehood: The Contemporary Significance of Neo-Confucian Philosophy*)当中,安靖如认为志向使得知行合一成为可能,如同孔子对自己的陈述"从心所欲不逾矩"(《论语·为政 4》),对王阳明来说,我们应当有志于去培养人之品性,处处营造和谐的品性。伴随着对成圣的成熟志向,我们不仅注意到世界可以以道德的术语被理解,我们也可以面对眼前的事物,积极地寻找实现和谐的可能性。通过立志之德性/品性,我们就把道德感与行动关联起来了。

然而,卢盈华认为立志之所以有用,是因为我们已经有了先天的道德情感作为立志的基础。直观到道德价值的先天道德情感是良知的初步表现。卢盈华说:"通过道德情感,良知形成道德判断,同时推动道德行动。"

未能按照良知行事的原因,必须透过良知呈现的程度来理解,即透过其强弱、深浅来理解。问题的关键在于良知在量上的运作程度,而不在于质上的有与无。这里的量不是外在的量,而是良知自身的纯度。理想的良知是完美的、不变的,并在日常体验中呈现;但追求绝对纯熟是死而后已的奋斗过程。初始的良知是微弱的,它推动行动并由行动所深化;我们日常所体会到的深化的良知处于各种各样的差异中。良知具足的含义是指它不依赖于外物而独立存在,不是指它一经呈现便是完美。良知直接地被给予,但并不是一次性地完全地被给予。

事实上,王阳明确实有表示我们对良知首先要有认识和感悟,然后才会通过道德修身实践加深认识。万物一体之仁的本初明觉,即良知,的确在一定程度上是我们对我们至亲者的爱和慈悲的源泉。但这种道德情感可能不足以产生最初的觉醒。良知虽近,但亦远。只有少数伟大人物,能够听从内心行动,达到知行合一的原初状态。

根据良知是否得到适当的认同,可以衡量良知的存在程度。这就是威廉·戴(William Day)在其文章中表达的意思,他是纽约莱莫恩学院(Le Moyne College)的哲学教授。在《王阳明和斯坦利·卡维尔的真知与认同》一文中,威廉·戴解释说,这两位道德哲学家很相似地区分了人们认识其他人的两种不同方式。[①] 一方面,有一种结识他人的普通方法,没有充分认同其作为人类的存在,因而对其痛苦与磨难也缺乏足够的认同。我们把自己视为必然的独立个体,否认我们能够真正地感受到他人的情感。这是一种自欺,导致人们放弃世间的责任,因而造成不作为。然而,还有另外一种结识他人的方法,可以消除这些限制。这是一种不同的认识次序,要求我们在理解他人的方式上,发生根本性的转变。这就是王阳明所谓的真知或者良知,卡维尔称之为认同。我们同情他人的能力并不要求我们直接感受他们的情感。此外,真知并不是柯雄文所说的那样,真知并非只是承认我们意识到的现有道德原则必须成为道德行为的指引,并因此付诸行动。更确切地讲,真知和认同都承认我们与他人之间存在某种内在关联,这种关联本身反应积极,最终导致行动。总之,辨别是非的抽象、认知性的知识,与他人互动时真正看到且认同这种知识,这两者之间存在根本性的差异。

---

① William Day, "*Zhenzhi* and Acknowledgment in Wang Yangming and Stanley Cavell", *Journal of Chinese Philosophy* 39, no. 2(Jun. 2012), pp. 174-191.

以上只是从关于王阳明知行合一的代表性英文学术研究选摘的一些观点。最近发表的王阳明研究著作也有不少关于王阳明道德哲学主要观点的哲学分析,尤其是知行合一和良知。确实,王阳明的这些理论十分强大,因为它们对道德生活的本质进行了非常深邃的阐述。又因为王阳明并非以始终一致的方式来解释这些理论,因此,这些理论引起这样的兴趣和辩论也不足为奇了。

三、王阳明比较研究拾余

有些王阳明研究不好归类,是因为西方学术界的相关研究比较零散。这些研究包括王阳明和法律、王阳明的格物理论,王阳明和某位西方思想家比较以及王阳明与环保主义等等。下面讨论一下其中比较重要的著作。

有的文章分析了王阳明法学思想的重要性。比如,北京大学国际法学院教授 Norman P. Ho 在 2017 年发表了一篇长篇论文,探索中国法律思想中是否有自然法。许多学者对此表示肯定,比如儒家的礼,或者一种自然秩序概念,像道、天、天道和天理。然而,Norman P. Ho 认为大多数学者集中讨论先秦儒学,鲜有进行中国法律思想与西方法学理论家的系统性对比。所以,他选择王阳明的哲学体系,认为其有内在的自然法理论,可以和亚里士多德和阿奎那(Thomas Aquinas)进行富有成效的比较。一般而言,自然法理论认为客观、普遍的道德原则是存在的,它们的根基源于宇宙的本质,可以通过理性来认知。Norman P. Ho 认为,在王阳明看来,那些道德原理就是天理。依据王阳明的"心即理"理论,自然法包含在或等同于心。因为心是自然法,我们就可以明辨是非。这种天然能力就是良知。①

有的论著深入考察了与王阳明修身理论相关的概念,尤其是他的格物理论。Lee Jig-Chuen 在《王阳明、朱熹与格物》("Wang Yang-ming, Chu Hsi, and the Investigation of Things")中指出,王阳明对格物的理解和朱熹的

---

① Norman P. Ho, "Natural Law in Chinese Legal Thought: The Philosophical System of Wang Yangming", *Yonsei Law Journal* 8, no. 1-2 (Nov.2017), pp. 1-64.相关研究考察了王阳明哲学的含义,如何从概念上阐释伦理和法规的关系,欲了解该研究,参见,see Graham Mayeda, "The Wisdom behind the Law: The Implications of Yang-ming Philosophy for the Law", in *Wisdom in China and the West*, ed. Vincent Shen Willard Oxtoby (Washington, D. C: Council for Research in Values and Philosophy, 2004), pp. 235-256。

大不相同,以至于陈荣捷认为两者最大的哲学差别就在于此。①总的说来,朱熹认为有的道德知识是天生的。小孩天生就知道要爱父母。但这种知识要拓展、提升。在行动前,我们要发现指导行动的道德原则。因为每件事物都包含其原则,为此我们要通过格物来致知。格物就是要穷尽事物内在的原则。这样,我们就会获得道德的醒悟。而王阳明不认为致知要求我们吸取新的道德知识,相反地,他相信人天生就有良知自足。本然的良知可以提供所有的道德知识,不靠外界获得,而是通过其自然发用而呈现的。良知要澄明,就必须拨开云雾(私欲),行就自然产生了。这就是格物致知的功夫,比朱熹更为强调内在。

Lee Jig-chuen 本来打算出版王阳明哲学专著,但不幸去世了。他于1943年出生在香港新围,在香港中文大学新亚学院(New Asia College of the Chinese University of Hong Kong)攻读哲学专业。Paul Wienpahl 在研讨班上遇到了他,邀请其到加州大学圣塔芭芭拉分校(University of California, Santa Barbara)攻读研究生。虽然他的博士论文是关于行动理论的,归属于西方哲学,但是他最终转向中国哲学,并发表了朱熹和王阳明研究的论著。他准备出版两篇论文,但因病于1989年去世,年仅45岁。②

Lee Jig-chuen 的另一篇论文《王阳明、孟子与内在主义》("Wang Yang-ming, Mencius, and Internalism")发表在《中国哲学杂志》上。③他考察了这两位哲学家关于知行关系的观点,认为王阳明是内在主义者,即王阳明认为善知和善行是共存的。倪德卫也是这样理解王阳明的知行合一和致良知的概念的。澄明的心知善、向善和为善,整个过程是统一、自然、自发和毫不费力的。然而,Lee Jig-chuen 认为,王阳明也暗示义务上的知未必导致行。绝大多数人被私欲左右,减弱了行动力。所以,我们要养成善德和善行的习惯,使知和行合一。

在《格物与诚意:王阳明格物论的现象学研究》("Correcting Things as Correcting Feelings: A Phenomenological Study of Wang Yang-ming's Doctrine

---

① Lee Jig-Chuen, "Wang Yang-ming, Chu Hsi, and the Investigation of Things", *Philosophy East and West* 37, no. 1(Jan. 1987), pp. 24-35.

② Charles Crittendon, "Jig-Chuen Lee 1943-1989", *Proceedings and Address of the American Philosophical Association* 64, no. 7(Jun. 1991), pp. 31-32.

③ Lee Jig-Chuen, "Wang Yang-ming, Mencius, and Internalism", *Journal of Chinese Philosophy* 12, no. 1(Mar. 1985), pp. 63-74.

of Ge-Wu")一文中,董明来用胡塞尔(Edmund Husserl)的情感意向性的现象学来解释王阳明"格物就是诚意"的说法。当然,这个术语有点专业、晦涩,但基本意思是胡塞尔和王阳明都描述了所谓"意向性结构",也就是说,我们的"意"如何构建外在的"物"。董明来认为,胡塞尔和王阳明都特别关注意向行为的情感维度以及这些行为如何赋予物以价值。因此,对王阳明而言,"格物"作为一种道德上的努力会引导人遵循"良知"的指导,以达到"诚意"。这样,被我们的"意"所赋予价值的"物"最终都被"格"。① 这篇论文是董明来在杜肯大学(Duquesne University)进行博士研究的副产品。《论努力本身:王阳明道德努力理论的现象学研究》("To the Effort Itself: A Phenomenological Study of Wang Yangming's Theory of Moral Effort")是对胡塞尔的超验主义现象学的更广泛的研究,尤其是他的意识结构和体验的意向性理论,可以用来阐释修身。但遗憾的是,此文尚未公开发表。

最后,还有信广来的《王阳明论〈大学〉与修身》("Wang Yangming on Self-Cultivation in the *Daxue*")简要介绍了王阳明的修身理论,包括心即理,知行合一,《大学》中修身的四个方面以及王阳明的四句教。② 他最重要的观点就是认为这些王阳明理论是围绕其心之本体或是良知本体的思想展开的。心和理的统一,就是心即理,意味着当心处于它的本然状态时,会自然地依照天理顺应万物,这就是知行合一。所以《大学》中修身的四个方面(格物、致知、诚意、正心)实际上就是一回事,其目的是要正心,使其恢复本然状态,达到良知的澄明。信广来是在香港中文大学哲学系教学期间写此论文的,但他目前在加州大学伯克利分校教学,他的中国哲学和道德心理学研究相当出色。他打算把此论文收录到三卷本的儒家伦理学论丛的第二卷中,暂时命名为《朱熹和后世儒家思想》(*Zhu Xi and Later Confucian Thought*)。③

其他学者从不同角度比较王阳明心学和西方某个思想家的哲学或者宗教思想。该类别的学术研究中最重要的出版物是大卫·巴拓识(David

---

① Dong Minglai, "Correcting Things as Correcting Feelings: A Phenomenological Study of Wang Yangming's Doctrine of Ge-Wu", *Comparative Philosophy* 10, no. 1(2019), p. 32.

② Shun Kwong-loi, "Wang Yangming on Self-Cultivation in the *Daxue*", *Journal of Chinese Philosophy* 38, supplement(2011), pp. 96-113.

③ 参见"Kwong-loi Shun", http://www.klshun.com/, last updated May 2019, accessed August 4, 2019.

Bartosch)的《"不知之知"抑或"良知"?——库萨的尼古拉与王阳明的哲学思考》。① 巴拓识是土生土长的德国人,是一位哲学家及跨学科的人文学学者。他致力于研究德语及古典欧陆哲学传统,但同时深深地沉浸于现代史之前的中国思想研究。作为一位哲学家,他的基本目标之一是发展一种比较方法,用于研究欧洲和中国的思想史。巴拓识研究两种思想传统的主要原本的资料,他一直致力于发展创新、系统化的方法,以便在跨文化的思考环境下研究这些思想传统。一方面,他了解明确区分不同哲学传统的重要性,也明白避免错误比较的重要性,但另一方面,他相信可以创造新的视角,使人们能够更好地理解两种哲学传统,从而更好地诠释这些传统。

大卫·巴拓识曾就读于奥尔登堡的卡尔·冯·奥西茨基大学。2008年,他获得哲学和音乐学的文科硕士学位。在完成上述学位课程期间,他对中文和中国哲学产生兴趣,尤其是王阳明的思想,于是他在2005年到中国求学,并探访贵州,王阳明曾被明武宗时期的掌权者贬谪到此处。巴拓识在中国的经历进一步加深了他对研究明代心学的兴趣,从一个见多识广、好奇心强的德国哲学家的角度看待这个问题。因此,完成硕士学位之后,巴拓识在奥尔登堡大学攻读博士学位。他的论文研究,从狭义的角度来定义,是王阳明与尼古拉(1401—1464)之间的比较研究。然而,由于这两位哲学家各自传承了历史悠久的哲学传统,并在某种意义上代表着这些哲学传统的巅峰,巴拓识的论文同时也是文艺复兴时期基督教神学和新柏拉图哲学与宋明理学(包括心学)之间的比较研究。他指出两位哲学家提出的根本哲学问题,并力图解释其对待这些问题的不同的方法和解决方案。由于这两位哲学家处于互不相干的历史传统之中,巴拓识认为有必要找到系统化的比较方法,这种比较方法最终能够实现跨文化的目标。

在两位专家的指导下,巴拓识于2013年完成了论文,这两位专家包括欧陆哲学专家Johann Kreuzer,以及著名的莱布尼兹思想专家李文潮,他有钻研中国哲学的背景。该论文被修订后,其德语版本在2015年由Wilhelm Fink出版社进行出版。此外,在2016年,巴拓识就任北京外国语大学的哲学教授。实际上,自从2008年以来,他一直活跃于中国学术界的王阳明研

---

① David Bartosch, "*Wissendes Nichtwissen*" *oder* "*gutes Wissen*"? *Zum philosophischen Denken von Nicolaus Cusanus und Wáng Yángmíng* ["Knowing Non-knowingness" or "Good Knowledge"? On the Philosophical Thinking of Nicolaus Cusanus and Wáng Yángmíng](Paderborn:Fink,2015).我要感谢大卫·巴拓识博士,他给我提供了在此介绍其书籍所需的信息。

究的圈子里,经常参加相关的会议。毋庸置疑,假如没有出色的语言技能和两种哲学传统的扎实的学术根基,巴拓识无法实现这种层次的参与度,也肯定无法出版具有如此重要性的比较研究。显然,从此书可以看出,迄今为止,极少来自欧洲或北美的非华人学者如此全面地研究这个领域的内容。能与他比肩的只有李珊娜和耿宁两位。

这本书首次开创先河,系统化地把王阳明和另外一位可能是15世纪欧洲最重要的哲学家进行比较。但更重要的是,西方语言的学术著作中,极少有专著对欧洲和中国的哲学家进行如此广泛的比较研究。而且,特别有趣之处在于,这两个人生活在大约同一时期,在此之后,欧洲和中国的知识分子才开始广泛的相互联系和彼此产生影响。自明朝晚期之后,人们把很多注意力都放在欧洲和中国哲学传统的共性及差异之上。因而,在研究直到王阳明时期的儒学和直到库萨的尼古拉时期的欧洲哲学之时,巴拓识从上述诸人的努力中获益匪浅。

该书的题目提出两位思想家的思想理论中的两个核心词语——库萨的尼古拉的"不知之知"(wissendes nichtwissen;拉丁语:docta ignorantia)以及王阳明的"良知"(gutes wissen)。但巴拓识的分析不仅限于这些概念,在研究过程中,他发现两位哲学家均致力于探索至少八个具有跨文化可比性的哲学问题。实际上,巴拓识的书分为八个主要章节,每个章节提出上述哲学问题,然后考察王阳明和库萨的尼古拉如何探索及回答这一问题。第一个问题,即第一个主体章节,与创造性有关。巴拓识认为,尽管采取的形式不一样,但两位思想家都提到涵盖一切的创造性。如何描述涵盖一切的创造性?怎样理解其运作模式?其根源是什么?它与人类有什么关联?第二个章节探索意识性与创造性之间的关系。在这种涵盖一切的创造性的背景下,意识结构如何反映和理解创造性?如何理解意识性?这是意识性的视域问题,两位思想家都提到这个问题。第三个问题,也是第三个章节("传承性与创造性"),提出在宇宙的创造性和人类意识结构的语境下,人类的家庭生活和"欲"具有什么意义以及扮演何种角色。第四个章节,"不可言性",探索不可言性的视域问题。涵盖一切和决定一切的创造性带来的无限的现实性,它在概念上是不可言喻的。那么,怎样用语言去描述其特征呢?第五个章节"意识性"回归到意识结构的哲学问题上,提出一个问题,即意识结构与理性及精神有什么关系。在这个章节中,作者把库萨的尼古拉的精神(geist,spirit/mind)和理性(vernunft,rationality)的概念跟王阳明的心和性的概念进行系统化的比较。第六个哲学问题涉及认知和明察的视域。什么是真正的认知,同时,如何获得这种认知?第六章"认知与明察"解释了两位哲学家如何回答这个问题。第七章"自我反思"探讨了自我完善的哲学问题。王阳明和库萨的尼古拉以各自的方式探索了自我完善的含义,以及我们作为人类需要怎样做方能实现自我完善。他们提出了这些问题:什么是美好的行为,如何实现美好的行为?是什么阻碍了善行的实现?这些问题均属于道德视域的范畴,是接下来的章节提及的内容。第八章"道德与爱"探索了普世之爱的问题。怎样从哲学角度诠释一般人类的爱?这种爱的起点是什么,并且个人如何在这方面确定自己的方向?换言之,一个人怎样成为真正的有爱之人?

因此,这8个问题视域形成此书的比较研究及结构的起点。然而,虽然分成8个问题视域,巴拓识认为全部问题视域都贯穿着固有的思考形式的逻辑。无一例外地,王阳明和库萨的尼古拉都把统一性视为同一性和差异性的统一。只有同时包容全部的差异,才存在统一性或同一性。这个模式适用于他们所有的重要的哲学反思。正是这个基本逻辑,使整个比较研究从一开始便成为可能。

从任何意义上来说,巴拓识的书都是一本"巨"著。该书为东西方哲学的比较研究做出重要贡献,从王阳明的心学和库萨的尼古拉的新柏拉图基督教的神秘主义的视野进行考察。在撰写本文期间,巴拓识博士正将其德语专著翻译成中文,以便在中国出版。

在《麦克道尔、王阳明和孟子的道德认知》("McDowell, Wang Yangming, and Mengzi's Contribution to Understanding Moral Perception")中,艾文贺考察了好几个西方和中国思想家如何在形而上的维度上理解道德品质(moral qualities),以及他们对于人如何感知和领会道德品质的观点。[1]有人认为,道德品质基本上由心而生,由精神创造,然后折射到世界中。外在的世界根本不存在等待人类去发现的道德真理。然而,对王阳明而言,"道德品质就在世界中,我们通过道德智慧这样的特殊官能获得"[2]。

---

[1] Philip J. Ivanhoe, "McDowell, Wang Yangming, and Mengzi's Contributions to Under of Moral Perception", *Dao* 10(2011), pp. 273-290.

[2] Philip J. Ivanhoe, "McDowell, Wang Yangming, and Mengzi's Contributions to Under of Moral Perception", *Dao* 10(2011), p. 274.

这些道德品质由天理来塑造,天理就是宇宙的深层规范性模式或形态。特殊官能就是良知,在澄明的状态下,通过感知、领悟、判断、意志和行动系统地对宇宙做出自然完美的响应。很明显,关于道德的本质,有两种互相冲突的意见:一种是主观主义,有导致道德相对主义的危险;另一种是形而上学,有可能导致具有神秘主义特色的道德普遍主义的危险。约翰·麦克道尔(John McDowell)的道德观走折中路线,肯定了道德品质在世界中的存在,但也认为它依赖人心,由心塑造。艾文贺比较了这些观点,认为王阳明和麦克道尔的道德哲学有互通和互补之处。

在《王阳明和培根的学习哲学》("Philosophy of Learning in Wang Yangming and Francis Bacon")中,中国人民大学的姚新中教授比较了两位哲人的学习理论。他认为两位哲学家的学习推进标准不同,各自代表了近代之初,中国和欧洲哲学的主流。王阳明的心学标志着中国理想人道主义的巅峰,强调了学习主要目的是成圣或者使道德达到至善至美的境地的世界观,是一种自我实现的学习。而培根强调经验学习,目的是让人类成为自然的主人,增强解除人类痛苦的能力,学习的目的是要通过考察自然规律来探索和控制自然。正是这种经验主义奠定了近代的世界观。姚新中认为,王阳明和培根的哲学都是对其时代的哲学的抗争,也在各自的世界占有一席之地。现如今,他们不同的学习方法应当视为是互补的。培根的科学、客观和实证的学习方法要和王阳明的道德、主观和直觉的方法相融合,这就代表着新的学习时代的到来。①

最后,还有几位学者从环境角度研究王阳明哲学,把亚洲哲学传统中的环境主义介绍给英语世界。日本哲学家友三郎山内(Tomosaburō Yamauchi)在《五十位主要的环境思想家》(*Fifty Key Thinkers on the Environment*)一书中,写了关于王阳明的一个章节,②著名的中国哲学学者张学智在《中国哲学前沿》上翻译发表了一篇王阳明环境思想的论文③,而威斯康星大学拉克罗斯分校(University of Wisconsin-La Crosse)的哲学教授

---

① Yao Xinzhong, "Philosophy of Learning in Wang Yangming and Francis Bacon", *Journal of Chinese Philosophy* 40, no. 3-4(Feb. 2014), pp. 417-435.

② T. Yamauchi, "Wang Yang-ming, 1472-1528", in *Fifty Key Thinkers on the Environment*, ed. Joy A. Palmer(London: Routledge, 2001), pp. 27-33.

③ Zhang Xuezhi, "From Life State to Ecological Consciousness: On Wang Yangming's 'natural principles of order within the realm of *liangzhi* '", *Frontiers of Philosophy in China* 1, no. 2(Jun. 2006), pp. 222-236.

Samuel Cocks 也发表了关于王阳明环境伦理的短文①。论述的重点都是关于王阳明的万物一体理论,也就是我们和宇宙本质上是合一的。良知是我们最原本的道德直觉,也是我们体会到万物一体的基础,让我们与人和环境都能有天然的通感。我们与宇宙天然融合,感悟其兴衰,是我们作为人存在的本质。与万物一体,我们就自然会为保护地球母亲而采取行动。

这是从各个角度研究王阳明的几个代表性的例子。不足为奇的是,王阳明哲学十分丰富,具有全球意义,超越了时空限制,与人们息息相关,大有裨益于当代社会。在20世纪,一些知名的中国知识分子对此表示肯定,并把王阳明的思想融会到他们的哲学中。也正是这些知识分子把王阳明这位伟大的明代哲学家和他的思想传到了东亚以外。这些知识分子一般被称为现代新儒家。下面我们就来谈谈现代新儒家。

四、王阳明、现代新儒学以及阳明学的当代意义

1949年,神父布里埃(O. Brière)在《震旦杂志》发表了一篇长文《中国现代哲学50年(1898—1950)》("Les courants philosophique en Chine depuis 50 ans(1898—1950)"),后由劳伦斯·汤普森译成英文,在1954年出版。在英文序言中,汤普森解释说,由于中国哲学研究资料的匮乏,此书具有重要的意义。"我们对整个(中国)历史的知识存在很大的缺口,"他写道,"对于东方学家以外的人,长期以来一片空白,对于懂汉语的学生也是模棱两可。"②他发现一件奇怪的事情,"我们所处的时代可称得上是史上最匮乏的年代之一"③。毕竟,不了解当代思想潮流,我们就无法明白中国的社会史和政治史。

---

① Sam Cocks, "Wang Yangming, Moral Promise, and Environmental Ethics", *Dialogue and UniversalismE* 3, no. 1(2012), pp. 70-81.

② O. Brière, S. J., *Fifty Years of Chinese Philosophy*, *1898-1948*, trans. Laurence G. Thompson (London: George Allen & Unwin, Ltd., 1956; Reprint, New York: Frederick A. Praeger, 1965), p. v. 在评论文章中,陈荣捷说布里埃大量参考了贺麟的《当代中国哲学》一书。参见 Wing-tsit Chan, "Review of *Fifty Years of Chinese Philosophy*, *1898-1950* by O. Brière", *Philosophy East and West* 6, no. 3(Oct. 1956), p. 264.

③ O. Brière, S. J., *Fifty Years of Chinese Philosophy*, *1898-1948*, trans. Laurence G. Thompson, p. v.

布里埃在该文中指出,在中国思想史中,新儒家统治了几百年,在这个"思想复兴时期"的两个核心人物是朱熹和王阳明。虽然朱熹是"儒家思想的正统解读",但他的权威"常常受到王阳明心学的挑战"。① 布里埃说,王阳明致力于人心和人生的研究,在中国产生了深远的影响,尤其是他去世后,对日本的思想界也产生了深刻的影响。布里埃指明,最近在中国出现了阳明学研究的新热潮,"也许是对西方唯物主义影响的回应"。②

布里埃认为,在19世纪下半叶,"中国主要的思想家都受到王阳明思想的影响"③。这些思想家包括康有为、章太炎和谭嗣同。一方面,他们知道政府体制要改革,要引进西方的科学思想,但另一方面,他们都想"不惜任何代价保存儒家道德思想,毕竟历史上,儒家道德曾使中国成为一个强大和兴盛的国家"④。而且,他们认为:"人类的福祉就在于在世界各地履行这种道德。"他们主要的精神导师就是王阳明,因为他推崇"内在的、直觉性的唯心主义"⑤。

布里埃认为,从1898年到1927年,中国的主流思潮就是"实证科学",而从1927年到1949年,中国"明显是受马克思主义的支配"。然而,他不是这些思潮的拥护者,他花了些笔墨讲述了明白中国传统哲学的持久重要性的哲学家。"除了这两个主要的思想潮流",他写道,"同时还有形形色色的唯心主义思想体系,后面我们将会看到,这些哲人比他们的同代人思想更深刻,也更创新。然而,他们只是优秀的个人,不能代表思想主流。"⑥在"东方思想体系的延伸"一章中,这些个人包括梁漱溟、冯友兰、贺麟和熊十力。此外,还有孙中山、蒋介石和陈立夫,他们"深受儒家思想影响",是"国民党的理论家"。⑦除了冯友兰外,他"很少借鉴王阳明,偶尔引

---

① O. Brière, S. J., *Fifty Years of Chinese Philosophy*, *1898-1948*, trans. Laurence G. Thompson, p. 14.
② O. Brière, S. J., *Fifty Years of Chinese Philosophy*, *1898-1948*, p. 17.
③ O. Brière, S. J., *Fifty Years of Chinese Philosophy*, *1898-1948*, p. 14.陈荣捷认为此类说法不准确("Review", 264)。
④ O. Brière, S. J., *Fifty Years of Chinese Philosophy*, *1898-1948*, p. 14.
⑤ O. Brière, S. J., *Fifty Years of Chinese Philosophy*, *1898-1948*, p. 50.
⑥ O. Brière, S. J., *Fifty Years of Chinese Philosophy*, *1898-1948*, p. 19.
⑦ O. Brière, S. J., *Fifty Years of Chinese Philosophy*, *1898-1948*, p. 57.

用阳明的观点也是为了批判他"①，布里埃强调了王阳明在这个思潮中发挥的作用。"尽管朱熹有很高的权威，在几百年间被官方推崇，"他解释说，"但他似乎并不代表儒家思想的主要潮流，而更多人则是拥护王阳明。"②

梁漱溟就是其中代表人物之一。布里埃解释说，(梁漱溟)这位儒家的护卫者认为人类文明经历了三个阶段。第一阶段，人类首先满足基本需求，追求发展和进步。西方代表的就是这种生活方式。第二阶段，人类发现过度的欲望有害幸福，他们寻求平衡与和谐。中国代表这种生活方式。第三阶段，人类发现在这个世界无法满足欲望，寻找不到幸福，就放弃了。印度代表这种生活方式。梁漱溟认为，人类最终要采用中国人的生活方式，因为这是幸福的路径。因此，未来的世界文明应该是创新后的中国文明。这种文明保留了科学和民主，但对"科学"需要加以正确把握，因为必须把"危险的功利主义"从"科学"中去除掉。布里埃这样解释梁漱溟的思想："为了革新科学，杜绝科学导致的新的罪行，必须用王阳明思想的儒家精神来贯穿它，其本质是仁，这是无私行为的源泉，无你我之分别。"③

熊十力是此一思想潮流的另一位代表者。布里埃称其为"一位新佛家的折中主义者"，他试图用王阳明和柏格森的思想来重构唯识宗。但他认为，"在伟大的唯心主义思想家(王阳明)的后学中，贺麟可能是最突出的"。④贺麟曾在德国研究黑格尔，尝试把德国和儒家的唯心主义相结合，是名副其实的"中西唯心主义代表之一"。然而，布里埃说，在中国，贺麟最出名的是他对王阳明和孙中山的评注。他甚至在此种评注中支持蒋介石。因为孙中山和蒋介石都深受王阳明的"知行合一"教义的影响。⑤布里埃说，由于历史的原因，孙中山对"知行合一"的教义稍做修改。共和革命失败后，孙中山感到茫然，检讨失败的原因，他"相信问题的根源在于无知，而不在于不能采取行动"。⑥所以，孙中山强调获得真知的艰难，甚至认为"知难行易"。而蒋介石认为王阳明的教义强调力行。布里埃说，在黄埔

---

① O. Brière, S. J., *Fifty Years of Chinese Philosophy, 1898-1948*, p. 52.
② O. Brière, S. J., *Fifty Years of Chinese Philosophy, 1898-1948*, pp. 53-54.
③ O. Brière, S. J., *Fifty Years of Chinese Philosophy, 1898-1948*, p. 50.
④ O. Brière, S. J., *Fifty Years of Chinese Philosophy, 1898-1948*, p. 54.
⑤ O. Brière, S. J., *Fifty Years of Chinese Philosophy, 1898-1948*, p. 54.
⑥ O. Brière, S. J., *Fifty Years of Chinese Philosophy, 1898-1948*, p. 59.

军校,"蒋介石在给学员的许多讲话中,都讲到了王阳明'知行合一'的格言以及孙中山对此的修正(知难行易)"①。

不管布里埃的概述是否准确,当代儒学复兴研究成为将阳明学介绍到西方的一个重要渠道。② 研究中国近代史的人都知道,近代一开始就是"五四运动",知识分子共同声讨儒家思想,但许多有远见的知识分子和政治人物都认为儒家传统还是有存在必要的。他们认为儒家思想有利于中国现代化,推动20世纪的哲学论争,有助于提升国人的道德和人文主义。而且,他们认为,在儒家中,王阳明的观点特别有利于达成以上目标。那就是为什么王阳明在他们的理论讨论中具有特殊的地位。如此,对20世纪吸收王阳明思想的中国知识分子的研究,也就间接地向读者介绍了王阳明,尤其是对现代新儒学的研究。

然而现代新儒学研究文献众多,这是汉学史研究的另一个话题。虽然王阳明的思想对新儒家具有重要的意义,但是大多数学术研究对其影响只是蜻蜓点水,一笔带过。比如,在《新儒学:批判性考察》中,梅约韩(John Makeham)介绍了20世纪中国大陆(内地)、台湾地区和香港新儒家之间的论争。他们都认同新儒学脱胎于宋明儒学,但对什么才是新儒学的正确阐释却意见相左。梅约韩认为,牟宗三是通过重构"道统"来定义和宣扬新儒学,指出哪些宋明儒学家正确地传达了儒学的伦理和宗教核心思想,其判断标准就是是否能洞察"德性之知"和"道体"。③这其中有两条重要的传承路径,一条是从周敦颐到刘宗周,另一条是从陆象山到王阳明。牟宗三认为,在20世纪,在继承和宣扬新儒学精神遗产方面贡献最大的是他的老师熊十力。④熊十力和他的学生通过用佛教和康德的术语来重塑心学。梅约韩说,熊十力师生觉得他们的新儒学研究胜过大陆同行。因此,在某种意义上,王阳明成了20世纪思想界争论的焦点。然而,书中没有专门探讨王阳明思想对新儒家的影响。

---

① O. Brière, S. J., *Fifty Years of Chinese Philosophy*, 1898-1948, p. 59.
② 《现代中国的宗教趋向》(*Religious Trends in Modern China*, 1953)起初是陈荣捷在芝加哥大学的演讲稿,他也介绍了"唯心主义新儒家的发展"。他说,大多数当代中国思想的研究者都认为陆王学派的复兴是"中国20世纪下半叶最著名的思想运动之一"。陈荣捷详论了熊十力哲学,而对贺麟只是一笔带过。最重要的是,他说熊十力认为王阳明代表了"知行之辨"的最高度。
③ John Makeham, "The New Daotong", in *New Confucianism: A Critical Examination*, ed. John Makeham(New York: Palgrave Macmillan, 2003), pp. 61-62.
④ John Makeham, "Introduction", in *New Confucianism: A Critical Examination*, p. 5.

另一个例子就是 2017 年出版的文集《儒学与当代世界：全球秩序、政治多元化、社会实践》，探讨了儒学复兴是现代化的文化力量。书中讨论的现代新儒家在研究中力图证明"儒学可以是多元社会的活力"，也就是自由民主。① 在简介中，韩子奇 (Tze-ki Hon) 指出，随着 20 世纪八九十年代经济的发展，儒学强劲复苏，成为"现代化理论，促进经济、个人和社会的发展进步"②。他们认为儒学在日本和"亚洲四小龙"的经济成功中起到关键的作用。韩子奇还认为，儒学复兴"被认为是中国现代化的战略，一方面可以保留国家的传统文化，但另一方面又可以赶上发达国家"。③ 最后，韩子奇说，有一种新儒家思想潮流获得了广泛的关注，就是融合陆象山和王阳明的道德修身理论，"创造性地解读康德和黑格尔哲学"④。其中，牟宗三和唐君毅起到了领导作用。

盛珂 (Sheng Ke) 在《不可能的使命？牟宗三现代道德重建的尝试》一章中解释了王阳明思想对当今思潮的重要性。他认为在新儒家中，牟宗三是"最系统、最有创造性的哲学家"。牟宗三肩负着"给生命赋予意义的道德使命"，他认为，他可以通过复兴宋明伦理形而上学来解决当代道德困境。⑤ 他拒绝认为道德是由历史和社会决定的伦理相对主义，而认为剔除特殊因素，儒学可以成为普遍有效的道德哲学。在重构新儒学的过程中，牟宗三削弱了外在的道德规范的重要性，强调内在的道德能力，这就是王阳明所谓的"良知"。"良知"是一种源于人心中的内在自觉，也是道德的形而上基础。盛珂解释说，对牟宗三而言，"良知决定了人必须是道德的，因为人类要找到人生的意义就必须听从良知"⑥。这就是王阳明思想在当

---

① Tze-ki Hon and Kristin Stapleton, eds., *Confucianism for the Contemporary World: Global Order, Political Plurality, and Social Action* (Albany: SUNY, 2017), p. xix.

② Tze-ki Hon and Kristin Stapleton, eds., *Confucianism for the Contemporary World: Global Order, Political Plurality, and Social Action*, p. xi.

③ Tze-ki Hon and Kristin Stapleton, eds., *Confucianism for the Contemporary World: Global Order, Political Plurality, and Social Action*, p. xii.

④ Tze-ki Hon and Kristin Stapleton, eds., *Confucianism for the Contemporary World: Global Order, Political Plurality, and Social Action*, p. xi.

⑤ Ke Sheng, "A Mission Impossible? Mou Zongsan's Attempt to Rebuild Morality", in *Confucianism for the Contemporary World: Global Order, Political Plurality, and Social Action* (Albany: SUNY, 2017), p. 118.

⑥ Ke Sheng, "A Mission Impossible? Mou Zongsan's Attempt to Rebuild Morality", in *Confucianism for the Contemporary World: Global Order, Political Plurality, and Social Action*, p. 123.

代如此重要的原因所在。

书中的其他文章也探讨了唐君毅和牟宗三的伦理和政治思想。有作者讨论,儒家伦理是更适合自由民主的社会还是专制政权。当然,在今天的学术研究中,儒学与民主是常见的话题。总的说来,众所周知,唐君毅和牟宗三虽然认为宋明理学的伦理哲学是当代至关重要的资源,但他们也发现宋明理学的政治哲学很有问题,不适合当代社会。但《儒学与当代世界》一书没有专门探讨这些问题。

但也有学者探讨过这些问题,尤其是李明辉(Lee Ming-huei)和安靖如(Stephen Angle)。他们都严重怀疑新儒学的理论和当代社会有政治上的关联。为此,他们查阅了大量从自由角度研究儒学的中英文研究资料。在20世纪,列文森(Joseph Levenson)①、墨子刻(Thomas Metzger)②和狄百瑞(William Theodore de Bary)③,都撰文指出宋明理学在政治哲学方面的局限性。在《成圣:新儒家哲学的当代意义》中,安靖如概述了这些有关"成圣问题"的论点。④ 总的说来,过于相信人性及其道德完善的潜能,新儒家认为在睿智精英管理下,可以构建圣王之君主制度。结果,他们的思维本质是精英化,从而与民主是背道而驰。这就是新儒家推崇儒家"人治"而非"法治"的原因。显然,新儒家学者过于乐观,而没有意识到人性恶的程度。正是考虑到人性本质的黑暗面,自由传统把法律和制度视为遏制不完美的人性("人性恶")的必要手段。

谈到本人对新儒家政治思想的看法时,安靖如说,"朱熹和王阳明的方法无法企及"。⑤ 和牟宗三一样,他认为虽然"内圣"(道德)和"外王"(政治)在中国传统中是紧密交织的,但是在现代社会不得不辨别清楚。如果儒家要实现自己的目标,必须要对法律和政治权力有新的认识。⑥事实上,

---

① Joseph R. Levenson, *Confucian China and Its Modern Fate: A Trilogy* (Berkeley: University of California Press, 1968; several reprints).
② Thomas A. Metzger, *Escape from Predicament: Neo-Confucianism and China's Evolving Political Culture* (New York: Columbia University Press, 1977).
③ William Theodore de Bary, *The Trouble with Confucianism* (Cambridge: Harvard University Press, 1966).
④ Stephen C. Angle, *Sagehood: The Contemporary Significance of Neo-Confucian Philosophy* (New York: Oxford University Press, 2009).
⑤ Stephen C. Angle, *Sagehood: The Contemporary Significance of Neo-Confucian Philosophy*, p. ix.
⑥ Stephen C. Angle, *Sagehood: The Contemporary Significance of Neo-Confucian Philosophy*, p. ix.

他在书中说明了如何为之。与此类似,在《儒家思想的根源及其全球意义》(Confucianism: Its Roots and Global Significance)一书中,李明辉指出,儒学与现实生活还是有关联的,可以作为"个人和社会的教育、发展和修身"的资源,但是与治理国家关系不大。他对把儒学恢复到国家意识形态("儒教")层面的做法表示怀疑,认为这不现实,与世情格格不入。因此,"内圣外王"的观点必须加以重构,才能适应当今时代。

然而,在《王阳明哲学与现代民主理论:一种重构性的解读》一文中,李明辉确认王阳明思想的某些方面与当代民主要求相匹配。其实,对于这个问题,台湾地区的新儒家和其他学者已经颇有探讨,但他的文章是唯一用英文发表的专文。在他看来,主要的问题是心性之学的道德主体和民主的政治主体之间的关系。总的说来,持自由思想的学者不会把道德知识作为民主的基础。"从自由的角度看,"李明辉解释说,"一旦我们承认动机(或者目的)区分对错与轻重,无疑就是承认价值选择的客观标准。这种客观标准可能会给国家或者社会一个机会,以追求真实的结果作为借口,去干涉人们的行动,造成集体对个人自由的压制。"① 故此,国家的角色应该是很有限的,主要是保证消极自由,也就是保障个人自由不受他人干涉。

然而,李明辉指出,在美国社团,已经有几位学者从社群主义的立场出发批评了自由主义,比如麦金太尔(Alasdair Macintyre)和查尔斯·泰勒(Charles Taylor)。他们宣扬积极自由,认为积极自由与专制没有必然的关联,在个人获得积极自由的过程中国家将发挥作用。拥有积极自由意味着个人就可以控制自己的人生,实现人生目标。李明辉认为这种自由追求观与王阳明哲学类似。王阳明的"良知"和"万物一体"概念提供了积极自由的基础,它们把人联系在一起,平衡了消极自由的独立个体、与社会之间的关系。②

在上文,我们特意探讨了王阳明与现代政治关系的相关学术研究,现在我们可以更为详细地叙述他对新儒学的哲学影响,其中白安理(Umberto Bresciani)的英文论著具有开创性。他是一位意大利籍的退休教授,在台湾地区生活和教学多年。他的《重塑儒学:新儒学运动》(2001)详细介绍

---

① Stephen C. Angle, *Sagehood: The Contemporary Significance of Neo-Confucian Philosophy*, p. 89.
② Stephen C. Angle, *Sagehood: The Contemporary Significance of Neo-Confucian Philosophy*, p. 90.

了现代新儒学的三代学者,他们想"以儒学为基础,建立通往西方思想的桥梁"。①第一代学者有梁漱溟、马一浮、熊十力、张君劢、冯友兰、贺麟和钱穆;第二代是方东美、唐君毅、徐复观和牟宗三;第三代则有余英时、成中英和杜维明等人。他还在《中国大陆的新儒学运动》一章中,简单介绍了几位知名的学者。在研究的基础上,白安理断言:"儒学绝非西方人过去印象中杂七杂八的礼仪和道德说教,而是复杂的哲学领域,洞察了传统哲学的方方面面。"②

和布里埃一样,白安理强调了王阳明思想对于中国20世纪思想史的重要意义。"当代新儒家的精神大体上来源于王阳明。"他写道,他们中的大多数人,"青睐王阳明的思想传统,故而强调'道心'的重要性"。③在第一代学者中,熊十力尤其重要,有些当代新儒家视其为这场新儒家运动的发起者,他被尊称为"我们这个时代的孔子和王阳明道德自我儒学思想的指路人"④。他的形而上学思想体系的核心受到阳明学派的影响。关于知的获得办法,他"提倡超理性(直觉)是获得最终真理的唯一办法,而不是依赖理性,后者只适合获得理性知识"⑤。西方思想强调用理性知识获得科学知识,而中国思想偏爱洞察力的超越者和人性。

事实上,白安理在书中反复指出,虽然具有心学倾向的现代新儒家们的哲学观点相互之间差异明显,但他们几乎都认为王阳明的特别贡献是指导人认识最高真理。比如,梁漱溟认为直觉可以让人看清现实的静寂的核心之处,这也就是新儒家王阳明学派宣扬的一种洞察力。⑥梁漱溟对这种洞察力的解读来自佛教的唯识和新儒家的心学思想。他认为西方的文化推崇理性,在此基础上发展出了科学和资本主义。然而,这种学问注定要被东方更高程度的学问取代,后者是建立在直觉和一种神秘的存在经验基础上。⑦梁漱溟的灵性哲学认为,人生最高层次的表达就是人心,这也是宇宙之本体。

还有其他例子。白安理认为贺麟的"新心学"(new philosophy of

---

① Umberto Bresciani, *Reinventing Confucianism: The New Confucian Movement* (Taipei: Taipei Ricci Institute for Chinese Studies, 2001), p. 16.
② Umberto Bresciani, *Reinventing Confucianism: The New Confucian Movement*, p. 37.
③ Umberto Bresciani, *Reinventing Confucianism: The New Confucian Movement*, p. 458.
④ Umberto Bresciani, *Reinventing Confucianism: The New Confucian Movement*, p. 137.
⑤ Umberto Bresciani, *Reinventing Confucianism: The New Confucian Movement*, p. 17.
⑥ Umberto Bresciani, *Reinventing Confucianism: The New Confucian Movement*, p. 79.
⑦ Umberto Bresciani, *Reinventing Confucianism: The New Confucian Movement*, p. 75.

mind)"是黑格尔哲学与阳明学结合的结晶"。①他的本体论、直觉认识论和伦理思想都深受陆王学派的影响。在贺麟看来,陆王学派强调个人的自我意识和直觉,更符合新时代追求个人自由和民族觉醒的需求。至于张君劢,他是"对新儒学的产生和发展做出重要贡献的哲人",白安理解释说:"他的主要思想来源于王阳明和康德。"②这位学者和政治家以大儒王阳明、朱熹和文天祥为范例,"他们都致力于个人修身,探求真理,积极参加社会和政治活动"。③ 其他推崇王阳明和陆王心学的当代新儒家,他们都认为道德自我的发现是新儒学形而上学的第一公理。通过良心辨别是非,付诸道德行动,人可以认识到作为道德自我的存在。这种道德意识是通往形而上实体的门户,比如"心之本体"和"万物一体之仁"。④

近来,一批有深度的当代新儒家的个体研究的英文专著相继出版,其中包括了一部介绍整个第二代当代新儒家的专著。通过这些研究,我们明白了王阳明思想在唐君毅、牟宗三的哲学研究中起到的重要作用。罗亚娜(Jana S. Rosker)在《道德自我的重生:第二代新儒家和他们的现代话语》一书中阐释了王阳明思想对唐君毅的影响,⑤指出,像唐君毅这样的现代学者,他们深信可以通过更新传统儒学,让儒学适应现代需要,"成为现代道德生活的基础",为现代人的异化和孤独提供精神秘方。对此,新儒学可以提供主要的思路。问题就是人类如何找到生命的意义和价值。唐君毅认为,人类要通过直觉认识超越的实在,即是天。这种直觉就是王阳明所说的"良知"。和王阳明相类似,唐君毅把"现实自我"和"道德(精神)自我"区分开来,前者受到时空限制,后者本质自由,超越现实自我,是真正的自我,是"本心"和"心之本体","是人人皆具有的形而上实在"。⑥在直觉的指引下,人类可以把精神自我与天的创造性力量合一,从而使人生获得意义。

福鲁里希(Thomas Fröhlich)也解释了王阳明思想对唐君毅的重要影

---

① Umberto Bresciani, *Reinventing Confucianism: The New Confucian Movement*, p. 75.
② Umberto Bresciani, *Reinventing Confucianism: The New Confucian Movement*, p. 168.
③ Umberto Bresciani, *Reinventing Confucianism: The New Confucian Movement*, p. 176.
④ Umberto Bresciani, *Reinventing Confucianism: The New Confucian Movement*, p. 473.
⑤ 1988年,罗亚娜完成了维也纳大学的汉学博士学位课程。1990年,她在卢布尔雅那大学任职,一直至今。她主要研究近代中国哲学。其信息在网络上可见。
⑥ Umberto Bresciani, *Reinventing Confucianism: The New Confucian Movement*, p. 155.

响。福鲁里希认为唐君毅是"现代中国最多产的思想家之一",并且力图让对当代哲学和思想史感兴趣的人能够读到唐君毅的著作。① 唐君毅知道,在20世纪早期,有人把儒学当作许多社会和政治问题的灵丹妙药,但也有人视其为封建时代的糟粕,和现代社会无任何关联。然而,唐君毅认为,通过对儒家思想的重新阐释,同时认真分析现代社会的成败,会发现还是有关联的。② 特别是,他认为新儒家的心性理论(尤其是王阳明哲学),对解决现代主观性以及自我实现的一些困难是有帮助的。对其而言,新儒学在王阳明的著作中达到了顶峰。③

在福鲁里希看来,唐君毅关于心和人性的研究是建立在三个假设基础上的。第一,生活的基础是一个宇宙作用的过程,就是天。像其儒家和新儒家前辈一样,"唐君毅把人类放在宇宙秩序的中心,他把该宇宙秩序称为'天'"。第二,人类可以提升自我参与天道。与王阳明相似,唐君毅引用《孟子·第七篇(上)尽心上》第一章:"尽其心者,知其性也。知其性则知天矣。"他认为就是说人类有潜能全面实现自我,实现是一种觉醒,让人心体悟"宇宙人生之本原"④。如此,个人就能领悟天,一切存在的精神之源。这就导致了唐君毅第三个假设,通过体悟天,个人会达到天人合一的本然状态。所有这些假设是受到孟子到王阳明一脉相承的儒家思想的影响。最为重要的是,心对天的认识能力是天生的道德直觉,就是王阳明所谓的"良知"。⑤

最近,牟宗三哲学成为众多学术研究的话题,比唐君毅更热门,这些学术研究成果都突显了王阳明哲学对牟宗三哲学体系构建的影响。其中,最突出的专著是毕游塞(Sébastian Billioud)的《儒家现代性思维:牟宗三道德形而上学研究》和 N. Serina Chan 的《牟宗三的思想》⑥,两者都收进了2011年博睿学术出版社出版的《现代中国哲学》(*Modern Chinese*

---

① Thomas Fröhlich, *Confucian Philosophy and the Challenge of Modernity* (Leiden: Brill, 2017), p. vii.
② Thomas Fröhlich, *Confucian Philosophy and the Challenge of Modernity*, p. 6.
③ Thomas Fröhlich, *Confucian Philosophy and the Challenge of Modernity*, p. 47.
④ Thomas Fröhlich, *Confucian Philosophy and the Challenge of Modernity*, p. 8.
⑤ Thomas Fröhlich, *Confucian Philosophy and the Challenge of Modernity*, pp. 126-127.
⑥ N. Serina Chan, *The Thought of Mou Zongsan* (Leiden: Brill, 2011).

Philosophy）书系①。书中探讨了牟宗三是如何在与康德、黑格尔、大乘佛教和新儒家的对话中构建自己的哲学的。牟宗三认为,康德的哲学是西方思想的顶峰,但其价值由于康德否认人类可以认识"物自体"而大打折扣。也就是说,西方哲学没有认真考虑到通过主观能动性,人类可以通向宇宙之本原、天和天理的可能性。在牟宗三看来,只有在通向这种超验性实体的过程中,个人的道德能动性才能真正实现。宋明儒学最能说明这一点,指明心是人的主观之源,也是通天之门。王阳明所谓"心即理",是指"心"或者"本心"能够达到跟"天理"一致的状态。人类可以通过用与生俱来的内在道德意识指导行动,达到这一目的,尤其是用"同理心"指引行动。在良知的指引下,道德主体可以跟更高层次的本体宇宙秩序,即宇宙的最高现实进行沟通。这是一种内在超越的典范,据此,通过用道德直觉指导行动,个人可以实现自己的道德或精神上的自我(即"成圣")。这是天赋予的自我,使人们能够与天结合。换言之,通过这种直觉,人类可以使宇宙中形而上学的维度成为现实,并实现"成圣"的目标。这是本体现实化的一个原则。牟宗三的道德形而上学,特别是他在晚年发展起来的核心思想,即"智的直觉",深受王阳明讲述的这些深层次哲学思想的影响。

综上所述,在过去一个世纪,西方学者对中国的现代新儒家的学术研究成果很多。宋明理学(尤其是王阳明的心学研究)在他们的学术研究成果中占有重要位置。基于此,现代新儒家不断把王阳明介绍给读者,让他们明白 20 世纪重要的东亚学者视王阳明的思想为解决时代精神问题的关键点。②

五、结　　论

本章的目的在于介绍王阳明主要哲学思想的最近研究,其中大多数为

---

① Sébastian Billioud, *Thinking through Confucian Modernity: A Study of Mou Zongsan's Moral Metaphysics* (Leiden: Brill, 2012).
② 还有两篇文章研究了王阳明对其他重要的 20 世纪中国学者的影响。See James A. Gregor and Maria Hsia, "Wang Yang-ming and the Ideology of Sun Yat-sen", *The Review of Politics* 42, no. 3 (Jul. 1980), pp. 388-404, and James Z. Yang, "Life is Education and Unity of Knowledge and Action: Tao Xingzhi's Transformation of the Educational Philosophies of John Dewey and Wang Yangming", *Journal of Philosophy and History of Education* 67, no. 1(2007), pp. 65-84.

比较研究，同时介绍关于深受王阳明影响的现代新儒家学者的研究。我没有采用西方模式的框架，而是根据王阳明主要理论中的核心焦点，组织这些比较研究，多数笔墨落在良知与知行合一上。给西方哲学传统提供了最富有成果的比较或分析方法，这些哲学传统包括古典美德伦理学、斯多葛学派、道德现实主义、分析哲学、实用主义、过程本体论、现象学和自然法则理论。实际上，研究者一直主要把王阳明思想作为道德哲学的一种类型进行研究，因此，西方学术著作中有大量比较把以研究伦理学闻名的个人作为比照对象。然而，过去10年中，现象学占据了越来越重要的地位，尤其在中国大陆的学者当中。

最后，过去10年内，特别是近几年，这些方面的王阳明著作的数量稍有增长，以至于在21世纪10年代的10年期间，在欧洲和美国，这段时期的阳明学的重要性堪比20世纪70年代。毫无疑问，中国政府鼓励这类学术著作的出版，该政策是促成上述增长的原因之一。另一个同样重要的原因是，超过100年来，中国学者、海外华人学者和非华人学者努力地向西方世界介绍王阳明及其思想，这种努力终究形成影响。他们已做出努力，并继续这样努力着，因为他们真诚地相信，阳明学是世界历史上非常重要的哲学运动之一，值得研究，并给全人类提供重要的价值。因而，西方语境下的阳明学历史，既由本书所探索的复杂历史环境所造就，也来源这位明代伟大哲学家的扣人心弦的生平，以及王阳明思想的普世意义。

参考文献

一、英文、法文、德文

1. Allsen, Thomas B.. "Current Ming Bibliography in Western Languages." *Ming Studies* 1(Fall 1975): 60-65.

2. Anesaki, M.. Review of *The Philosophy of Wang Yang-ming* by Frederick Goodrich Henke. *The American Journal of Theology* 22, no. 4 (1918): 594-600.

3. Angle, Stephen C.. "A Fresh Look at Knowledge and Action: Wang Yangming in Comparative Perspective." *Journal of Chinese Philosophy* 33, no. 2 (Jun. 2006): 287-298.

4. Angle, Stephen C.. *Sagehood: The Contemporary Significance of Neo-Confucian Philosophy*. New York: Cambridge University Press, 2002.

5. Angle, Stephen C. and Michael Slote. *Virtue Ethics and Confucianism*. New York and London: Routledge, 2013.

6. Angle, Stephen C.. "Wang Yangming as a Virtue Ethicist." In *Dao Companion to Neo-Confucian Philosophy*, 315-335. Edited by John Makeham. London: Springer, 2010.

7. Angle, Stephen C. and Justin Tiwald. *Neo-Confucianism: A Philosophical Introduction*. Cambridge: Polity Press, 2017.

8. Armstrong, Robert Cornell. *Light from the East: Studies in Japanese Confucianism*. New York: Gordon Press, 1974.

9. Bartosch, David. "Explicit and Implicit Aspects of Confucian Education." *Asian Studies* 5, no. 2(2017): 87-112.

10. Bartosch, David. "*Wissendes nichtwissen*" oder "*gutes wissen*"?: zum

philosophischen denken von Nicolaus Cusanus und Wang Yangming . Ph. D. Diss. , Oldenburg University, 2013.

11. Bauer, Wolfgang. *Geschichte der chinesischen philosophie: konfuzianismus, daoismus, buddhismus*. München: C. H. Beck, 2001.

12. Bays, Daniel. *A New History of Christianity in China*. Chichester: Wiley-Blackwell, 2012.

13. Benesch, Oleg. "Wang Yangming and Bushidō: Japanese Nativization and its Influences in Modern China." *Journal of Chinese Philosophy* 36, no. 3 (2009): 439-454.

14. Berling, Judith. *The Syncretic Religion of Lin Chao-en*. New York: Columbia University Press, 1980.

15. Bernard, Henri. *Sagesse chinoise et philosophie chrétienne: essai sur leurs relations historiques*. Tianjin: Henricus Lécroart, 1935.

16. Berthrong, John H. *All Under Heaven: Transforming Paradigms in Confucian-Christian Dialogue*. Albany, NY: State University of New York Press, 1994.

17. Betty, L. Stafford. "*Liang-chih*: Key to Wang Yang-ming's Ethical Monism." *Journal of Chinese Philosophy* 7, no. 2(Jun. 1980): 115-129.

18. Billioud, Sébastien. *Thinking Through Confucian Modernity: A Study of Mou Zongsan's Moral Metaphysics*. Leiden: Brill, 2012.

19. Billioud, Sébastien and Joe Theraval. *The Sage and the People: The Confucian Revival in China*. Oxford: Oxford University Press, 2015.

20. Black, Alison. *Man and Nature in the Philosophical Thought of Wang Fu-chih*. Seattle: University of Washington Press, 1989.

21. Bloom, Irene. *Knowledge Painfully Acquircl: The K'un-chih Chi of Lo Ch'in-shun*. New York: Columbia University Press, 1987.

22. Bol, Peter K.. *Neo-Confucianism in History*. Cambridge: Harvard University Press, 2008.

23. Boulger, Demetrius Charles. *A History of China*, vol. 1. London: W. H. Allen, 1881.

24. Bresciani, Umberto. *Reinventing Confucianism: The New Confucian Movement*. Taipei: Taipei Ricci Institute, 2001.

25. Bresciani, Umberto. *Wang Yangming: An Essential Biography*. Passerino Editore, 2016.

26. Brook, Timothy. *The Confusions of Pleasure: Commerce and Culture in Ming China*. Berkeley: University of California Press, 1998.

27. Brook, Timothy. "What Happens when Wang Yangming Crosses the Border?" In *The Chinese State at the Borders*, 74-90. Edited by Diana Lary. Vancouver: UBC Press, 2007.

28. Bruya, Brian. "Emotion, Desire, and Numismatic Experience in Rene Descartes, Zhu Xi, and Wang Yangming." *Ming Qing Yanjiu* (2001): 45-75.

29. Bruya, Brian. "The Tacit Rejection of Multiculturalism in American Philosophy Ph. D. Programs: The Case of Chinese Philosophy." *Dao* 14, no. 3 (2015): 369-389.

30. Busch, Heinrich. "The Tung-lin Academy and its Political and Philosophical Significance." *Monumenta Serica* 14, no. 1(1949): 1-163.

31. Cady, Lyman Van Law. "Wang Yang Ming's Doctrine of Intuitive Knowledge." *The Monist* 38, no. 2(1928): 263-291.

32. Cady, Lyman Van Law. *Wang Yang-ming's Intuitive Knowledge: A Study*. Tsinan, China, 1936.

33. Carus, Paul. *Chinese Philosophy: An Exposition of the Main Characteristic Features of Chinese Thought*. Chicago: Open Court, 1902.

34. Cayley, John and Ming Wilson, eds.. *Europe Studies China: Papers from an International Conference on European Sinology*. London: Han-Shan Tang Books, 1995.

35. Chai, Shaojin. "Enlightened Compassion and Global Governance with Chinese Characteristics: Oneness, Care, and Cosmopolitanism in the Political Philosophy of Wang Yangming(1472-1529)." Ph. D. Diss., University of Notre Dame, 2014.

36. Chai Shaojin. "Neo-Confucian Cosmopolitanism and Chinese Perception of World Order: A Study of Wang Yangming's Virtue Politics and Integral Pluralis." SSRN Working Paper Series. Aug. 2011.

37. Chan, Albert. *The Glory and Fall of the Ming Dynasty*. Norman, OK:

University of Oklahoma Press, 1982.

38. Chan, Jonathan K. L. and Sumner B. Twiss. "Wang Yang-ming's Ethics of War." In *Chinese Just War Ethics: Origins, Development, and Dissent*, 153-178. Edited by Ping-Cheung Lo and Sumner B. Twiss. London and New York: Routledge, 2015.

39. Chan, N. Serina. *The Thought of Mou Zongsan*. Leiden: Brill, 2011.

40. Chan, Wing-cheuk. "How is Absolute Wisdom Possible? Wang Yangming and Buddhism." In *Wisdom in China and the West: Chinese Philosophical Studies*, 329-344. Edited by Vincent Shen and Willard Oxtoby. Washington, D. C. : The Council for Research in Values and Philosophy, 2004.

41. Chan, Wing-tsit. "Biography of Wang Yang-ming." In *Dictionary of Ming Biographies*, 1368-1644. Edited by L. Carrington Goodrich and Chaoying Fang. New York: Columbia University Press, 1976.

42. Chan, Wing-tsit. "Chan Jo-shui's Influence on Wang Yang-ming." *Philosophy East and West* 23, no. 1-2(Jan. -Apr. 1973): 9-30.

43. Chan, Wing-tsit. "How Buddhistic is Wang Yang-ming." *Philosophy East and West* 12, no. 3(Oct. 1962): 203-216.

44. Chan, Wing-tsit. *Sourcebook in Chinese Philosophy*. Princeton: Princeton University Press, 1963.

45. Chan, Wing-tsit. "The Ch'eng-Chu School of the Early Ming." In *Self and Society in Ming Thought*, 29-53. Edited by William Theodore de Bary. New York: Columbia University Press, 1970.

46. Chan, Wing-tsit. "Wang Yang-ming: A Biography." *Philosophy East and West* 12, no. 1(Jan. 1972): 63-74.

47. Chan, Wing-tsit. "Wang Yang-ming: Western Studies and an Annotated Bibliography." *Philosophy East and West* 22, no. 1 (Jan. 1972): 75-92.

48. Chang, Carsun. *The Development of Neo-Confucian Thought*, vol. 2. New York: Bookman Associates, 1962.

49. Chang, Carsun. *Wang Yang-ming: Idealist Philosopher of Sixteenth Century China*. New York: St. John's University Press, 1962.

50. Chang, Carsun. "Wang Yang-ming's Philosophy." *Philosophy East and*

West 5, no. 1(Apr. 1955): 3-18.

51. Chang, Chung-yuan. "'The Essential Source of Identity' in Wang Lung-ch'is Philosophy." *Philosophy East and West* 23, no. 1-2 (Jan. -Apr. 1973): 31-48.

52. Chang, Peter T. C.. *Bishop Joseph Butler and Wang Yangming: A Comparative Study of their Moral Vision and View of Conscience*. Bern: Peter Lang, 2014.

53. Chang, Peter T. C.. "A Comparative Study of Bishop Butler's and Wang Yang-ming's Conception of Conscience." Ph. D. Diss., Harvard Divinity School, 2011.

54. Chang, Tzu-li. "Personal Identity, Moral Agency, and *Liang-zhi*: A Comparative Study of Korsgaard and Wang Yangming." *Comparative Philosophy* 6, no. 1(2015): 3-23.

55. Chang, Tzu-li. "Re-exploring Wang Yangming's Theory of *Liangzhi*: Translation, Transliteration, and Interpretation." *Philosophy East and West* 66, no. 4(Oct. 2016): 1196-2017.

56. Chang, Yü-ch'uan. *Wang Shou-jen as a Statesman*. Peking: The Chinese Social and Political Science Association, 1946.

57. Chen, Lisheng. "Research on the Issue of 'Evil' in Wang Yangming's Thought." *Frontiers of Philosophy in China* 2, no. 2 (Apr. 2002): 172-187.

58. Cheng, Anne. *Histoire de la pensée chinoise*. Paris: Éditionsdu Seuil, 1997.

59. Cheng, Chung-ying. "Consistency and the Meaning of the Four Sentence Teaching in the *Ming-ju hsueh-an*." *Philosophy East and West* 29, no. 3(1979): 275-294.

60. Cheng Chung-ying. "Practical Learning in Yen Yuan, Chu Hsi, and Wang Yang-ming." In *Principle and Practicality: Essays in Neo-Confucianism and Practical Learning*, 37-68. Edited by Wm. Theodore de Bary and Irene Bloom(New York: Columbia University Press, 1979): 37-68. Reprinted in Cheng Chung-ying, *New Dimensions of Confucianism and Neo-Confucian Philosophy*. New York: State University of New York Press, 1991.

61. Cheng, Chung-ying. "Unity and Creativity in Wang Yang-ming's Philosophy of Mind." *Philosophy East and West* 23, no. 1-2 (Jan. -Apr. 1973): 49-72.

62. Cheng, Yu-yin. "The Taizhou School (*Taizhou xuepai*) and the Popularization of *Liangzhi* (Innate Knowledge)." *Ming Studies* 60 (2009): 45-65.

63. Chi Wan-hsien. "The Notion of Practicality in Wang Yangming's Thought." Ph. D. Diss., University of Pennsylvania, 2001.

64. Ch'ien, Edward T.. *Chiao Hung and the Restructuring of Neo-Confucianism in the Late Ming*. New York: Columbia University Press, 1986.

65. Chin, Ann-ping. "Chan Kan-ch'uan and the Continuing Neo-Confucian Discourse on Mind and Principle." Ph. D. Diss., Columbia University, 1984.

66. Ching, Julia. "To Acquire Wisdom: the 'Way' of Wang Yang-ming." Ph. D. Diss., Australian National University, 1971.

67. Ching, Julia. *To Acquire Wisdom: The Way of Wang Yang-ming*. New York: Columbia University Press, 1976.

68. Ching, Julia. "All in One: The Culmination of the Thought of Wang Yang-ming (1472-1529)." *Oriens Extremus* 20, no. 2 (Dec. 1973): 137-159.

69. Ching, Julia. "'Authentic Selfhood': Wang Yang-ming and Heidegger." *The Monist* 16, no. 1 (Jan. 1978): 3-27.

70. Ching, Julia. "Beyond Good and Evil: The Culmination of the Thought of Wang Yang-ming (1472-1529)." *Numen* 20, no. 2 (1973): 125-134.

71. Ching, Julia. *Butterfly Healing: A Life between East and West*. Maryknoll, NY: Orbis Books, 1998.

72. Ching, Julia. *Confucianism and Christianity: A Comparative Study*. Tokyo: Kodansha, 1977.

73. Ching, Julia. trans. *The Philosophical Letters of Wang Yang-ming*. Canberra: Australian National University Press, 1971.

74. Ching, Julia. *The Records of Ming Scholars*. Hawaii: University of Honolulu Press, 1987.

75. Ching, Julia. "The Records of the Ming Philosophers: An Introduction." *Oriens Extremus* 23(1976): 191-211.

76. Ching, Julia. "Some Notes on the 'Wang Yang-ming Controversy'." *Journal of the Oriental Society of Australia* 9(1972-73): 14-20.

77. Ching, Julia. "Truth and Ideology: The Confucian Way and Its Transmission," *Journal of the History of Ideas* 35(1974): 371-378.

78. Chou Hsiang-kuang. "The Significance of Wang Yang-ming." *Chinese Culture* 2, no. 3(1961).

79. Chung, Paul S.. "Interpretation as Conflict and Creativity: Retrieval of Wang Yangming." In *The Hermeneutical Self and an Ethical Difference: Intercivilizational Engagement*, 230-247. Cambridge: James Clarke & Co., 2012.

80. Chu, Hung-lam. "The Debate over Recognition of Wang Yang-Ming." *Harvard Journal of Asiatic Studies* 48, no. 1(Jun. 1988): 47-70.

81. Chu, Hung-lam. "Huang Zuo's Meeting with Wang Yangming and the Debate over the Unity of Knowledge and Action." *Ming Studies* 35, no. 1(Jul. 1995): 53-73.

82. Chow, Joseph Kuang-su. "Detachment in the Philosophy of Wang Yang-ming: The Concept of 'Liang-Chih'." Ph. D. Diss., Drew University, 1981.

83. Cleary, J. C.. *Worldly Wisdom: Confucian Teachings of the Ming Dynasty*. Boston: Shambhala, 1991.

84. Cocks, Samuel. "Wang Yangming, Moral Promise, and Environmental Ethics." *Dialogue and UniversalismE* 3, no. 1(2012): 70-81.

85. Cocks, Samuel. "Wang Yangming on Spontaneous Action, Mind as Mirror, and Personal Depth." *Journal of Chinese Philosophy* 42, no. 3-4 (Sept. -Dec. 2015): 342-358.

86. Cordier, Henri. *Bibliotheca Sinica: Dictionnaire Bibliographique des Ouvrages Relatifs a l'Empire Chinois*, vol. 1. New York: Burt Franklin, 1968.

87. Creel, H. G.. *Chinese Thought from Confucius to Mao Tse-tung*. Chicago: The University of Chicago Press, 1953.

88. Cua, A. S.. "Between Commitment and Realization: Wang

Yang-ming's Vision of the Universe as a Moral Community." *Philosophy East and West* 43, no. 4(Oct. 1993): 611-647.

89. Cua, A. S.. *The Unity of Knowledge and Action: A Study in Wang Yang-ming's Moral Psychology*. Honolulu: University of Hawaii Press, 1982.

90. Dardess, John W.. *Ming China, 1368-1644: A Concise History of a Resilient Empire*. Lanham: Rowman and Littlefield, 2012.

91. Dardess, John W.. *A Ming Society: T'ai-ho County, Kiangsi, in the Fourteenth to Seventeenth Centuries*. Berkeley: University of California Press, 1997.

92. Day, William. "*Zhenzhi* and Acknowledgment in Wang Yangming and Stanley Cavell." *Journal of Chinese Philosophy* 39, no. 2 (Jun. 2012): 174-191.

93. De Bary, William Theodore. "Individualism and Humanitarianism in Late Ming Thought." In *Self and Society in Ming Thought*. Edited by William Theodore de Bary. New York: Columbia University Press, 1970.

94. De Bary, William Theodore. "The Ming Project and Ming Thought." *Ming Studies* 2, no. 1(1976): 19-25.

95. Deng, Aimin. "Wang Yangming's Idealist Pantheistic Worldview." *Contemporary Chinese Thought* 17, no. 4(1986): 35-83.

96. DeGroot, J. J. M.. *The Religion of the Chinese*. New York: The MacMillan Company, 1910.

97. DeGroot, J. J. M.. *Religion in China: Universism-Key to the Study of Taoism and Confucianism*. New York: G. P. Putnam's Sons, 1912.

98. Dening, Walter. "The Philosophy of the School of Wang Yang-ming." In "Confucian Philosophy in Japan: Reviews of Dr. Inoue Tetsujiro's Three Volumes on this Philosophy." *Transactions of the Asiatic Society in Japan* 36, no. 2(1908): 111-118.

99. De Bary, William Theodore. *Neo-Confucian Orthodoxy and the Learning of the Mind-and-Heart*. New York: Columbia University Press, 1981.

100. Dietrich Tschanz. "Ming Dissertations: An Update." *Ming Studies* (1998): 111-116.

101. Dietrich Tschanz. "Ming Dissertations: An Update." *Ming Studies*

(2000): 10-15.

102. Dilworth David A.. *Philosophy in a World Perspective: A Comparative Hermeneutic of the Major Theories.* New Haven: Yale University Press, 1989.

103. Dimberg, Ronald G.. "The Life and Thought of Ho Hsin-yin, 1517-1579: The Sage and Society, A Sixteenth Century View." Ph. D. Diss., Columbia University, 1970.

104. Dimberg, Ronald. *The Sage and Society: The Life and Thought of Ho Hsin-yin.* Honolulu: University of Hawaii Press, 1974.

105. Dong Minglai. "Correcting Things as Correcting Feelings: A Phenomenological Study of Wang Yang-ming's Doctrine of *Ge-Wu*." *Comparative Philosophy* 10, no. 1(2019): 18-37.

106. Du Halde, Jean-Baptiste. *Description geographique, historique, chronologique, politique, et physique de l'Empire de la Chine et de la Tartarie chinoise*, vol. 2. Paris: chez P. G. Lemercier. 1735.

107. Duyvendak, J. J. L.. *China Tegen de Westerkim.* Haarlem: Bohn, 1927.

108. Edema, Wilt L.. "Dutch Sinology: Past, Present, and Future, " In *Europe Studies China: Papers from an International Conference on the History of European Sinology*, 88-93. Edited by Wilson Ming and John Cayley. London: Han-Shan Tang Books, 1995.

109. Elman, Benjamin. *From Philosophy to Philology: Intellectual and Social Aspects of Change in Late Imperial China.* Cambridge: Harvard University Press, 1984.

110. Fang, Thomé. "The Essence of Wang Yang-ming's Philosophy in a Historical Perspective." *Philosophy East and West* 23, no. 1-2 (Jan. -Apr. 1973): 9-30.

111. Forke, Alfred. *Geschichte der neueren chinesischen philosophie.* Reprint, Hamburg: Cram, De Gruyter & Co., 1964.

112. Foss, Theodore N.. "A Jesuit encyclopedia for China: A Guide to Jean-Baptiste Du Halde's *Description-de la Chine* (1735)." Ph. D. Diss., University of Chicago, 1979.

113. Fourmont, Étienne. *Linguae Sinarum mandarinicae hieroglyphicae*

grammatica duplex, latine et cum characteribus Sinensium. Item sinicorum regiae bibliothecae librorum catalogus. Lutetiae Parisiorum: H. L. Guérin, 1742.

114. Frisina, Warren G.. "Are Knowledge and Action Really One Thing?: A Study of Wang Yangming's Doctrine of Mind." *Philosophy East and West* 39, no. 4(Oct. 1989): 419-447.

115. Frisina, Warren G.. *The Unity of Knowledge and Action: Toward a Nonrepresentational Theory of Action.* Albany: State University of New York Press, 2002.

116. Fung, Yu-lan. *A History of Chinese Philosophy.* Translated by Derk Bodde. 2 vols. Princeton: Princeton University Press, 1976.

117. Fung, Yu-lan. *A Short History of Chinese Philosophy.* Edited by Derke Bodde. New York: The Free Press, 1948.

118. Gabelentz, George von der. *Thai-kih-thu, des Tscheu-tsï Tafel des Urprinzipes, mit Tschu-Hi's Commentare nach dem Hoh-pi-sing-li.* Dresden: im Commissions-Verlag bei R. v. Zahn, 1876.

119. Gernet, Jacques. *China and the Christian Impact: A Conflict of Cultures.* Translated by Janet Lloyd. New York: Cambridge University Press, 1985.

120. Gernet, Jacques. *A History of Chinese Civilization.* Translated by J. L. Foster and Charles Harmon. New York: Cambridge University Press, 1982.

121. Giles, Herbert A.. *A Chinese Biographical Dictionary.* Shanghai: Kelly and Walsh, 1898.

122. Giles, Herbert A.. *Confucianism and its Rivals: Lectures Delivered in the University Hall of Dr. William's Library.* London: Williams and Norgate, 1915.

123. Goodrich, L. Carrington and Chaoying Fang, eds.. *Dictionary of Ming Biography.* 2 vols. New York: Columbia University Press, 1976.

124. Grousset, René. *Histoire de la philosophie orientale, Tome II : L'Inde et la Chine.* Paris: Nouvelle Librairie Nationale, 1923.

125. Gregor, James A. and Maria Hsia. "Wang Yang-ming and the Ideology of Sun Yat-sen." *The Review of Politics* 42, no. 3 (Jul. 1980): 388-404.

126. Grube, Wilhelm. *Ein Beitrag zur Kenntnis der Chinesischen Philosophie: T'ung-shu des Ceu-tsi, mit Cu-his Kommentare*. Wien: Holzhausen, 1880.

127. Gützlaff, Karl Friedrich August. *A Sketch of Chinese History, Ancient and Modern*, 2 vols. London: Smith and Elder & Co., 1834.

128. Hackmann, Heinrich. *Chinesische philosophie*. Munich: Ernst Reinhardt, 1927.

129. Hall, Joshua M.. "Nerve/Nurses of the Cosmic Doctor: Wang Yangming on Self-Awareness as World Awareness."*Asian Philosophy* 26, no. 2 (2016): 149-165.

130. Hammond, Kenneth J. and Jeffrey L. Richey. *The Sage Returns: Confucian Revival in Contemporary China*. Albany: State University of New York Press, 2015.

131. Handlin, Joanna F.. *Action in Late Ming Thought: Reorientation of Lü K'un and Other Scholar-Officials*. Berkeley: University of California Press, 1983.

132. Hart, Roger. *Imagined Civilizations: China, the West, and Their First Encounter*. Baltimore: John Hopkins University Press, 2013.

133. Hastings, James, ed.. *Encyclopedia of Religion and Ethics*, vol. 1. New York: Charles Scribner's Sons, 1908.

134. Hauf, Kandice. "'Goodness Unbound': Wang Yang-ming and the Redrawing of the Boundary of Confucianism." In *Imagining Boundaries: Changing Confucian Doctrines, Texts, and Hermeneutics*, 121-146. Edited by Kai-wing Chow, On-cho Ng, and John B. Henderson. Albany: State University of New York Press, 1999.

135. Heijdra, Martin J.. "Ming History: Three Hundred Years of History still Searching for Recognition." In *A Scholarly Review of Chinese Studies in North America*, 79-98. Edited by Zhang Haihui et al. Ann Arbor, MI: Association for Asian Studies, 2013.

136. Henderson, Harold. *Catalyst for Controversy: Paul Carus of Open Court*. Carbondale, IL: Southern Illinois University Press, 1993.

137. Henderson, John B.. *The Development and Decline of Chinese*

Cosmology. New York: Columbia University Press, 1984.

138. Henke, Frederick Goodrich. "A Study in the Life and Philosophy of Wang Yang-ming, "*Journal of the North China Branch of the Royal Asiatic Society* 44(1913): 46-63.

139. Henke, Frederick Goodrich. "Wang Yang-ming: A Chinese Idealist."*The Monist* 24, no. 1(Jan. 1914): 17-34.

140. Ho, Norman P.. "Natural Law in Chinese Legal Thought: The Philosophical System of Wang Yangming."*Yonsei Law Journal* 8, no. 1-2 (2017): 1-64.

141. Hon, Tze-ki and Kristin Stapleton. *Confucianism for the Contemporary World: Global Order, Political Plurality, and Social Action.* Albany: State University of New York Press, 2017.

142. Hong, Seok Hwan. "Ultimate Human Transformation: *Liang-chih* in Wang Yang-Ming and the Imago Dei in John Calvin." Ph. D. Diss., Boston University, 2002.

143. Huang Chin-shing. *Philosophy, Philology, and Politics in Eighteenth-Century China: Li Fu and the Lu-Wang School under the Ching.* Cambridge: Cambridge University Press, 1995.

144. Huang, Siu-chi. *Essentials of Neo-Confucianism: Eight Major Philosophers of the Song and Ming Periods.* London: Greenwood Press, 1991.

145. Huang Yong. "Confucianism: Confucian Environmental Ethics (Focusing on Wang Yangming)."*Routledge Handbook of Religion and Ecology*: 52-58. New York: Routledge, 2016.

146. Huang Yong. "Empathy with 'Devils': Wang Yangming's Contribution to Contemporary Moral Philosophy." In *Moral and Intellectual Virtues in Western and Chinese Philosophy*, 214-234. Edited by Michael Mi, Michael Slote, and Ernest Sosa. New York: Routledge, 2015.

147. Huang Yong. "Knowing-that, Knowing-how, or Knowing-to: Wang Yangming's Conception of Moral Knowledge."*Journal of Philosophical Research* 42(2017): 65-94.

148. Huang Yong. "Moral Luck and Moral Responsibility: Wang Yangming on the Confucian Problem of Evil." In *Why Traditional Chinese*

Philosophy Still Matters, 68-81. Edited by Gu Mingdong. New York: Routledge, 2018.

149. Huang Yong. "A Neo-Confucian Concept of Wisdom: Wang Yangming on the Innate Moral Knowledge." *Journal of Chinese Philosophy* 33, no. 3(Sept. 2006): 393-408.

150. Huang Yong. "Is Wang Yangming's Notion of Innate Moral Knowledge [*liangzhi*] Tenable?" In *Confucian Ethics in Retrospect and Prospect*: 149-171. Edited by Vincent Shen and Kwong-loi Shun. The Council for Research in Values and Philosophy, 2008.

151. Hucker, Charles O.. *China's Imperial Past: An Introduction to Chinese History and Culture*. Stanford: Stanford University Press, 1975.

152. Hui, Wang. *Translating Chinese Classics in a Colonial Context: James Legge and His Two Versions of the Zhongyong*. New York: Peter Lang, 2008.

153. Ihlan, Amy. "Wang Yang-ming: A Philosopher of Practical Action." *Journal of Chinese Philosophy* 20, no. 4(Dec. 1993): 451-463.

154. Iki, Hiroyuki. "Wang Yang-ming's Doctrine of Innate Knowledge of the Good." *Philosophy East and West* 11, no. 1-2(Apr.-Jul. 1961): 27-44.

155. Israel, Larry. "To Accommodate or Subjugate: Wang Yangming's Settlement of Conflict in Guangxi in Light of Ming Political and Strategic Culture." *Ming Studies* 60(Nov. 2009): 4-44.

156. Israel, Larry. "The Prince and the Sage: Concerning Wang Yangming's 'Effortless' Suppression of the Ning Princely Establishment." *Late Imperial China* 29, no. 2(2008): 68-128.

157. Israel, George L.. "Discovering Wang Yangming: Scholarship in Europe and North America, 1600-1950." *Monumenta Serica* 66, no. 2(Nov. 2018): 357-389.

158. Israel, George L.. *Doing Good and Ridding Evil in Ming China: The Political Career of Wang Yangming*. Leiden: Brill, 2014.

159. Israel, George L.. "On the Margins of the Grand Unity: Empire, Violence, and Ethnicity in the Virtue Ethics and Political Practice of Wang Yangming(1472-1529)." Ph. D. Diss., University of Illinois at Urbana-

Champaign, 2008.

160. Israel, George L.. "The Renaissance of Wang Yangming Studies in the People's Republic of China." *Philosophy East and West* 66, no. 3 (Jul. 2019): 1001-1019.

161. Israel, George L.. "The Transformation of the Wang Yangming Scholarship in the West."*Asian Philosophy* 28, no. 2(Apr. 2018): 135-156.

162. Israel, George L.. "Wang Yangming in Beijing, 1510-1512: 'If I do not awaken others, who will do so?' "*Journal of Chinese History* 1, no. 1(Jan. 2017): 59-91.

163. Ivanhoe, Philip J.. *Confucian Moral Self-Cultivation*. Indianapolis: Hackett Publishing, 2000.

164. Ivanhoe, Philip J.. *Ethics in the Confucian Tradition: The Thought of Mencius and Wang Yang-ming*. Atlanta: Scholar's Press, 1990.

165. Ivanhoe, Philip J.. "'Existentialism' in the School of Wang Yangming." In *Chinese Language, Thought, and Culture: Nivison and His Critics*, 250-264. Edited by Philip J. Ivanhoe. La Salle: Open Court Publishing, 1996.

166. Ivanhoe, Philip J.. "McDowell, Wang Yangming, and Mengzi's Contributions to Understanding Moral Perception." *Dao: A Journal of Comparative Philosophy* 10, no. 3(Sept. 2011): 273-290.

167. Ivanhoe, Philip J.. "Mencius in the Ming Dynasty: The Moral Philosophy of Wang Yang-ming."Ph.D. Diss., Stanford University, 1987.

168. Ivanhoe, Philip J.. *Oneness: East Asian Conceptions of Virtue, Happiness, and How We are All Connected*. Oxford: Oxford University Press, 2017.

169. Ivanhoe, Philip J.. *Readings from the Lu-Wang School of Neo-Confucianism*. Indianapolis: Hackett Publishing, 2009.

170. Ivanhoe, Philip J.. *Three Streams: Confucian Reflections on the Moral Heart-Mind in China, Korea, and Japan*. Oxford: Oxford University Press. 2016.

171. Ivanhoe, Philip J.. "Virtue Ethics and the Chinese Tradition." In *Virtue Ethics and Confucianism*, 28-55. Edited by Stephen C. Angle and

Michael Slote. New York and London: Routledge, 2013.

172. Jiang, Paul Yun-ming. *The Search for Mind: Chen Pai-sha, Philosopher, Poet*. Singapore: Singapore University Press, 1980.

173. Jung, Hwa Yol. "Jen: An Existential and Phenomenological Problem of Intersubjectivity." *Philosophy East and West* 16, no. 3-4(1966): 169-188.

174. Jung, Hwa Yol. "The Unity of Knowledge and Action: A Postscript to Wang Yangming's Existential Phenomenology." *Journal of Chinese Studies* 3 (1986): 19-38.

175. Jung, Hwa Yol. "Wang Yangming and Existential Phenomenology." *International Philosophical Quarterly* 5(1965): 621-636.

176. Jung, Hwa Yol. "Wang Yangming and the Way of World Philosophy." *Dao: A Journal of Comparative Philosophy* 12, no. 4(Dec. 2013): 461-487.

177. Kaltenmark, Max. *La philosophie chinoise*. Paris: Presses Universitaires de France, 1972.

178. Keenan, Barry C.. *Neo-Confucian Self-Cultivation*. Honolulu: University of Hawaii Press, 2011.

179. Kelleher, M. Theresa. *The Journal of Wu Yubi: The Path to Sagehood*. Indianapolis: Hackett Publishing, 2013.

180. Kern, Iso. *Das wichtigste im leben: Wang Yangming(1472-1529) und seine nachfolger über die"verwirklichung des ursprünglichen wissens"* [Wang Yangming(1472-1529) and His Successors on the "Realization of Original Knowledge"]. Basel: Schwabe Verlag, 2010.

181. Kim, Heup Young. "Christianity's View of Confucianism: An East Asian Theology of Religions." In *Religions View Religions: Explorations in Pursuit of Understanding*, 265-282. Edited by Jerald Gort, Henry Janesen, and Hendrik Vroom. Amsterdam: Rodopi, 2006.

182. Kim, Heup Young. "Liang-chi and Humanitas Christi: An Encounter of Wang Yang-ming and Karl Barth." *Korea Journal of Systematic Theology* 4 (2001): 130-188.

183. Kim, Heup Young, "Sanctification and Self-cultivation: A study of Karl Barth and neo-Confucianism(Wang Yang-ming)." Ph.D. Diss., Graduate Theological Union, 1992.

184. Kim, Heup Young. *A Theology of Dao*. New York: Orbis Books, 2017.

185. Kim, Heup Young. *Wang Yangming and Karl Barth: A Confucian-Christian Dialogue*. University Press of America, 1996.

186. Kim, Youngmin. "Political Unity in Neo-Confucianism: The Debate between Wang Yangming and Zhan Ruoshui."*Philosophy East and West* 62, no. 2(Apr. 2012): 246-263.

187. Kim, Youngmin. "Rethinking the Self's Relation to the World in the Mid-Ming: Four Responses to Cheng-Zhu Learning." *Ming Studies* 44, no. 1 (Jan. 2000): 13-47.

188. Knox, George. "A Japanese Philosopher."*Transactions of the Asiatic Society of Japan* 20(1893): 10-15.

189. Koh, Khee Heong. *A Northern Alternative: Xue Xuan (1389-1464) and the Hedong School*. Cambridge: Harvard University Asia Center, 2011.

190. LaFleur, William. "Heart/Mind's Purity vs. Utilitarianism: Mencius, Wang Yang-ming, and Nishida Kitaro." In *Polishing the Chinese Mirror: Essays in Honor of Henry Rosemont* Jr., 227-243. Edited by Martha Chandler and Ronnie Littlejohn. New York: Global Scholarly Publications, 2007.

191. Le Gall, Stanislas. *Le Philosophe Tchou Hi: sa doctrine, son influence*. Chang-Hai: Imprimerie de la Mission Catholique. 1894.

192. Lederman, Harvey. "The Introspective Model of the Unity of Knowledge and Action." Unpublished draft. harveylederman. com. Accessed August 8, 2018.

193. Lee, Hsin-yi. "The Moral Philosophies of H. Richard Niebuhr and Wang Yang-ming."Ph.D. Diss., Claremont Graduate University, 2007.

194. Lee, Jig-chuen. "Wang Yang-ming, Chu Hsi, and the Investigation of Things."*Philosophy East and West* 37, no. 1(Jan. 1987): 24-35.

195. Lee, Jig-chuen. "Wang Yang-ming, Mencius, and Internalism." *Journal of Chinese Philosophy* 12, no. 1(1985): 63-74.

196. Lee, Junghwan. "Wang Yangming Thought as Cultural Capital: The Case of Yongkang County."*Late Imperial China* 28, no. 2(Mar. 2008): 41-80.

197. Lee, Ming-huei. "Wang Yangming's Philosophy and Modern

Theories of Democracy: A Reconstructive Interpretation." *Dao: A Journal of Comparative Philosophy* 7, no. 3(Sept. 2008): 283-294.

198. Leung, Cécile. *Étienne Fourmont(1683-1745): Oriental and Chinese Languages in Eighteenth-Century France*, Louvain: Leuven University Press, 2002.

199. Liang, Ch'i-ch'ao. *Intellectual Trends in the Ch'ing Period.* Translated by Immanuel C. Y. Hsu. Cambridge: Harvard University Press, 1959.

200. Liang, Hongsheng. "Motivations for, and Consequences of, Village and Lineage Development by Jiangxi Scholars of the Wang Yangming School: The Case of Liukeng." *Chinese Studies in History* 35, no. 1(2001): 61-95.

201. Lidèn, Johanna. "The Taizhou Movement: Being Mindful in Sixteenth Century China." Ph.D. Diss., Stockholm University, 2018.

202. Liu, JeeLoo. "Lu Xiangshan and Wang Yangming's Doctrine of Mind is Principle." In *Neo-Confucianism: Metaphysics, Mind, and Morality*. Hoboken, NJ: Wiley, 2018.

203. Liu, JeeLoo. "Wang Yangming's Intuitionist Model of Innate Moral Sense and Moral Reflexivisim." In *Neo-Confucianism: Metaphysics, Mind, and Morality*. Hoboken, NJ: Wiley, 2018.

204. Lee, Sheng-kuang. "Commoner and Sagehood: Wang Ken and the Tai-chou School in Late Ming Society." Ph.D. Diss., University of Arizona, 1990.

205. Liu, Shu-hsien. "How Idealistic is Wang Yang-ming." *Journal of Chinese Philosophy* 10, no. 2(Jun. 1983): 147-168.

206. Liu, Shu-hsien. "Neo-Confucianism(Ⅱ): From Lu Jiu-yuan to Wang Yang-ming." In *The Routledge History of Chinese Philosophy*. Edited by Bo Mou. New York: Routledge, 2009.

207. Liu, Shu-hsien. "On Chu Hsi as an Important Source for the Development of the Philosophy of Wang Yang-ming." *Journal of Chinese Philosophy* 11, no. 1(Mar. 1984): 83-107.

208. Liu, Shu-hsien. "On the Final Views of Wang Yang-ming." *Journal of Chinese Philosophy* 25, no. 3(1998): 345-360.

209. Lu Yinghua. "The *a Priori* Value and Feeling in Max Scheler and

Wang Yangming." *Asian Philosophy* 24, no. 3(2014): 197-211.

210. Lu Yinghua. "The Heart has its Own Order: The Phenomenology of Value and Feeling in Confucian Philosophy." Ph.D. Diss., Southern Illinois University, 2014.

211. Lu Yinghua. "Pure Knowing as Moral Feeling and Moral Cognition: Wang Yangming's Phenomenology of Approval and Disapproval." *Asian Philosophy* 27, no. 4(2017): 309-323.

212. Lu Yinghua. "Wang Yangming's Theory of the Unity of Knowledge and Action Revisited: An Investigation from the Perspective of Moral Emotion." *Philosophy East and West*, vol. 69, no. 1(Jan. 2019): 197-214.

213. Lundbaek, Knud. "The Image of Neo-Confucianism in *Confucius Sinarum Philosophus*," *Journal of the History of Ideas* 44, no. 1(Jan.-Mar. 1983): 19-30.

214. Macgowan, John. *A History of China: From the Earliest Days down to the Present*. London: Kegan Paul, Trench, Trübner and Co. Ltd., 1897.

215. Mayeda, Graham. "The Implications of Yangming Philosophy for the Law." In *Wisdom in China and the West: Chinese Philosophical Studies*, 197-214. Edited by Vincent Shen and Willard Oxtoby. Washington, D.C.: The Council for Research in Values and Philosophy, 2004.

216. Mayers, William Frederick. *The Chinese Reader's Manual*. Shanghai: American Presbyterian Mission Press, 1874.

217. McMorran, Ian. "Late Ming Criticism of Wang Yang-ming: The Case of Wang Fu-chih." *Philosophy East and West* 23, no. 1-2 (Jan.-Apr. 1973): 91-102.

218. Meadows, Thomas Taylor. 1856. *The Chinese and Their Rebellions: Viewed in Connection with Their National Philosophy, Ethics, Legislation, and Administration*. London: Smith, Elder, and Co., 1856.

219. Meskill, John. *Academies in Ming China*. Monographs of the Association for Asian Studies. Tucson: University of Arizona Press, 1982.

220. Mote, Frederick. *Imperial China* 900-1800. Cambridge: Harvard University Press, 2000.

221. Mou Tsung-san. "The Immediate Successor of Wang Yang-ming:

Wang Lung-hsi and his Theory of ssu-wu." *Philosophy East and West* 23, no. 1-2(1973): 103-120.

222. Moyriac de Mailla, Joseph Anne-Marie de. *Histoire générale de la Chine, ou annales de cet empire*; *traduites du Tong-Kien-Kang-Mou*, vol. 10. Paris: P. D. Pierres, 1779.

223. Mungello, David E.. "Confucianism in the Enlightenment: Antagonism and Collaboration between the Jesuits and Philosophes." In *China and Europe: Images and Influences in the Sixteenth to Eighteenth Centuries*, 99-127. Edited by Thomas H. C. Lee. Hong Kong: The Chinese University of Hong Kong Press, 1991.

224. Mungello, David E.. *Leibniz and Confucianism: The Search for an Accord*. Honolulu: University of Hawaii Press, 1977.

225. Murch, Jerom. *Memoir of Robert Hibbert, Esquire, Founder of the Hibbert Trust, with a Sketch of Its History by Sir Jerom Murch*. Bath: William Lewis, 1874.

226. Myers, Constance. "Paul Carus and the Open Court: The History of a Journal." *Midcontinent American Studies Journal* 5, no. 2 (Fall 1964): 57-68.

227. Neville, Robert. *Boston Confucianism: Portable Tradition in the Late-Modern World*. Albany: State University of New York Press, 2000.

228. Neville, Robert. "Wang Yang-ming and John Dewey on the Ontological Question." *Journal of Chinese Philosophy* 12, no. 3 (Sept. 1985): 283-295.

229. Ng, On-Cho. *Cheng-Zhu Confucianism in the Early Qing: Li Guangdi (1642-1718) and Qing Learning*. Albany: State University of New York Press, 2001.

230. Nivison, David S.. "Moral Decision in Wang Yangming: The Problem of Chinese Existentialism." In *The Ways of Confucianism: Investigations in Chinese Philosophy*, 233-248. Edited with an introduction by Bryan W. Van Norden. Chicago: Open Court, 1996.

231. Nivison, David S.. "The Philosophy of Wang Yangming." In *The Ways of Confucianism: Investigations in Chinese Philosophy*, 217-231. Edited with an introduction by Bryan W. Van Norden. Chicago: Open Court, 1996.

232. Nivison, David S.. "The Problem of 'Knowledge' and 'Action' in Chinese Thought since Wang Yang-ming." In *Studies in Chinese Thought*, 112-145. Edited by Arthur F. Wright. Chicago: University of Chicago Press, 1953.

233. Nivison, David S.. Review of *The Philosophy of Wang Yang-ming*, by Frederick Goodrich Henke. *Journal of the American Oriental Society* 84, no. 4(1964): 436-442.

234. Noordam, Barend. "The Soldier as Sage: Qi Jiguang(1528-1588) and the neo-Confucianization of the Military in Sixteenth-Century China." Ph. D. Diss., Leiden University, 2018.

235. Okada Takehiko. "The Chu Hsi and Wang Yang-Ming Schools at the End of the Ming and Tokugawa Periods." *Philosophy East and West* 23, no. 1-2 (1973): 139-141.

236. Okada Takehiko. "Wang Chi and the Rise of Existentialism." In *Self and Society in Ming Thought*, 121-144. Edited by William Theodore de Bary. New York: Columbia University Press, 1970.

237. Pauthier, Guillaume. *Esquisse d'une histoire de la philosophie chinoise*. Paris: Imprimerie de Schneider et Langrand, 1844.

238. Peterson, Willard J.. *Bitter Gourd: Fang I-Chih and the Impetus for Political Change*. New Haven, CT: Yale University Press, 1979.

239. Reinsch, Paul S.. *Intellectual and Political Currents of the Far East*. Boston: Houghton Mifflin, 1911.

240. Ricci, Matteo. *The True Meaning of the Lord of Heaven*. Revised edition by Thierry Meynard, S. J. Translated by Douglas Lancashire and Peter Hu Kuo-chen, S. J. Boston: Institute of Jesuit Sources, 2016.

241. Sciban, Lloyd. "Essential Characteristics of Moral Decision in Wang Yangming's Philosophy." *Journal of Chinese Philosophy* 25, no. 1 (Mar. 1998): 51-73.

242. Sciban, Lloyd. "Wang Yangming on Moral Decision." Ph.D. Diss., University of Toronto, 1994.

243. Scott, James Brown. "The Chinese Social and Political Science Association." *American Journal of International Law* 10(Apr. 1916): 375-376.

244. Shi Changyu. "Wang Yangming's Neo-Confucian School of Mind and the Growth of Ancient Chinese Popular Novel." *Frontiers of Literary Studies in China* 3, no. 2(2009): 195-217.

245. Shi Weimin. "The Quest for Ethical Truth: Wang Yangming on the Unity of Knowing and Acting." *Comparative Philosophy* 8, no. 2 (2017): 46-64.

246. Shimada Kenji. *Die neo-Konfuzianische philosophie: die schulrichtungen Chu Hsis und Wang Yang-mings*. Übersetzt von Monika Übelhör. Hamburg: Gesellschaft für Natur-und Völkerkunde Ostasiens, 1979.

247. Shin, Leo K.. "The Last Campaigns of Wang Yangming." *T'oung Pao* 92, no. 1-3(2006): 101-128.

248. Shun, Kwong-Loi. "Wang Yangming on Self-Cultivation in the Daxue." *Journal of Chinese Philosophy* 38, supplement(2011): 96-113.

249. Smith, John. "Some Pragmatic Tendencies in the Thought of Wang Yang-ming." *Journal of Chinese Philosophy* 13, no. 2(Jun. 1986): 167-183.

250. Soothill William E.. *The Three Religions of China: Lectures Delivered at Oxford*. London: Hodder and Stoughton, 1913.

251. Standaert, Nicholas, ed.. *Handbook of Christianity in China, Volume 1: 635-1800*. Leiden: Brill, 2001.

252. Standaert, Nicholas. *Yang Tingyun: Confucian and Christian in Late Ming China*. Leiden: Brill, 1988.

253. Sun, Anna Xiao Dong. *Confucianism as a World Religion: Contested Histories and Contemporary Realities*. Princeton: Princeton University Press, 2013.

254. Suzuki, D. T.. *A Brief History of Early Chinese Philosophy*. London: Probsthain, 1914.

255. Tang Chün-i. "The Criticism of Wang Yang-ming's Teachings as Raised by His Contemporaries." *Philosophy East and West* 23, no. 1-2 (Jan.-Apr. 1973): 163-186.

256. Tang Chün-i. "The Development of the Concept of Moral Mind from Wang Yang-ming to Wang Chi." In *Self and Society in Ming Thought*, 93-120. Edited by William Theodore de Bary. New York: Columbia University

Press, 1970.

257. Tanner, Harold M.. *China: A History*, 2 vols. Indianapolis: Hackett Publishing, 2010.

258. Taylor, Rodney. *The Religious Dimensions of Confucianism*. Albany: State University of New York Press, 1990.

259. Tetsujiro Inouye. *Sur le développement des idées philosophiques au Japon avant l'introduction de la civilisation européenne*. Paris: Imprimerie Orientale G. Maurin, 1897.

260. Tetsujiro Inouye. "*Die japanische philosophie.*" In *Allgemeine geschichte der philosophie*. Edited by Wilhelm Wundt et al.. Berlin: B. G. Teubner, 1909.

261. Tu Wei-ming. *Centrality and Commonality: An Essay on Chung-yung*. Albany: State University of New York Press, 1976.

262. Tu Wei-ming. *Centrality and Commonality: An Essay on Confucian Religiousness*. Albany: State University of New York Press, 1989.

263. Tu Wei-ming. *Confucian Thought: Selfhood as Creative Transformation*. Albany: State University of New York Press, 1985.

264. Tu Wei-ming. *Humanity and Self-Cultivation: Essays in Confucian Thought*. Berkeley: Asian Humanities Press, 1979.

265. Tu Wei-ming. *Neo-Confucian Thought in Action: Wang Yang-ming's Youth(1472-1509)*. Berkeley: University of California Press, 1976.

266. Tu Wei-ming. "Question for Self-Realization: A Study of Wang Yang-ming's Formative Years." Ph.D. Diss., Harvard University Press, 1968.

267. Tu Wei-ming. "Subjectivity and Ontological Reality: An Interpretation of Wang Yang-ming's Mode of Thinking." *Philosophy East and West* 23, no. 1-2 (Jan.-Apr. 1973): 187-205.

268. Tu Wei-ming. "The Unity of Knowledge and Action: A Study of Wang Yangming's Formative Years (1472-1509)." Ph.D. Diss., Harvard University, 1971.

269. Tu Wei-ming. "Wang Yang-ming's Youth: A Personal Reflection on My Method of Research." *Ming Studies* 1(1976): 11-18.

270. Übelhör, Monika. *Wang Gen (1483-1541) und seine Iehre: eine kritische position im späten konfuzianismus*. Berlin: Dietrich Riemer, 1986.

271. Wang, Frédéric. "Matteo Ricci et les lettrés de Nankin." In *La Chine des Ming et de Matteo Ricci*, 29-42. Edited by Isabelle Landry-Deron. Paris: Les éditions du Cerf. 2013.

272. Wang Tch'ang-Tche. *La philosophie morale de Wang Yang-ming*. Paris: Imprimerie de T'ou-se-we, 1936.

273. Wang Yangming. *Instructions for Practical Living and Other Neo-Confucian Writings*. Translated by Wing-tsit Chan. New York: Columbia University Press, 1963.

274. Watters, Thomas. *A Guide to the Tablets in a Temple of Confucius*. Shanghai: American Presbyterian Mission Press, 1879.

275. Wieger, Léon. *A History of the Religious Beliefs and Philosophical Opinions in China from the Beginning to the Present Time*. Translated by Edward Chalmers Werner. Hsien-hsien Press, 1927.

276. Wieger, Léon. *Histoire des croyances religieuses et des opinions philosophiques en Chine*. Imprimiere de Hien-Hien, 1917.

277. Wienpahl, Paul. "Spinoza and Wang Yang-ming." *Religious Studies* 5, no. 1(Oct. 1969): 19-27.

278. Wienpahl, Paul. "Wang Yang-ming and Meditation." *Journal of Chinese Philosophy* 1, no. 2(Mar. 1974): 199-227.

279. Williams, Samuel Wells. *The Middle Kingdom: A Survey of the Geography, Government, Education, Social Life, Arts, Religion, & c., of the Chinese Empire and its Inhabitants*, vol. 1. New York and London: Wiley and Putnam, 1848.

280. Williams, Samuel Wells. *The Middle Kingdom: A Survey of the Geography, Government, Literature, Social Life, Arts, and History of the Chinese Empire and its Inhabitants*, vol. 2. London: W. H. Allen & Co., 1883.

281. Williamson, Raymond. *An Introduction to Hegel's Philosophy of Religion*. Albany: State University of New York Press, 1984.

282. Wills, John E.. *Mountains of Fame: Portraits in Chinese History*. Princeton: Princeton University Press, 1996.

283. Yang, Guorong. "Moral Philosophy: Innate Consciousness and Virtue." *Journal of Chinese Philosophy* 37, no. 1(Mar. 2010): 62-75.

284. Yang, James Z.. "Life is Education and Unity of Knowledge and Action: Tao Xingzhi's Transformations of the Educational Philosophies of John Dewey and Wang Yangming." *Journal of Philosophy and History of Education* 67, no. 1(2007): 65-84.

285. Yang, Xiaomei. "How to Make Sense of the Claim 'True Knowledge is What Constitutes Action': A New Interpretation of Wang Yangming's Doctrine of Unity of Knowledge and Action." *Dao* 8, no. 2 (Jun. 2009): 173-188.

286. Yao Xinzhong. *An Introduction to Confucianism*. Cambridge: Cambridge University Press, 2000.

287. Yao Xinzhong. "Philosophy of Learning in Wang Yangming and Francis Bacon." *Journal of Chinese Philosophy* 40, no. 3-4 (September 2013): 417-435.

288. Yen, Kai-lok. Review of *The Philosophy of Wang Yang-ming*, edited and translated by Frederick Goodrich Henke. *International Journal of Ethics* 27, no. 2(Jan. 1917): 241-244.

289. Yu Jiangxia. "The Moral Development of Stoic *oikeiōsis* and Wang Yang-ming's '*wan wu yi ti*'." *Asian Philosophy* 27, no. 2(2017): 150-173.

290. Yü, Ying-shih. "Reorientation of Confucian Social Thought in the Age of Wang Yang-ming." In *Chinese History and Culture: Sixth Century B. C. E. to Seventeenth Century*. Edited by Yü Ying-shih, Josephine Chiu-Duke, and Michael S. Duke, 273-320. New York: Columbia University Press, 2016.

291. Zhang Xuezhi and Min Wu. "From Life State to Ecological Consciousness: On Wang Yangming's 'Natural Principles of Order within the Realm of *Liangzhi*'." *Frontiers of Philosophy in China* 1, no. 2 (Jun. 2006): 222-236.

292. Zhang Yonghang 张永航. "Zhang Yuquan rensheng da shi ji 张煜全人生大事纪." Unpublished papers.

293. Zheng Zemian. "An Alternative Way of Confucian Sincerity: Wang Yangming's 'Unity of Knowing and Doing' as a Response to Zhu Xi's Puzzle of Self-Deception." *Philosophy East and West* 68, no. 4(Oct. 2018): 1345-1368.

294. Zoltan, Farkas. "The Philosophy of Wang Yang-ming and Its

Relationship to the Development of Individuality." Ph. D. Diss., Pennsylvania State University, 1983.

295. Zufferey, Nicholas. *Introduction à la pensée chinoise*. Marabout, 2008.

296. Zundorfer, Harriet T.. "The State of Ming Studies in Europe: Current Trends and Recent Publications." *Ming Studies* 64(2011): 1-6.

二、中文

1. [美]艾尔曼著,赵刚译《从理学到朴学:中华帝国晚期思想与社会变化面面观》,江苏人民出版社,1995年。

2. [美]包弼德著,王昌伟译《历史上的理学》,浙江大学出版社,2010年。

3. 曹雷雨《西方王阳明思想译介与研究综述》,载《清华大学学报》2018年第33辑第1期,第37—40页。

4. 陈荣捷《西方对王阳明的研究》,载刘坤译《中国哲学》1983年第9辑,第395—421页。

5. 崔玉军《北美阳明研究北美阳明研究概述》,载《第三届国际阳明学研讨会论文及提要》,国际阳明学研究中心,2014年,第46—55页。

6. 崔玉军《陈荣捷与美国的中国哲学研究》,社会科学文献出版社,2010年。

7. [美]杜维明著,朱志方译《青年王阳明(1472—1509):行动中的儒家思想》,生活·读书·新知三联书店,2013年。

8. 黄俊杰《东亚儒学研究的回顾与展望》,华东师范大学出版社,2008年。

9. 黄文树《阳明后学与利玛窦的交往及其含义》,载《汉学研究》,2009年。

10. 蓝莉著,许明龙译《请中国作证:杜赫德的〈中华帝国全志〉》,商务印书馆,2015年。

11. 李初生《〈传习录〉两个英译本之比较研究》,福建师范大学硕士论文,2012年。

12. 刘义林、罗庆丰《张君劢评传》,百花洲文艺出版社,1996年。

13. 莫东寅《汉学发达史》,大象出版社,2006年。

14.［美］华霭仁著,彭国翔译《陈荣捷(1901—1994):一份口述自传的选录》,载《中国文化》1997年第15—16期,第327—348页。

15.王传龙《阳明心学流衍考》,厦门大学出版社,2015年。

16.王宇《亨克〈王阳明哲学〉及其中文底本〈阳明先生集要〉考述》,载《浙江社会科学》,2018年第10期,第1—7页。

17.吴文南《阳明学在美国的译介与传播》,载《重庆三峡学院学报》2019年第2期,第27—35页。

18.杨德俊《王学影响在中外》,载《贵阳文史》2010年第4期,第42—43页。

19.伊来瑞《阳明学在美国的发展与现状》,载《阳明学刊》2015年第7辑,第198—215页。

20.余怀彦《良知之道:王阳明的五百年》,中国友谊出版公司,2016年。

21.张柯《德文语境中的朱熹思想》,载《孔子研究》2013年第3期,第98—110页。

22.郑大华《张君劢学术思想评传》,北京图书馆出版社,1999年。

图书在版编目（CIP）数据

阳明学之欧美传播与研究 ／（美）伊来瑞（George L. Israel）著；吴文南译. -- 北京：学苑出版社，2022.2
（汉学研究大系 ／ 阎纯德总主编）
ISBN 978-7-5077-6379-9

Ⅰ．①阳… Ⅱ．①伊… ②吴… Ⅲ．①王守仁（1472-1528）－哲学思想－传播－研究－西方国家 Ⅳ．①B248.25

中国版本图书馆CIP数据核字(2022)第037849号

北京市版权局著作权合同登记 图字01-2022-0286号

责任编辑：	杨 雷 张敏娜
出版发行：	学苑出版社
社　　址：	北京市丰台区南方庄2号院1号楼
邮政编码：	100079
网　　址：	www.book001.com
电子信箱：	xueyuanpress@163.com
联系电话：	010-67601101（销售部） 67603091（总编室）
经　　销：	新华书店
印 刷 厂：	北京建宏印刷有限公司
开本尺寸：	710×1000　1/16
字　　数：	270千字
印　　张：	17
印　　数：	1500册
版　　次：	2022年3月第1版
印　　次：	2022年3月第1次印刷
定　　价：	50.00元